CONFIANÇA CRIATIVA

CONFIANÇA CRIATIVA

LIBERE SUA CRIATIVIDADE E IMPLEMENTE SUAS IDEIAS

TOM KELLEY
e
DAVID KELLEY
FUNDADOR DA IDEO E DA D. SCHOOL EM STANFORD

ALTA BOOKS
EDITORA
Rio de Janeiro, 2019

Copyright © 2019 da Starlin Alta Editora e Consultoria Eireli.
Copyright © Tom Kelley e David Kelley
Título original: Creative Confidence: Unleashing the creative potential within us all

Translated from original Creative Confidence: Unleashing the creative potencial within us all. Copyright © by Tom Kelley and David Kelley. All rights reserved. ISBN 978-0-38-534936-9. This translation is published and sold by permission of Crown Business, the owner of all rights to publish and sell the same. PORTUGUESE language edition published by Starlin Alta Editora e Consultoria Eireli, Copyright © 2019 by Starlin Alta Editora e Consultoria Eireli.

Tradução: Cristina Yamagami
Edição: Oliva Editorial
Editoração eletrônica: ERJ Composição Editorial
Capa: Alexandre Braga e Carlos Borges Junior
Produção Editorial: HSM Editora - CNPJ: 01.619.385/0001-32

Publicado nos Estados Unidos pela CROWN BUSINESS, uma marca do grupo editorial Random House LCC, Penguin Random House Company, Nova York.

Crown Business é uma marca registrada, e a logomarca da Coroa e do Sol nascente são marcas registradas da Random House LCC.

Ilustrações de Beau Bergeron, Alyana Cazalet, and Dan Roam (lista completa de créditos nas páginas 251-2).

Todos os direitos estão reservados e protegidos por Lei. Nenhuma parte deste livro, sem autorização prévia por escrito da editora, poderá ser reproduzida ou transmitida. A violação dos Direitos Autorais é crime estabelecido na Lei nº 9.610/98 e com punição de acordo com o artigo 184 do Código Penal.

Erratas e arquivos de apoio: No site da editora relatamos, com a devida correção, qualquer erro encontrado em nossos livros, bem como disponibilizamos arquivos de apoio se aplicáveis à obra em questão. Acesse o site www.altabooks.com.br e procure pelo título do livro desejado para ter acesso às erratas, aos arquivos de apoio e/ou a outros conteúdos aplicáveis à obra.

Suporte Técnico: A obra é comercializada na forma em que está, sem direito a suporte técnico ou orientação pessoal/exclusiva ao leitor.

A editora não se responsabiliza pela manutenção, atualização e idioma dos sites referidos pelos autores nesta obra.

Dados Internacionais de Catalogação na Publicação (CIP)
Angélica Ilacqua CRB-8/7057

Kelley, Tom
 Confiança criativa : libere sua criatividade e implemente suas ideias / Tom Kelley, David Kelley; tradução de Cristina Yamagami; ilustrações de Beau Bergeron - Rio de Janeiro : Alta Books, 2019.
  264 p. : il., color.

 ISBN 978-85-508-0615-0

 Título original: Creative confidence
 1. Criatividade nos negócios 2. Criatividade 3. Sucesso nos negócios
I. Título II. Kelley, David III. Yamagami, Cristina IV. Bergeron, Beau

14-0029   CDD 658.40714

Índices para catálogo sistemático:
1. Criatividade nos negócios

Rua Viúva Cláudio, 291 — Bairro Industrial do Jacaré
CEP: 20.970-031 — Rio de Janeiro (RJ)
Tels.: (21) 3278-8069 / 3278-8419
www.altabooks.com.br — altabooks@altabooks.com.br
www.facebook.com/altabooks — www.instagram.com/altabooks

Para os nossos pais, que nos deixaram livres para expressar ideias criativas e nos deram a confiança necessária para colocá-las em prática.

SUMÁRIO

9 PREFÁCIO

INTRODUÇÃO
13 A ESSÊNCIA DA INOVAÇÃO

CAPÍTULO 1
23 A VIRADA:
DO *DESIGN THINKING* À
CONFIANÇA CRIATIVA

CAPÍTULO 2
43 A OUSADIA:
DO MEDO À CORAGEM

CAPÍTULO 3
69 A CENTELHA:
DA PÁGINA EM BRANCO
AO INSIGHT

CAPÍTULO 4
105 O SALTO:
DO PLANEJAMENTO À AÇÃO

CAPÍTULO 5

**139 A BUSCA:
DO DEVER À PAIXÃO**

CAPÍTULO 6

**161 A EQUIPE:
GRUPOS CRIATIVAMENTE
CONFIANTES**

CAPÍTULO 7

**193 A MUDANÇA:
CONFIANÇA CRIATIVA PARA
VIAGEM**

CAPÍTULO 8

**221 O PRÓXIMO PASSO: RECEBENDO
A CONFIANÇA CRIATIVA DE
BRAÇOS ABERTOS**

231 AGRADECIMENTOS

235 NOTAS

251 CRÉDITOS DAS IMAGENS

253 ÍNDICE REMISSIVO

PREFÁCIO

ESTE É UM LIVRO ESCRITO por dois irmãos que nunca se desgrudaram. Quando éramos moleques, em uma cidadezinha de Ohio, jogamos beisebol nos mesmos times da liga infantil no verão e construímos fortes de neve no inverno juntos. Passamos 14 anos dividindo o mesmo quarto, colando pôsteres de carros nas paredes de pinho do porão meio acabado, típico do meio-oeste americano. Frequentamos a mesma escola primária, entramos no mesmo grupo de escotismo, viajamos para o Lago Erie com a família nas férias e chegamos a ir até a Califórnia para acampar com nossos pais e duas irmãs. Desmontamos muitas coisas e conseguimos remontar algumas delas.

No entanto, o nosso relacionamento próximo e os vários pontos em comum na nossa vida não levaram necessariamente ao mesmo caminho. David sempre tendeu ao "não convencional". Sua disciplina favorita no Ensino Médio era Arte. Ele tocou com os amigos numa banda de rock local chamada Sabers. Ele construiu estruturas gigantes de madeira compensada, como *jukeboxes* e relógios antigos, para o Desfile Anual de Primavera da Carnegie Mellon. Ele abriu uma empresa chamada Intergalactic Destruction Company (no mesmo mês em que *Guerra nas Estrelas* foi lançado nos cinemas) para que ele e os amigos pudessem trabalhar juntos construindo coisas no verão. Só por diversão, ele pintou três grandes faixas verdes no muro dos fundos da casa dos meus pais, que ainda estão lá, 40 anos depois. E ele sempre adorou criar presentes customizados, como quando ele fez para sua namorada um telefone que só ligava para o número dele, mesmo que ela tentasse ligar para outras pessoas.

Tom, por sua vez, seguiu um caminho aparentemente mais tradicional. Depois de se formar em Artes Liberais, ele pensou em fazer Direito, tentou trabalhar em uma empresa de contabilidade por um tempo e atuou na área de TI na General Electric. Depois de fazer o MBA, ele trabalhou em um cargo que exigia o uso intensivo de planilhas eletrônicas: consultor de gestão empresarial. Ao longo do caminho, os empregos dele foram previsíveis, na maioria das vezes, tanto no trabalho do dia a dia quanto em termos de plano de carreira a longo prazo. Então ele entrou no mundo do design e descobriu que era muito mais divertido pensar fora da caixa.

Nesse tempo todo, sempre permanecemos próximos e batíamos papo quase toda semana, mesmo na época em que morávamos a 12 mil quilômetros de distância um do outro. Enquanto fazia o MBA, Tom ajudou na empresa de design e inovação fundada por David, que viria a se tornar a IDEO, e mais tarde, em 1987, passou a trabalhar em período integral na empresa. Trabalhamos juntos desde então, enquanto a empresa não parava de crescer: David como CEO e depois presidente do conselho, Tom em papéis de liderança que incluíram marketing, desenvolvimento de negócio e storytelling.

A história deste livro começa em abril de 2007, quando David, o irmão mais velho, recebeu uma ligação de seu médico, que proferiu uma das palavras mais aterrorizantes e pavorosas do vocabulário médico: *câncer*. Ele estava na escola da filha, ajudando ela e outros colegas de turma, de 9 anos de idade, a pensar em como criar mochilas diferentes, quando recebeu a ligação e conseguiu passar mais uma hora com as crianças antes de ir para casa para processar a notícia. David fora diagnosticado com carcinoma de células escamosas (câncer na garganta) e informado de que tinha 40% de chance de sobreviver à doença.

Naquele momento, Tom tinha acabado de concluir uma apresentação para 200 executivos em São Paulo. Ele se sentou nos bastidores, e o celular tocou assim que ele o ligou. Quando recebeu a preocupante notícia do diagnóstico de David, ele cancelou o resto de sua viagem pela América do Sul e foi direto ao aeroporto. Apesar de saber que não tinha muito o que fazer para ajudar, ele precisava voltar e ver David.

Sempre fomos próximos, mas a doença de David reforçou ainda mais os nossos laços naquele ano. Durante os seis meses de quimioterapia, radioterapia, hidratação, uso de morfina e, por fim, a cirurgia, nos vimos quase todos os dias, algumas vezes conversamos sem parar e outras vezes passamos horas juntos em silêncio. No Stanford Cancer Center, conhecemos pacientes que acabaram perdendo a batalha contra o câncer. Não dava para deixar de nos perguntar se David também não conseguiria sobreviver.

Se há alguma vantagem dessa terrível doença é que ela força uma profunda reflexão sobre o propósito, o sentido da vida. Todas as pessoas que conhecemos que sobreviveram ao câncer dizem que passaram a ver a vida de outro jeito depois. Enquanto David se recuperava da cirurgia, tivemos um primeiro vislumbre de esperança de que o câncer finalmente poderia passar para o segundo plano da nossa vida. Diante dessa jubilosa possibilidade, juramos que, se David sobrevivesse, faríamos duas coisas juntos que não envolveriam nem médicos nem hospitais: para começar, faríamos uma viagem fraternal para nos divertir em algum lugar do mundo, algo que nunca fizemos depois que crescemos. E, depois, trabalharíamos juntos, lado a lado, em um projeto que nos permitisse trocar ideias um com o outro e com o mundo.

A viagem seria uma semana inesquecível em Tóquio e Kyoto, explorando o que há de melhor da cultura japonesa moderna e antiga. E o projeto colaborativo seria criar o livro que você tem em mãos.

Por que um livro sobre confiança criativa? Porque, nos nossos trinta anos na IDEO, notamos que a inovação pode ser ao mesmo tempo divertida e gratificante. E, quando olhamos para a trajetória da nossa vida e começamos a pensar em um legado, dar aos outros a chance de atingir seu máximo potencial criativo nos pareceu ser um bom objetivo. Em meio à batalha de David contra o câncer em 2007, uma pergunta recorrente era: "Qual é o propósito da minha vida?". Este livro é parte da resposta: ajudar o maior número possível de pessoas. Dar aos futuros inovadores a chance de seguir sua paixão. Ajudar pessoas e organizações a atingir seu pleno potencial... e desenvolver a própria confiança criativa.

David e Tom Kelley

INTRODUÇÃO

A ESSÊNCIA DA INOVAÇÃO

O QUE LHE VEM À cabeça quando ouve a palavra "criatividade"?

Se você for como muitas pessoas, sua mente logo pensa em algo artístico, como escultura, pintura, música ou dança.

Você pode associar "criativo" com "artístico".

Você pode acreditar que os arquitetos e designers são pagos para serem pensadores criativos, mas que esse não é o caso de CEOs, advogados e médicos.

Ou você pode achar que a criatividade é um atributo fixo, como ter olhos castanhos (a pessoa já nasce ou não com os genes criativos).

Como irmãos que trabalharam juntos por 30 anos nas linhas de frente da inovação, apelidamos esse conjunto de noções equivocadas de "o mito da criatividade". É um mito no qual muita gente (gente demais) acredita. Este livro é sobre o contrário desse mito, sobre o que chamamos de "confiança criativa", um conceito que se fundamenta na crença de que *todos nós* somos criativos.

A verdade é que todos nós temos um potencial criativo muito maior esperando para ser explorado.

Ajudamos milhares de empresas a levar ideias revolucionárias ao mercado, desde o primeiro mouse da Apple, passando por instrumentos cirúrgicos de última geração da Medtronic, até estratégias de marca originais da The North Face, na China. E também constatamos que os nossos métodos podem ajudar as pessoas a desenvolver uma nova atitude criativa capaz de melhorar acentuadamente a vida delas, não importando se elas trabalham em áreas como Medicina, Direito, Negócios, Educação ou Ciência.

Nas últimas três décadas, ajudamos inúmeras pessoas a cultivar sua criatividade e aplicá-la de maneiras extremamente proveitosas. Elas criaram unidades habitacionais otimizadas para as necessidades de soldados que voltavam de zonas de guerra. Elas montaram uma equipe de inovação improvisada em um saguão corporativo gerando tanta energia e fazendo tanto barulho que a empresa lhes deu um espaço especial para elas trabalharem no projeto. Elas desenvolveram um sistema econômico para ajustar aparelhos auditivos para aldeões idosos de países em desenvolvimento, beneficiando algumas das 360 milhões de pessoas do mundo que sofrem de problemas auditivos severos.[1] As pessoas que ajudamos vêm de variadas áreas e têm diversas formações e históricos, mas todas possuem uma característica em comum: todas elas conquistaram a confiança criativa.

> A CRENÇA NA SUA CAPACIDADE CRIATIVA RESIDE NO CORAÇÃO DA INOVAÇÃO.

Em seu cerne, a confiança criativa envolve acreditar na sua capacidade de mudar o mundo ao seu redor. É a convicção de que você é capaz de fazer qualquer coisa. Acreditamos que essa autoconfiança, essa crença na sua capacidade criativa, reside na essência da inovação.

A confiança criativa é como um músculo, que pode ser fortalecido e exercitado com empenho e persistência. O nosso objetivo é ajudá-lo a desenvolver essa confiança.

Você pode ou não se considerar um "sujeito criativo", mas, de uma forma ou de outra, acreditamos que este livro o ajudará a despertar e explorar o potencial criativo que todos nós já temos.

CRIATIVIDADE AGORA

A criatividade é muito mais ampla e universal, estendendo-se muito além das áreas consideradas "artísticas". Pensamos na criatividade no sentido de usar a nossa imaginação para criar algo novo no mundo. Dessa forma, a criatividade entra em ação sempre que você tem a chance de criar novas ideias, soluções ou abordagens e acreditamos que todo mundo deveria ter acesso a esse precioso recurso.

Durante grande parte do século 20, os chamados "sujeitos criativos" (designers, diretores de arte, redatores) foram relegados ao segundo plano, excluídos das conversas sérias. Enquanto isso, os "adultos" conduziam todas as importantes discussões da empresa em salas do conselho de administração e salas da diretoria na outra ponta do corredor.

No entanto, atividades criativas que pareciam exóticas ou extravagantes se popularizaram apenas uma década atrás e passaram a ser encontradas por toda parte. Sir Ken Robinson, líder intelectual na área da educação, cujo instigante TED Talk de 2006 — intitulado "As escolas matam a criatividade?" ("Do Schools Kill Creativity") — foi o mais popular da história do TED, afirma que a criatividade "é tão importante na educação quanto a alfabetização e deveria receber o mesmo *status*".[2]

No mundo dos negócios, a criatividade se manifesta na forma de inovação. Fenômenos tecnológicos como o Google, o Facebook e o Twitter têm despertado e se beneficiado da criatividade dos empregados para mudar a vida de bilhões de pessoas. Hoje em dia, em todos os departamentos, desde o atendimento ao cliente até as finanças, as pessoas já encontram oportunidades de realizar experimentos com as novas soluções. As empresas precisam desesperadamente de insights dos empregados de toda a organização e nenhuma divisão ou executivo detém sozinho o monopólio das novas ideias.

Não importa se mora no Vale do Silício, em Xangai, em Munique ou em Mumbai, você com certeza já sentiu os efeitos das mudanças sísmicas no mercado. A maioria das empresas já percebeu que a chave para o crescimento, e até para a sobrevivência, é a inovação. Um levantamento recente conduzido pela IBM com a participação de mais de 1.500 CEOs constatou que a criatividade é a competência de liderança mais importante para empresas diante da complexidade do presente comércio global.[3] Uma pesquisa de opinião conduzida pela Adobe Systems com cinco mil pessoas de três continentes reporta que 80% das pessoas acreditam que a criatividade é fundamental para o crescimento econômico.[4] No entanto, apenas 25% dessas pessoas acham que têm condições de aplicar todo o seu potencial criativo na própria vida pessoal e profissional, o que representa um enorme desperdício de talento.

Como poderíamos mudar essa proporção? Como poderíamos ajudar os outros 75% a atingir seu máximo potencial criativo?

Em 2005, David fundou a d.school (anteriormente conhecida como o Hasso Plattner Institute of Design) para ensinar o *design thinking* (uma metodologia para inovar rotineiramente) aos futuros empreendedores das faculdades de pós-graduação da Stanford. No começo, nós[*] achamos que o maior desafio seria ensinar criatividade a pessoas que se viam como "sujeitos analíticos", mas logo percebemos que todas as pessoas com quem trabalhamos *já* tinham criatividade em abundância. Assim, nosso trabalho foi simplesmente ajudar os alunos a retomar o contato com sua criatividade, expondo-os a novos conceitos e novas formas de pensar.

Foi uma surpresa constatar a rapidez na qual a imaginação, a curiosidade e a coragem das pessoas são renovadas com um pouco de prática e encorajamento.

Para as pessoas com quem trabalhamos, romper as barreiras da criatividade é como perceber que o carro estava com o freio de mão acionado e de repente sentir a sensação de dirigir livremente, sem restrições. É muito comum isso acontecer com executivos em workshops ou quando recebemos clientes para trabalhar lado a lado conosco. Esses sujeitos já participaram de seminários sobre inovação e acham que já sabem até que ponto serão, ou não, criativos. Então, quando tocamos em um ponto nebuloso ou incomum, como um exercício de improvisação, a primeira reação deles é sacar o smartphone, dirigindo-se apressadamente para a saída para fazer aquela ligação "importantíssima".

Por quê? Porque eles não se sentem seguros com suas aptidões nesse contexto e instintivamente partem para a defensiva, declarando: "Eu simplesmente não sou do tipo criativo".

---

[*] Uma observação sobre "nós": este livro tem dois autores, de modo que você cansará de ler essa palavra. Quando nos referimos a apenas um de nós, diremos "David" ou "Tom". Em alguns contextos, contudo, o "nós" se referirá à equipe da IDEO, onde nós dois trabalhamos, ou ao corpo docente e aos membros da equipe da d.school, onde David atua como colaborador.

Pela nossa experiência, *todo o mundo* é do tipo criativo e sabemos que, se pudermos convencer as pessoas a se ater à metodologia por um tempo, elas vão acabar se surpreendendo com a própria capacidade. Elas se revelam capazes de desenvolver ideias ou sugestões originais para incorporar a criatividade no trabalho e assim desenvolver algo verdadeiramente inovador. Elas se surpreendem quando percebem que são muito mais criativas do que imaginavam. Esse sucesso inicial abala sua visão de si mesmas e as deixam sedentas para fazer mais.

O que descobrimos é que não precisamos criar a criatividade do zero. Só precisamos ajudar as pessoas a redescobrir o que elas já possuem: a capacidade de imaginar, ou expandir, ideias originais. No entanto, o maior valor da criatividade só surge com a coragem de colocar essas ideias em prática. Essa combinação de pensamento e ação é que define a confiança criativa: a capacidade de ter novas ideias e a coragem para testá-las.

Geshe Thupten Jinpa, o principal tradutor do Dalai Lama para o inglês por mais de 20 anos, observou, em uma recente conversa conosco sobre a natureza da criatividade, que não existe uma palavra em tibetano para "criatividade" ou "ser criativo" e que a tradução mais próxima é "natural".[5] Em outras palavras, para ser mais criativo, você só precisa ser mais natural. Esquecemos que lá atrás, no jardim de infância, todos nós fomos criativos. Todos nós brincamos, experimentamos e testamos ideias estranhas sem ter medo nem vergonha. Ainda não tínhamos aprendido a não fazer isso, já que o medo da rejeição social é algo que só aprendemos com a idade. E isso explica como é possível reconquistar nossa capacidade criativa com tanta rapidez e intensidade, mesmo décadas depois.

Acontece que a criatividade não é um talento raro, a ser usufruído só por poucos sortudos, mas sim uma parte natural do pensamento e do comportamento humano. Essa criatividade acaba sendo bloqueada em muitos de nós, mas pode ser desbloqueada. E liberar essa fagulha criativa pode ter implicações muito mais amplas e poderosas para você, para a sua organização e para a sua comunidade.

Acreditamos que a nossa energia criativa é um dos nossos recursos mais preciosos, podendo nos ajudar a encontrar soluções inovadoras para alguns dos nossos problemas mais recorrentes.

A CONFIANÇA CRIATIVA EM AÇÃO

A confiança criativa é um modo de vivenciar o mundo que leva a novas abordagens e soluções. Sabemos que *qualquer pessoa* pode conquistar a confiança criativa e vimos isso acontecer com pessoas de diversas formações e áreas. Todo mundo, desde cientistas trabalhando em seus laboratórios até gestores seniores atuando em empresas da Fortune 500, pode viver a vida de um novo jeito, com uma nova visão e um conjunto de habilidades mais amplo. Vejamos alguns exemplos de pessoas que receberam a confiança criativa de braços abertos.

> A ENERGIA CRIATIVA É UM DE NOSSOS RECURSOS MAIS PRECIOSOS.

- Uma ex-atleta olímpica entrou no setor aeronáutico e desenvolveu confiança suficiente para encarar os problemas de gestão de crises de sua empresa. Ela montou uma força-tarefa voluntária composta de pilotos, controladores, agendadores de tripulação e outros para prototipar procedimentos após um grande problema com a programação de voos resultante de uma tempestade de gelo, levando a uma recuperação 40% mais rápida.

- Um capitão do exército, que serviu no Iraque e no Afeganistão, arregimentou mais de 1.700 pessoas para exigir a criação de um calçadão na comunidade local, provando que não é preciso ser um general para influenciar decisões legislativas.

- Indo além dos meros fatos do caso, uma estudante de Direito adotou uma abordagem centrada no ser humano em um julgamento simulado. Ela pediu que os jurados se imaginassem na cena do incidente e pensassem em como eles se sentiriam. Assim, recorrendo à empatia deles, ela venceu o caso — um marco, a primeira vez que um júri favoreceu o lado dela naquele caso específico.

- Uma ex-executiva do governo lançou, em Washington, um movimento popular de inovação, que já conta com mais de mil membros. Hoje, por meio de workshops e eventos de networking, ela divulga sua nova perspectiva sobre a mudança organizacional a outros líderes e aspirantes a empreendedores.

- Depois de quatro décadas de experiência, uma professora do Ensino Fundamental reestruturou seu programa de aulas para assumir uma nova concepção: em vez de ensinar temas isolados, ela criou projetos que cobriam os mesmos tópicos, mas levavam os alunos a adotar um pensamento crítico. As notas dos alunos melhoraram e, ainda mais importante, os pais notaram que os filhos estavam mais engajados e curiosos.

Você não precisa trocar de área ou se mudar para o Vale do Silício para alterar sua forma de pensar. Você não precisa se tornar um consultor de design ou largar o seu emprego. O mundo precisa de legisladores, administradores de escritório e corretores de imóveis mais criativos. Não importa qual seja a sua profissão, quando você a abordar com criatividade, terá soluções originais e melhores; com isso, alcançará mais sucesso. A confiança criativa pode inspirar o trabalho que você já está fazendo (não importa qual seja), pois você passa a ter uma nova ferramenta para melhorar suas práticas de resolução de problemas sem precisar abandonar as técnicas que já utiliza.

> VOCÊ NÃO PRECISA TROCAR DE ÁREA OU SE MUDAR PARA O VALE DO SILÍCIO PARA ALTERAR SUA FORMA DE PENSAR.

Conversamos com médicos que encontraram novas maneiras de desenvolver a empatia pelos pacientes e tratá-los com mais eficácia, indo além dos sintomas superficiais. Conversamos com recrutadores de executivos que usam os nossos métodos para unir pessoas talentosas com as empresas que mais precisam delas.[6] Conversamos com assistentes sociais que usam abordagens centradas no ser humano para ajudar as pessoas da comunidade a decifrar os confusos formulários de inscrição para programas sociais.[7]

Pessoas que possuem confiança criativa são mais capazes de influenciar o mundo ao seu redor, seja envolvendo-se na escola dos filhos, transformando um depósito em um vibrante espaço de inovação ou beneficiando-se da mídia social para recrutar mais doadores de medula óssea.

Como demonstrou Albert Bandura, o lendário psicólogo e professor da Stanford, nossos sistemas de crença afetam as nossas ações, metas e percepções. As pessoas que passaram a acreditar que são capazes de promover mudanças têm mais chances de realizar seus sonhos e atingir seus objetivos.[8] Bandura chama essa convicção de "autoeficácia"[9] e as pessoas autoeficazes têm metas mais ambiciosas, são mais empenhadas, persistentes e resilientes diante do fracasso.

Nossa experiência prática no mundo da inovação e da confiança criativa se alinha com as constatações dele. Quando as pessoas transcendem os temores que bloqueiam sua criatividade, surgem diversas novas possibilidades. Em vez de ficarem paralisadas pela possibilidade de fracassar, elas veem cada experiência como uma nova oportunidade de aprender. A necessidade de controle deixa algumas pessoas empacadas no estágio de planejamento de um projeto, mas, com a confiança criativa, elas não mais se intimidam com a incerteza e são capazes de entrar rapidamente em ação. Em vez de conformar--se com as tradições e convenções ou acatar sem questionamento o que os outros dizem, elas se libertam para expressar suas opiniões e questionar o modo como as coisas são feitas. Elas agem com mais coragem e persistem mais ao enfrentar os obstáculos.

Acreditamos que este livro o ajudará a superar os bloqueios mentais que obstruem sua criatividade. A cada capítulo, apresentaremos ferramentas que lhe capacitarão a gerar e aplicar novas ideias com confiança. As histórias, métodos e práticas que compartilharemos têm fundamento em décadas de colaboração de pensadores criativos do mundo todo e acreditamos que você também se beneficiará deles.

A MISSÃO DA CONFIANÇA CRIATIVA

Hoje, nossa missão como autores é ajudar o maior número possível de pessoas a redescobrir seu potencial criativo.

Diante de sua criatividade recém-descoberta, algumas pessoas nos confidenciam que a mãe foi uma dançarina ou o pai foi um arquiteto. Elas parecem tender a racionalizar essa fagulha de energia criativa, como se estivessem em busca de evidências concretas. O que elas não percebem é que sempre tiveram esse potencial criativo, não devido a algum histórico familiar ou predisposição genética, mas por se tratar de uma capacidade humana natural que todos nós temos.

A confiança criativa constitui uma maneira de ver o seu potencial e o seu lugar no mundo com mais clareza, livre da confusão causada pela ansiedade e pela dúvida.

Esperamos que você se junte a nós na missão de receber a confiança criativa de braços abertos. Juntos, todos nós podemos fazer do mundo um lugar melhor.

CAPÍTULO 1

A VIRADA:
DO DESIGN THINKING
À CONFIANÇA CRIATIVA

DOUG DIETZ É UM SUJEITO do Centro-Oeste americano, franco, de fala mansa, com um sorriso aberto e afetuoso e olhos que se enchem de lágrimas quando se emociona.

Com 24 anos de casa na General Electric, Doug ajuda a liderar o design e o desenvolvimento de sistemas de imagiologia médica e alta tecnologia da GE Healthcare, uma divisão de US$ 18 bilhões de uma das maiores empresas do mundo.[1] Seus sistemas de ressonância magnética (RM) de milhões de dólares permitem que os médicos espiem dentro do corpo humano, sem causar nenhuma dor, de maneiras que teriam sido consideradas mágicas há apenas uma geração.

Alguns anos atrás, Doug concluiu o projeto de um equipamento de RM no qual ele passara dois anos e meio trabalhando.[2] Quando teve a chance de ver o equipamento instalado em um hospital, ele não perdeu tempo. Ao lado da nova e reluzente máquina, Doug conversou com a técnica encarregada de sua operação naquele dia. Ele contou que o escâner de RM fora inscrito no International Design Excellence Award, considerado o "Oscar do design", e perguntou se ela estava gostando dos novos recursos. "Foi um exemplo perfeito de uma péssima técnica de entrevista", Doug conta, embaraçado.

Doug estava prestes a sair do hospital, dando tapinhas nas próprias costas pelo bom trabalho, quando a técnica pediu que ele saísse um pouco da sala porque ela precisava usar a máquina em uma paciente. Ao sair da sala, ele viu uma menina caminhando em sua direção, segurando firmemente as mãos dos pais. Os pais pareciam preocupados, e a menina estava aterrorizada com o que a aguardava: a máquina de RM de Doug. A menina começou a soluçar, e Doug se emocionou contando essa parte da história. Enquanto a família passava por ele, Doug pôde ouvir o pai encorajando a filha, com a voz tensa: "Já conversamos sobre isso. Tenha coragem".

Grandes e pesadas lágrimas rolaram pelo rosto da menina. Para o espanto de Doug, a técnica pegou o telefone para chamar um anestesista. E foi então que Doug ficou sabendo que os hospitais sedam rotineiramente os pacientes pediátricos para os procedimentos de escaneamento porque eles ficam com tanto medo que não conseguem ficar parados. Até 80% dos pacientes pediátricos precisavam ser sedados. E, se um anestesista não estivesse disponível, o escaneamento precisava ser adiado, forçando as famílias a reviver todo aquele ciclo de preocupação.

Quando Doug testemunhou a ansiedade e o medo que sua máquina causava nos pacientes mais vulneráveis, a experiência provocou uma crise pessoal que transformou para sempre seu modo de ver as coisas. Em vez de um sofisticado equipamento tecnológico elegante e reluzente, digno de elogios e admiração, ele passou a ver, pelos olhos de uma menininha, que a máquina de RM se parecia mais com uma máquina grande e aterrorizante devoradora de criancinhas. O orgulho de seu trabalho foi substituído por sentimentos de fracasso, ao constatar que seu equipamento desapontava os mesmos pacientes que ele tentava ajudar. Doug poderia ter pedido demissão ou simplesmente se conformado com a situação e seguido em frente, mas não foi o que fez. Ele voltou para casa e disse à esposa que precisava fazer uma mudança.

Doug se pôs a pedir conselhos de amigos e colegas na tentativa de resolver seu profundo desafio pessoal e profissional. Seu chefe da GE, que conheceu o trabalho da d.school quando trabalhava na Procter & Gamble, sugeriu que ele fizesse um curso de educação executiva. Em busca de uma nova perspectiva e uma abordagem diferente para seu trabalho, Doug foi à Califórnia para participar de um workshop que duraria uma semana. Ele não sabia ao certo o que esperar, mas estava ávido para conhecer qualquer nova metodologia que o ajudasse em sua missão de fazer com que as RMs fossem menos aterrorizantes para as crianças.

O workshop expôs Doug a novas ferramentas que despertaram sua confiança criativa e a uma abordagem centrada no ser humano para o design e a inovação. Ele observou e conversou com usuários de produtos e serviços que já exisitam para entender melhor as necessidades deles, colaborando assim com gestores de outras empresas e setores na criação de protótipos iniciais para satisfazer essas necessidades. Munido dessas novas perspectivas, ele se pôs a realizar experimentos e iterar seus conceitos no workshop, expandindo e aprofundando as ideias que surgiam, tanto dele quanto dos outros. Essa profusão de ideias fez com que ele se sentisse mais criativo, lhe dando mais esperanças de encontrar uma solução. Percorrer o processo de design centrado no ser humano com pessoas de diversos setores e áreas, incluindo administração, recursos humanos e finanças, tocou um ponto sensível. "Comecei a imaginar como essa ferramenta seria poderosa se eu a levasse para a empresa e montasse equipes interfuncionais para trabalharmos juntos", ele conta.

Doug acreditava que, aplicando os métodos do design centrado no ser humano ao próprio trabalho, ele poderia obter uma solução para o uso da RM com crianças. E ele estava decidido a fazer isso acontecer. Ele voltou a Milwaukee sabendo exatamente o que queria fazer. Sem recursos, verba ou apoio suficiente da própria empresa, Doug sabia que não tinha como lançar um grande projeto de P&D para projetar um novo equipamento de RM do zero. Assim, ele se concentrou em refazer a máquina.

Ele começou observando e desenvolvendo empatia pelas crianças em uma creche. Ele conversou com pediatras para entender o que os pacientes pediátricos sentiam. Ele pediu a ajuda de pessoas que já conhecia, inclusive uma pequena equipe composta de voluntários da GE, experts de um museu infantil local e médicos e membros da equipe de dois hospitais. Em seguida, ele criou o primeiro protótipo do que viria a se tornar o escâner "Adventure Series" e conseguiu implementar um programa piloto no hospital infantil do Centro Médico da University of Pittsburgh.

Ao pensar holisticamente sobre como as crianças vivenciavam e interagiam com a tecnologia, Doug ajudou a transformar o equipamento de RM em uma história infantil de aventura, com o paciente no papel principal. Sem fazer qualquer alteração na complexa tecnologia do escâner, Doug e sua equipe improvisada aplicaram adesivos coloridos na parte externa da máquina e em todas as superfícies da sala, cobrindo o piso, o teto, as paredes e todos os outros equipamentos. Eles também criaram um roteiro para os técnicos que operavam a máquina para que eles pudessem conduzir os pacientes mirins pela aventura.

Um dos protótipos é um navio pirata que é quase um passeio em um parque de diversões. O navio inclui um grande timão de madeira que rodeia a abertura redonda da câmara e uma decoração com temática marinha que também faz com que a pequena circunferência pareça menos claustrofóbica. O técnico diz às crianças que elas estarão navegando dentro de um navio pirata e que precisarão ficar completamente imóveis durante a viagem. Depois do "passeio", elas podem escolher um pequeno tesouro na arca do pirata do outro lado da sala. Em outra "história", o aparelho de RM é uma espaçonave cilíndrica transportando o paciente em uma aventura no espaço. Logo antes de o zunir e o tatalar da máquina ficarem mais ruidosos, o técnico encoraja os pequenos pacientes a ouvirem com atenção o momento em que a aeronave dará o "salto hiperespacial". Essa mudança de perspectiva transforma o som normalmente assustador em uma parte da aventura. Além do navio pirata e da nave espacial, a equipe criou outras sete "aventuras" diferentes até agora.

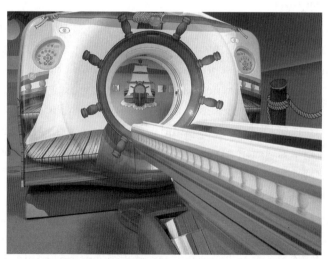

Aparelho de ressonância magnética transformado em uma aventura pirata para pacientes pediátricos

Com a reformulação da RM para crianças, o número de pacientes pediátricos que precisaram ser sedados foi acentuadamente reduzido. O hospital e a GE também ficaram satisfeitos, pois a menor necessidade de sedação aumentou o número de pacientes que podiam usar a máquina todos os dias. Enquanto isso, a satisfação dos pacientes decolou para 90%.

No entanto, a maior satisfação para Doug não pode ser encontrada nos números nem nos melhores resultados financeiros da GE Healthcare (apesar de isso ter sido muito importante para conquistar o apoio interno). Ele teve sua maior gratificação ao conversar com a mãe de uma menininha de seis anos que tinha acabado de passar pela RM "navio pirata". A menininha veio correndo e se agarrou à saia da mãe, perguntando: "Mamãe, posso voltar amanhã?". Aquela simples pergunta fez com que todo o empenho de Doug tivesse valido a pena.

Menos de um ano depois de sua epifania, a confiança criativa de Doug o impulsionou para uma nova função — a de *thought leader* da GE. Será que seria um exagero dizer que, no processo, Doug também ajudou a mudar um pouco o mundo? Para responder essa pergunta, basta consultar um dos pacientes mirins. Eles já sabem a resposta.

Uma mentalidade criativa pode ajudá-lo a enxergar além das barreiras das tradições e convenções. As pessoas que utilizam as técnicas criativas que delineamos aqui são mais capazes de aplicar a imaginação para vislumbrar um cenário futuro. Elas acreditam que podem desenvolver as ideias existentes e afetar positivamente o mundo ao seu redor, seja no trabalho ou na vida pessoal. Sem essa crença, Doug não teria conseguido dar o primeiro passo na direção de sua meta. Em outras palavras, a confiança criativa é uma maneira inerentemente otimista de encarar possibilidades.

A história de Doug ilustra como o design centrado no ser humano pode levar a inovações revolucionárias. Novas oportunidades de inovação se abrem quando você dá início ao processo de resolução criativa de problemas com empatia pelo seu público-alvo, seja ele composto de crianças, colegas, clientes ou consumidores. Enquanto os concorrentes se concentravam na eterna batalha em torno das especificações técnicas (como velocidade de escaneamento, resolução etc.), Doug encontrou um jeito completamente novo de melhorar a vida dos pacientes e de suas famílias. Pela nossa experiência, abordar os desafios com uma perspectiva humana pode levar a algumas das mais ricas oportunidades de mudança.

Em todos os programas de inovação nos quais nos envolvemos, sempre há três fatores a serem equilibrados, representados pelos três círculos que se sobrepõem no diagrama abaixo:

Encontrando o ponto ideal de praticabilidade, viabilidade e desejabilidade.

O primeiro elemento diz respeito aos *fatores técnicos*, que chamamos de praticabilidade. Quando começamos a trabalhar no Vale do Silício, era por aí que os clientes sempre começavam. Eles nos apresentavam, literalmente, milhares de novas tecnologias, desde novos raios de roda de bicicleta até novas maneiras de resfriar o cérebro. Uma nova tecnologia, se realmente funcionar, pode ser extremamente valiosa e pode proporcionar as bases para uma nova empresa de sucesso ou um novo ramo de negócios. Componentes de aeronave feitos de fibras de carbono, displays interativos multitoque e instrumentos cirúrgicos minimamente invasivos são grandes ideias que revolucionaram seus setores. No entanto, uma tecnologia descolada não basta. Se bastasse, todos nós estaríamos andando por aí de Segway* e brincando com cachorrinhos robóticos.

O segundo elemento essencial é a viabilidade econômica, ou o que por vezes chamamos de *fatores de negócio*. A tecnologia não apenas deve funcionar como também deve ser produzida e distribuída de um modo economicamente viável. Ela precisa se adequar a um modelo de negócio que possibilitará a prosperidade do empreendimento. Quando éramos crianças, nos anos 1950, a revista *Popular Science* publicou um artigo que dizia que as famílias

> UMA TECNOLOGIA DESCOLADA NÃO BASTA. SE BASTASSE, TODOS NÓS ESTARÍAMOS ANDANDO POR AÍ DE SEGWAY E BRINCANDO COM CACHORRINHOS ROBÓTICOS.

do século 21 teriam o próprio helicóptero pessoal no quintal de casa. Até agora, ninguém apareceu com um brilhante modelo de negócio para fazer com que helicópteros sejam acessíveis a famílias de classe média. A viabilidade econômica desse conceito simplesmente jamais se alinhou (e talvez nunca se alinhará). Mesmo em organizações sem fins lucrativos, os fatores de negócio podem ser cruciais. Se você quiser lançar um programa para aumentar a disponibilidade de água potável segura na Índia ou construir sistemas de esgoto em Gana, precisa encontrar um jeito de pagar pelo projeto e fazer com que ele seja autossustentável no longo prazo.

O terceiro elemento envolve pessoas e algumas vezes é chamado de *fatores humanos*, referindo-se à profunda compreensão das necessidades humanas. Indo muito além de meramente observar os comportamentos, esse terceiro aspecto dos bons programas de inovação envolve conhecer as motivações e as crenças centrais das pessoas. Os fatores humanos não são necessariamente mais importantes que os outros dois elementos, mas os fatores técnicos já são ensinados em programas científicos e de engenharia em todo o mundo, enquanto as empresas já concentram suas energias nos fatores de negócio. Portanto, acreditamos que os fatores humanos podem proporcionar algumas das melhores oportunidades de inovação, e é por isso que sempre começamos pelo lado humano da inovação. E foi o que Doug fez, porque os equipamentos de RM da GE já tinham uma excelente tecnologia e uma boa viabilidade comercial.

---

*Segway é um diciclo, ou seja, um meio de transporte de duas rodas, lado a lado, comumente utilizado por funcionários da segurança de shoppings centers. (N.T.)

Assim, Doug se voltou a entender como as crianças veem as máquinas de RM e a descobrir o que as faria se sentir mais seguras com a nova experiência. A empatia de Doug pelos pacientes mirins o levou a ter uma ideia revolucionária que assegurou o sucesso de seu produto.

A abordagem centrada no ser humano constitui a essência do nosso processo de inovação. A profunda empatia pelas pessoas faz das nossas observações fontes poderosas de inspiração. Nosso objetivo é saber por que as pessoas fazem o que fazem, tentando descobrir o que elas poderiam fazer no futuro. Nossas experiências em primeira mão nos ajudam a formar conexões pessoais com as pessoas para quem inovamos. Nós lavamos as roupas das pessoas à mão no tanque delas, ficamos hospedados em projetos de habitação, acompanhamos cirurgiões trabalhando nas salas de cirurgia e tranquilizamos passageiros agitados em filas para passar pela segurança de aeroportos... tudo para desenvolver a empatia. Uma abordagem empática impulsiona nosso trabalho, garantindo que nunca nos esqueçamos de que estamos criando designs para pessoas reais. E, em consequência, temos insights e oportunidades para soluções verdadeiramente criativas. Colaboramos com milhares de clientes para alavancar o poder da empatia, criando de tudo, desde desfibriladores cardíacos de fácil utilização até cartões de débito que ajudem os clientes a poupar para a aposentadoria.

Acreditamos que as melhores inovações se fundamentam em algum elemento de pesquisa em design centrado no ser humano ao mesmo tempo que equilibra os dois outros elementos. Buscar esse ponto ideal de praticabilidade, viabilidade e desejabilidade enquanto se leva em consideração as necessidades e desejos reais dos clientes é uma parte do que chamamos, na IDEO e na d.school, de *design thinking*: este é o nosso processo para a criatividade e a inovação. Não existe uma metodologia do tipo "receita de bolo" para criar novas ideias, mas muitos dos melhores programas incluem uma variação de quatro passos: inspiração, síntese, idealização/experimentação e implementação. Pela nossa experiência, uma inovação ou nova ideia pode passar por muitas iterações antes da conclusão do processo.

A INOVAÇÃO ORIENTADA PELO DESIGN

Apresentamos aqui uma visão geral da nossa abordagem à inovação, conforme descrita por Chris Flink, nosso partner na IDEO.[3] Nós adaptamos e desenvolvemos continuamente as nossas metodologias, então fique à vontade para criar as próprias variações, acrescentando e adaptando técnicas de inovação de acordo com suas circunstâncias.

1. INSPIRAÇÃO

Não fique esperando que a maçã de Newton caia na sua cabeça. Saia pelo mundo e busque proativamente experiências que estimularão o pensamento criativo. Interaja com experts, mergulhe em ambientes desconhecidos e faça exercícios de interpretação de papéis para aprofundar seu conhecimento sobre os cenários dos clientes. A inspiração é promovida por ações deliberadas e planejadas.

Para inspirar a inovação centrada no ser humano, a empatia é o recurso confiável ao qual sempre recorremos. Descobrimos que a conexão com as necessidades, desejos e motivações de pessoas reais ajuda a nos inspirar e instiga ideias originais. Observar o comportamento das pessoas em seu contexto natural pode nos ajudar a entender melhor os fatores em jogo e trazer à tona novos insights para impelir nossos projetos de inovação. Vamos ao campo para conversar com uma variedade de pessoas e acompanhá-las em seu dia a dia. Conversamos com "usuários extremos", por exemplo, descobrindo como os novos usuários utilizam, muitas vezes de maneira inusitada e inesperada, a tecnologia. Ou, se estivermos criando o design de um apetrecho de cozinha, como um abridor de latas, podemos observar como os idosos usam o abridor e identificar dificuldades na utilização ou oportunidades de melhoria.

Voltamos a atenção a outros setores para ver como problemas parecidos foram resolvidos. Por exemplo, podemos traçar paralelos entre o atendimento em um restaurante e a experiência em um hospital para melhorar a satisfação dos pacientes.

2. SÍNTESE

Depois de passar um tempo em campo, o próximo passo é dar início ao complexo desafio de "decifrar" a coisa toda. Nesse estágio, é necessário reconhecer padrões, identificar temas em comum e encontrar um sentido em tudo o que foi visto, coletado e observado. Passamos de observações concretas e histórias individuais a verdades mais abstratas que se aplicam a grupos inteiros de pessoas. Muitas vezes organizamos as nossas observações em um "mapa de empatia" (veja o Desafio Criativo nº 4, no Capítulo 7) ou criamos uma matriz para categorizar as soluções em diferentes tipos.

Na fase de síntese, buscamos identificar o terreno fértil. Traduzimos o que descobrimos na nossa pesquisa em quadros de referência e em princípios acionáveis. Repensamos o problema e escolhemos onde focar nossas energias. Por exemplo, em contextos de varejo, descobrimos que, se alterarmos a pergunta "Como poderíamos reduzir o tempo de espera dos clientes?" para "Como poderíamos reduzir o tempo de espera *percebido* dos clientes?", essa mudança de perspectiva cria novas possibilidades para resolver a questão, como instalar uma TV para distrair os clientes enquanto esperam.

3. IDEALIZAÇÃO E EXPERIMENTAÇÃO

Em seguida, nos voltamos à exploração de novas possibilidades. Geramos inúmeras ideias e identificamos e analisamos quaisquer opções divergentes. As ideias mais promissoras evoluem em rodadas iterativas de protótipos rápidos (inicialmente são representações rudimentares de ideias, concretas o suficiente para que as pessoas possam reagir a elas). A chave é ser rápido e astuto, explorando uma variedade de ideias sem deixar-se envolver demais numa ideia só. Esses circuitos experienciais de aprendizagem ajudam a desenvolver conceitos existentes e a criar novos conceitos. Com base no feedback recebido de usuários finais e outros stakeholders, adaptamos, interagimos e comparamos as ideias até chegar a soluções centradas no ser humano, atraentes e viáveis. A experimentação pode incluir tudo, como a criação de centenas de modelos físicos para aplicar vacinas transdérmicas, a utilização de simuladores de direção para testar um novo sistema veicular e a encenação da experiência de check-in em um saguão de hotel.

4. IMPLEMENTAÇÃO

Antes da implementação de uma nova ideia, refinamos o design e preparamos um roteiro que nos leve até o mercado. Naturalmente, os lançamentos podem variar muito, dependendo dos elementos envolvidos em uma experiência ou produto. Lançar uma nova plataforma de aprendizagem on-line é muito diferente de oferecer um novo serviço bancário. A fase de implementação pode incluir muitas rodadas, e um número cada vez maior de empresas em todos os setores está começando a lançar novos produtos, serviços ou negócios para poderem aprender. Essas empresas estão sempre em beta e realizam rápidas iterações por meio de novos ciclos no mercado que vão refinando a oferta. Por exemplo, alguns varejistas abrem *pop-up stores* (lojas temporárias) como uma maneira de testar a demanda em novas cidades. Já a startup Clover Food Lab, sediada em Boston, começou vendendo seus produtos num único trailer no MIT para sentir a demanda de seus alimentos vegetarianos sustentáveis antes de comprometer-se a abrir restaurantes convencionais.

INCORPORE A INOVAÇÃO À SUA ROTINA COM O *DESIGN THINKING*

O *design thinking* é uma maneira de identificar necessidades humanas e criar novas soluções utilizando as ferramentas e os modos de pensar dos designers. Quando usamos a palavra "design" sozinha, a maioria das pessoas pergunta o que achamos da cortina da casa delas ou onde compramos nossos óculos. No entanto, a abordagem do *design thinking* engloba mais do que apenas atentar à estética ou desenvolver produtos físicos. O *design thinking* é uma metodologia com a qual podemos resolver uma ampla variedade de desafios pessoais, sociais e empresariais utilizando novas maneiras criativas.

O *design thinking* se fundamenta na capacidade humana natural (e treinável) de ser intuitivo, de reconhecer padrões e desenvolver ideias emocionalmente significativas e funcionais. Não estamos sugerindo fundamentar uma carreira inteira em sentimentos, intuição e inspiração ou liderar uma organização somente com base nesses fatores.

Contudo, depender demais do lado racional e analítico também tem seus riscos. Se você tiver um problema que não pode ser analisado facilmente ou que não conta com uma métrica ou dados suficientes para ser investigado, o *design thinking* pode ajudá-lo a resolver isso usando a empatia e a prototipagem. Quando você precisa de uma inovação revolucionária ou de um salto criativo, essa metodologia pode ajudá-lo a mergulhar no problema e encontrar novos insights.

A IDEO usa essa abordagem para ajudar organizações do setor público e privado a inovar e crescer. Ajudamos os clientes a vislumbrar como seriam suas operações novas ou existentes no futuro e elaborar roteiros para chegar lá. Além do trabalho de desenvolvimento do produto que Tom descreveu em *A arte da inovação*,[4] agora temos a chance de criar novas empresas e marcas e trabalhar com clientes do mundo todo para ajudá-los a lançar novos produtos, serviços, espaços e experiências interativas. Apesar de continuarmos a trabalhar com produtos, desde brinquedos até caixas eletrônicos, hoje em dia podemos tanto criar um kit de ferramentas digital para ajudar os consumidores a contratar um seguro-saúde quanto conceber um sistema educacional melhor para o Peru. Nos últimos anos, temos trabalhado diretamente com os clientes para ajudá-los a incorporar a inovação à essência de seus empreendimentos.

Tanto na IDEO quanto nas organizações dos nossos clientes, constatamos que o *design thinking* ajuda a cultivar culturas criativas e desenvolver os sistemas internos necessários para sustentar a inovação e lançar novas empreitadas.

NASCIDA PARA A VIRADA: AS ORIGENS DA D.SCHOOL

No início dos anos 2000, David começou a fazer experimentos em ensino colaborativo na Stanford com professores de outras áreas da universidade (como Terry Winograd, de Ciência da Computação, Bob Sutton, de Ciência da Administração e Engenharia, e Jim Patell, da Faculdade de Administração). Antes disso, David só tinha dado aula a alunos do Departamento de Design da Faculdade de Engenharia, que já se consideravam criativos. Nesses novos cursos interdisciplinares, contudo, ele trabalhou com estudantes de MBA e de Ciência da Computação que normalmente não se veem como pessoas criativas.

Foi nessas salas de aula que David e seus colegas puderam testemunhar o verdadeiro despertar da criatividade.

Alguns alunos foram além de apenas usar as ferramentas apresentadas no curso e adotaram com entusiasmo a filosofia do *design thinking*, desenvolvendo, com isso, uma nova perspectiva mental, uma nova imagem de si mesmos e um novo senso de *empowerment*. Os estudantes começaram a visitar David em sua sala (até meses depois do fim do curso) para contar que começaram a se ver como pessoas criativas pela primeira vez e que agora podiam aplicar a criatividade a *qualquer* desafio. Os olhos deles brilhavam com a empolgação, com o senso de oportunidade, de possibilidade, e alguns deles até chegavam a chorar.

David pensou em uma palavra para expressar a transformação que estava observando: "virada", ou mudar de um estado de espírito para outro. A irreverência do termo "virada" lembrava a poesia alegre de uma cambalhota em um trampolim.

Os alunos com quem ele conversou estavam engajados e empolgados de um modo que deixava claro que algo dentro deles tinha mudado... para sempre. Foi o tipo de impacto profundo para o qual os educadores se dedicam a vida inteira.

Com a ajuda do ex-aluno George Kembel (hoje diretor executivo da d.school), David se pôs a conversar com amigos e colegas sobre abrir um novo programa. Ele vislumbrava um espaço na universidade onde estudantes de diferentes áreas poderiam se encontrar para cultivar seus talentos criativos e aplicar seus conhecimentos recém-descobertos a grandes desafios. David observava que a Stanford, como todas as universidades de classe mundial, tinha pesquisadores de altíssima qualidade aprofundando-se nos próprios campos de conhecimento, mas sugeria que o século 21 trazia enormes e complexos desafios que não poderiam ser solucionados dessa forma. Talvez algumas soluções pudessem ser encontradas colocando aquele cientista na mesma sala que um executivo, um advogado, um engenheiro e outras pessoas de variadas áreas de atuação. Em vez de apostar tudo no "aprofundamento", David propôs que a Stanford fizesse uma aposta, mesmo que pequena, na "ampliação". E quem sabe um dia o novo instituto pudesse conquistar o respeito e o *status* da Faculdade de Pós-graduação de Administração, mais conhe-

> cida como "B-school". Foi assim que o novo empreendimento ganhou seu apelido: "d.school".
>
> Quando David contou a ideia a Hasso Plattner, um dos fundadores da SAP, gigante do software empresarial, Hasso generosamente sacou o talão de cheques. Assim, a d.school, oficialmente conhecida como o Hasso Plattner Institute of Design, abriu as portas em 2005.

CULTIVANDO OS PENSADORES CRIATIVOS

Enquanto o trabalho da IDEO se concentra nas inovações, desde o início a d.school da Stanford se concentrou nos inovadores. A d.school atrai alunos de todas as faculdades de pós-graduação da Stanford, mesmo sem dar certificados nem incluir qualquer curso obrigatório: quem estuda lá vai porque quer. Atualmente, mais de 700 alunos frequentam a d.school todos os anos. As aulas, baseadas em projetos, são ministradas em colaboração por membros do corpo docente de toda a universidade e por profissionais de diferentes setores. Nesse ambiente diversificado, é normal ouvir vários pontos de vista (muitas vezes conflitantes). Os alunos aprendem fazendo e se põem a resolver desafios do mundo real, normalmente em equipes multidisciplinares. Além de estudantes de pós-graduação, executivos do mundo todo participam dos workshops, e o K-12 Lab trabalha com crianças e educadores (mais de 500 em 2012) para ajudar a desenvolver a confiança na capacidade criativa dos pequenos.

Os cursos normalmente começam com simples briefings (articulações sucintas de um desafio), como "criem um novo design para a experiência de tomar café de manhã". Diante de uma questão ou problema como o desafio do café, pessoas com uma boa capacidade analítica tendem a entrar imediatamente no modo de resolução de problemas, saltando para a linha de chegada e se pondo a defender suas respostas.

A d.school congrega ideias e pessoas da universidade toda.

Por exemplo, pense na rapidez na qual um bom médico, diante de uma série de sintomas, faz um diagnóstico e prescreve uma solução, muitas vezes em questão de segundos. Em um desafio do café alguns anos atrás, um estudante de medicina imediatamente levantou a mão, declarando: "Já sei do que precisamos: um novo tipo de creme para o café". Para pensadores analíticos como ele, uma questão "não resolvida" no ar é uma fonte de grande desconforto e eles ficam ansiosos para encontrar logo uma resposta e seguir em frente. Em situações rotineiras de resolução de problemas, que têm uma única resposta certa, esse método é bastante eficiente e por vezes bastante apropriado. Já os pensadores criativos, diante da mesma questão com várias soluções possíveis, procuram tomar cuidado para não tomar decisões precipitadas. Eles sabem que não existe uma única solução para o problema e tendem a estender a investigação antes, identificando várias abordagens possíveis antes de recorrerem às ideias que valem mais a pena implementar.

Dessa forma, David e os professores da d.school recomendam que os estudantes deixem de lado suas respostas iniciais (aquelas respostas clichês, que já estão na cabeça deles), encorajando os estudantes a se aprofundarem, a tentarem entender melhor a situação e observar os comportamentos das pessoas quando estão tomando café para identificar necessidades e oportunidades latentes. Depois que o grupo é conduzido pelo processo de design em um ambiente colaborativo, dezenas de ideias surgem: desde uma cafeteira que sabe exatamente a temperatura preferida do seu café (e que sempre serve o café nessa temperatura) até um aparelho que mexe automáticamente o café, que você pode colocar na sua xícara. Então, os professores perguntam aos estudantes se alguma das novas soluções que encontraram é melhor que as ideias iniciais. Normalmente a resposta é afirmativa.

UMA ATITUDE DE CRESCIMENTO

Um pré-requisito para atingir a confiança criativa é acreditar que as suas aptidões e competências de inovação não são rígidas e imutáveis. Se você acha que não é uma pessoa criativa, se pensa "Esse tipo de coisa não é para mim", precisa se desapegar dessa crença antes de seguir em frente. Você precisa *acreditar* que o aprendizado e o crescimento são possíveis. Em outras palavras, precisa começar com o que Carol Dweck, professora de psicologia da Stanford, chama de uma "atitude de crescimento".[5]

Segundo Dweck, pessoas que possuem uma atitude de crescimento "acreditam que o verdadeiro potencial de uma pessoa é desconhecido (e desconhecível); que é impossível prever o que pode ser realizado com anos de paixão, empenho e treinamento". A argumentação dela é convincente, fundamentada em extensas pesquisas, comprovando que não importa quais sejam os nossos talentos, aptidões ou até o nosso QI inicial: é possível expandir as nossas competências por meio do empenho e da experiência.

> UM PRÉ-REQUISITO PARA ATINGIR A CONFIANÇA CRIATIVA É ACREDITAR QUE AS SUAS APTIDÕES E COMPETÊNCIAS DE INOVAÇÃO NÃO SÃO RÍGIDAS E IMUTÁVEIS.

Para entender a atitude de crescimento, é interessante compará-la com seu irmão gêmeo maligno, que todos nós conhecemos tão bem: a atitude fixa. Conscientemente ou não, as pessoas que têm uma atitude fixa acreditam que todo mundo nasce com uma inteligência e um talento fixos. Se convidadas a mergulhar em uma jornada de exploração da confiança criativa, as pessoas com uma atitude fixa vão preferir ficar em sua zona de conforto, temendo que os limites de suas competências sejam revelados aos outros.

Dweck explorou a natureza restritiva da atitude fixa estudando o comportamento de calouros da University of Hong Kong.[6] Como todas as aulas e provas daquela universidade são em inglês, os novos alunos que não dominam a língua inglesa começam com uma clara desvantagem. Depois de avaliar a proficiência em inglês e a atitude dos calouros, Dweck perguntou: "Se a universidade oferecesse um curso para os alunos que precisam melhorar o inglês, você o faria?". As respostas revelaram o poder da atitude: "Os estudantes que tinham uma atitude de crescimento responderam enfaticamente que fariam o curso enquanto os estudantes com uma atitude fixa não demonstraram muito interesse". Em outras palavras, os alunos influenciados pela atitude fixa se mostraram dispostos a sabotarem suas chances de sucesso para não expor uma potencial fraqueza. Se eles permitirem que a mesma lógica oriente suas escolhas na vida, é fácil ver como a percepção da própria capacidade como sendo permanentemente limitada pode se transformar em uma profecia autorrealizável.

Uma atitude de crescimento, por outro lado, é um passaporte para novas aventuras. Quando você abre sua mente para a possibilidade de que a sua capacidade é ilimitada e desconhecida, você já está com os tênis de corrida, pronto para avançar rapidamente.

Na verdade, todos nós temos um pouco das duas atitudes mentais. Algumas vezes, a atitude fixa sussurra num ouvido: "Você nunca foi bom com a criatividade, então para que passar vergonha agora?", enquanto a atitude de crescimento sussurra no outro ouvido: "O empenho é o caminho para a maestria, então por que não tentar?". A questão é: para qual voz você vai dar ouvidos?

DEIXE A SUA MARCA NO UNIVERSO

A confiança criativa vem acompanhada do desejo de direcionar proativamente a sua vida, ou a sua organização, em vez de ficar à deriva e ser levado de um lado a outro pelo vento. Roger Martin, reitor da Faculdade de Administração Rotman da University of Toronto, diz que o que mais chama atenção nos designers é que eles sempre agem com deliberação, ou intencionalidade. Enquanto os outros podem inconscientemente escolher a opção padrão, os design thinkers transformam tudo em uma escolha consciente e original: desde a maneira como organizam a estante de livros até o modo como apresentam seu trabalho. Ao olhar para o mundo, eles veem oportunidades de fazer as coisas de um jeito melhor e são induzidos pelo desejo de mudar o mundo.

Uma vez que você se põe a criar, seja uma horta no quintal, uma nova empresa ou um código de computador, você começa a perceber que, por trás de tudo há uma intenção. Tudo na sociedade moderna é um resultado de uma coletânea de decisões tomadas por alguém. Por que esse alguém não poderia ser você?

Ao despertar a confiança criativa, você começa a ver novas maneiras de melhorar as coisas, desde o modo como dá uma festa até a maneira como conduz uma reunião. E, uma vez que se conscientiza dessas oportunidades, você pode começar a se beneficiar delas.

Para nós, essa intencionalidade focada foi uma das características distintivas de Steve Jobs. David conheceu Steve em 1980, quando criamos o design do primeiro mouse da Apple. Eles fizeram amizade no decorrer de mais de uma dezena de projetos subsequentes para os empreendimentos de Steve na Apple, na NeXT e na Pixar. Steve nunca optava pelo caminho da menor resistência e nunca aceitava o mundo "do jeito que é". Ele

> ASSIM QUE COMEÇA A CRIAR, VOCÊ PERCEBE QUE POR TRÁS DE TUDO HÁ UMA INTENÇÃO.

fazia tudo com intencionalidade. Nenhum detalhe era pequeno demais para escapar à sua atenção. Ele também nos impelia a ultrapassar o que acreditávamos ser capazes de fazer (nós vivenciamos em primeira mão o famoso "campo de distorção da realidade"). Ele não parava de elevar os padrões, mesmo quando parecia absurdo. Mas nós tentávamos alcançar as ambições impostas por ele e chegávamos a três quartos do caminho, o que sempre era mais do que jamais teríamos chegado sozinhos.

Depois que Steve foi chutado da Apple e estava planejando a startup que viria a se tornar a NeXT Computer, ele passou pelo escritório de David para conversar sobre sua visão para seu novo computador. Sempre em busca da simplicidade Zen, Steve perguntou a David: "Qual é o formato tridimensional mais simples do mundo?". David tinha certeza de que era uma esfera. Mas não importava, porque a resposta que Steve queria era um cubo. E isso deu início ao nosso projeto de ajudar Steve com o design de engenharia de seu novo computador NeXT, na forma de um cubo.

Durante aquele intenso projeto, Steve costumava ligar para a casa de David no meio da noite (aquilo foi antes do e-mail e das mensagens de texto) para insistir em alguma alteração. O que era tão urgente que não dava para esperar até de manhã? Uma noite, Steve ligou para falar sobre a galvanização de um parafuso que ficava no interior do cubo de magnésio, querendo discutir se era melhor cádmio ou níquel. A reação inicial de David foi dizer algo como: "Nossa, Steve! É só um parafuso *do lado de dentro* do gabinete!". Mas aquilo fazia diferença para Steve, e é claro que mudamos o parafuso. Não sabemos se algum cliente da NeXT chegou a abrir o gabinete e se maravilhar com aqueles parafusos galvanizados perfeitamente, mas Steve não deixava esse tipo de detalhe ao acaso.

Steve tinha um profundo senso de confiança criativa. Ele acreditava, ou melhor, *sabia* que qualquer um pode atingir metas audaciosas se tiver coragem e perseverança suficientes. Ele ficou famoso pela exortação de "deixar uma marca no universo", que explicou nos seguintes termos numa entrevista em 1994:[7]

> No instante que você percebe que dá para cutucar a vida e que alguma coisa vai... aparecer do outro lado, que você pode mudar essa coisa, pode afetar essa coisa... que essa coisa pode ser o fator mais importante... Uma vez que percebe isso, você nunca mais será o mesmo.

A mensagem de Steve é que todos nós temos a capacidade de mudar o mundo, uma ideia que sem dúvida se aplicou a ele, um visionário que afetou a vida de tantas pessoas e nos estimulou a "pensar diferente".

De Doug Dietz a Steve Jobs, todas as pessoas criativamente confiantes que conhecemos encontraram um jeito de aplicar uma extraordinária energia e exercer uma influência espetacular. E sabemos que, ao desenvolver sua confiança criativa enquanto avança, você terá a chance de deixar sua própria marca no universo. Comece com a atitude de crescimento, a profunda crença de que o seu verdadeiro potencial ainda é desconhecido, de que você não é limitado apenas ao que foi capaz de fazer até agora.

Nos capítulos a seguir, apresentaremos ferramentas práticas para ajudá-lo a desenvolver novas aptidões, encontrar inspiração e desbloquear sua capacidade criativa. Para isso, você precisará agir e sentir na pele a sua própria criatividade. Mas, para agir, a maioria de nós deve primeiro superar os medos que bloquearam a nossa criatividade no passado.

CAPÍTULO 2

A OUSADIA:
DO MEDO À CORAGEM

IMAGINE UMA JIBOIA, DESCANSANDO CASUALMENTE ao redor do pescoço de um homem.[1] Na sala ao lado, uma mulher usando uma máscara de hóquei e luvas de couro os observa cautelosamente por trás de um espelho unidirecional. O coração dela bate forte. Desde que se conhece por gente ela tem pavor de cobras. Atividades como jardinagem e caminhadas no campo sempre estiveram fora de questão, por medo de que uma cobra cruzasse seu caminho.

E lá está ela, prestes a entrar na sala ao lado e tocar na cobra que habitava seus pesadelos.

Como ela consegue? Como ela consegue passar do medo à coragem?

O criador dessa cura para a fobia, abrindo o caminho para milhares de outras pessoas como ela, é o psicólogo Albert Bandura. Pesquisador e professor da Stanford, ele afetou profundamente o mundo da aprendizagem social e é considerado por muitos o maior psicólogo vivo.[2] Ele só perdeu para Sigmund Freud, B. F. Skinner e Jean Piaget em uma lista de eminentes psicólogos do século 20.[3]

Bandura, hoje um professor emérito aos 87 anos, ainda trabalha em sua sala, em Stanford.

Um dia começamos a conversar sobre métodos de cura da fobia de cobras. Bandura nos contou que a cura basicamente requer muita paciência e pequenos passos incrementais, mas, em algumas ocasiões, ele e seus colegas conseguiram curar uma fobia que durou a vida inteira em menos de um dia.

Primeiro, Bandura diz à pessoa que há uma cobra na sala ao lado e que a pessoa entrará na sala. A reação típica é: "Nem sonhando".

Em seguida, ele a conduz por uma longa sequência de desafios, ajustando cada passo subsequente para não exigir demais da pessoa. Por exemplo, em determinado ponto, ele pede que ela olhe, por um espelho unidirecional, um homem segurando uma cobra e pergunta: "O que você acha que a cobra vai fazer?". As pessoas com a fobia têm *certeza* de que a cobra se enrolará no pescoço do homem e o sufocará. No entanto, a cobra descansa, indiferente, no pescoço do homem, sem sufocá-lo nem apertá-lo.

E o processo continua. Mais adiante, Bandura pede que ela fique diante da porta aberta da sala onde está a cobra. Se esse passo for amedrontador demais, ele se oferece para ficar ao lado dela.

Muitos pequenos passos mais tarde, ela acaba chegando ao lado da cobra. No final da sessão, a pessoa toca a cobra. E, de repente, a fobia se foi.

Quando Bandura começou a aplicar essa técnica, ele procurou os pacientes meses depois e constatou que a fobia não retornou. Uma mulher chegou a contar de um sonho com uma jiboia que a ajudava a lavar a louça, em vez de aterrorizá-la como as cobras dos pesadelos que costumava ter no passado.[4]

Bandura chama a metodologia que utiliza para curar fobias de "domínio guiado". O processo do domínio guiado se fundamenta no poder da experiência de derrubar crenças falsas. A metodologia incorpora ferramentas da psicologia, como a aprendizagem por observação, a persuasão social e tarefas gradativas; o processo ajuda as pessoas a confrontar um grande temor e refutá-lo em um pequeno e executável passo por vez.

Essa descoberta de que o domínio guiado pode curar em pouco tempo uma antiga e enraizada fobia foi enorme, mas Bandura fez uma descoberta ainda maior em suas entrevistas de acompanhamento com os ex-fóbicos.

As entrevistas revelaram alguns efeitos colaterais surpreendentes. As pessoas mencionaram outras mudanças na vida, mudanças aparentemente não relacionadas com a fobia:[5] elas começaram a andar a cavalo, perderam o medo de falar em público, estavam explorando novas possibilidades no trabalho... A experiência dramática de superar uma fobia que as atormentou por décadas, uma fobia com a qual elas esperavam viver pelo resto da vida, alterou o sistema de crença das pessoas sobre a própria capacidade de mudar. Em outras palavras, a experiência mudou a crença delas sobre o que eram capazes de realizar e acabou transformando a vida delas.

Essa coragem recém-descoberta, demonstrada pelas mesmas pessoas que tiveram de usar máscaras de hóquei para chegar perto de uma cobra, levou Bandura a investigar uma nova linha de pesquisa: como as pessoas passam a acreditar que podem mudar uma situação e realizar o que quiserem no mundo.

Desde então, as pesquisas de Bandura têm demonstrado que, quando as pessoas têm essa crença, elas encaram desafios maiores, persistem mais tempo e são mais resilientes diante de obstáculos e fracassos. Bandura chama essa crença de "autoeficácia".

O trabalho de Bandura valida cientificamente algo que passamos anos testemunhando: a dúvida sobre a própria capacidade criativa pode ser curada conduzindo as pessoas por uma série de pequenos sucessos. E a experiência pode ter um poderoso efeito para o resto da vida das pessoas.

O estado de espírito que Bandura chama de autoeficácia é similar ao conceito que chamamos de confiança criativa. Pessoas dotadas de confiança criativa tomam decisões melhores, mudam de direção com mais facilidade e são mais capazes de encontrar soluções para problemas aparentemente impossíveis. Elas conseguem ver novas possibilidades e colaboram com os outros para melhorar a situação do mundo ao seu redor, enfrentando os desafios com a mesma coragem recém-descoberta.

No entanto, para conquistar essa poderosa atitude criativa, algumas vezes é necessário "tocar na cobra". Pela nossa experiência, uma das cobras mais aterrorizantes é o medo do fracasso, que pode se manifestar na forma de, por exemplo, medo de ser criticado, medo de começar, medo do desconhecido. E, apesar de muito já ter sido escrito sobre o medo do fracasso, ele permanece sendo o maior obstáculo ao sucesso criativo.

O PARADOXO DO FRACASSO

Uma crença popular sugere que os gênios criativos raramente fracassam. No entanto, de acordo com o professor Dean Keith Simonton, da University of California, em Davis, o que acontece na verdade é o contrário: os gênios criativos, desde artistas como Mozart até cientistas como Darwin, são bastante prolíficos no que diz respeito ao fracasso; eles só não permitem que isso os impeça. As pesquisas de Simonton revelaram que as pessoas criativas simplesmente fazem mais experimentos.[6] Suas "ideias brilhantes" não ocorrem porque elas encontram o sucesso com mais frequência que as outras pessoas. A verdade é que elas simplesmente fazem mais e ponto final. Em outras palavras, elas chutam mais em direção ao gol. Esta é a matemática surpreendente e irrefutável da inovação: se você quiser mais sucessos, precisa estar preparado para encarar mais fracassos.

Vejamos o caso de Thomas Edison. Edison, um dos inventores mais famosos e prolíficos da história, incorporou o fracasso ao seu processo criativo. Ele sabia que um experimento que não desse certo não era um experimento fracassado se o considerasse como um aprendizado construtivo. Ele inventou a lâmpada incandescente, mas só depois das lições aprendidas com mil tentativas frustradas. Edison sustentava que "a verdadeira medida do sucesso é o número de experimentos que podem ser numeradas em 24 horas".

Na verdade, fracassar logo de cara pode ser crucial para o sucesso na inovação, pois quanto antes você encontrar os pontos fracos durante um ciclo de inovação, mais rapidamente poderá consertar os erros. Nós dois crescemos no estado americano de Ohio, lar de Orville e Wilbur Wright, pioneiros da aviação. Os irmãos Wright são mais famosos pelo chamado "primeiro voo", realizado em dezembro de 1903, em Kitty Hawk, uma área da Base Wright-Patterson da Força Aérea Americana. No entanto, o foco nessa realização ignora as centenas de experimentos e tentativas fracassadas de voo nos anos que antecederam ao sucesso

> A MATEMÁTICA SURPREENDENTE E IRREFUTÁVEL DA INOVAÇÃO É QUE, PARA OBTER MAIS SUCESSOS, VOCÊ PRECISA ESTAR PREPARADO PARA ENCARAR MAIS FRACASSOS.

daquele primeiro voo. Tanto que alguns relatos sugerem que os irmãos Wright escolheram Kitty Hawk em parte devido ao fato de que a localização remota chamaria menos atenção da mídia durante os experimentos.[7]

Edison e os irmãos Wright podem parecer personagens da história antiga, mas a tradição de aprender com o método esclarecido de tentativa e erro continua viva e forte até hoje. Quando a Steelcase decidiu reinventar a carteira tradicional de sala de aula, para substituir aquela desconfortável versão de madeira com a superfície para escrever fixa ao braço da cadeira, eles trabalharam com a nossa equipe de design para construir mais de duzentos protótipos de todos os formatos e tamanhos.[8] Desde o início, eles fizeram experimentos com pequenos modelos de cartolina e fita adesiva. Mais adiante no projeto, eles fizeram partes de madeira compensada, montando-as em peças de cadeiras existentes. Eles foram a faculdades locais, pedindo para que estudantes e professores interagissem com esses "modelos experimentais" e dessem opiniões e sugestões. Eles esculpiram formatos em isopor e fizeram partes em uma impressora 3D para ter uma ideia de formato e tamanho. Eles criaram protótipos em aço. E, com a aproximação do prazo de liberação do projeto à produção, eles construíram modelos sofisticados em tamanho real com exatamente a mesma aparência do produto real. Toda essa implacável experimentação, e o aprendizado associado, se pagou. A carteira Node substituiu a rigidez de suas antecessoras com um assento giratório confortável, uma superfície de trabalho ajustável, rodinhas e um tripé contendo uma base para colocar mochilas e bolsas. O resultado é uma carteira móvel, flexível e moderna que se adapta rapidamente de uma carteira para assistir aulas expositivas para uma cadeira para realizar atividades em grupo, se adequando aos variados estilos pedagógicos dos dias de hoje. Lançadas em 2010, as carteiras Node já são utilizadas em 800 escolas e universidades por todo o mundo.

Edison, os irmãos Wright e os inovadores da atualidade, como a equipe de design da carteira Node, se recusaram a assumir uma postura defensiva e jamais se envergonharam do método de tentativa e erro. Pergunte a qualquer inovador experiente e ele provavelmente terá uma impressionante coletânea de "histórias de guerra" sobre os fracassos no caminho para o sucesso.

DESIGNS PARA CRIAR CORAGEM

Albert Bandura utilizou o processo do domínio guiado (uma série de pequenos sucessos) para ajudar as pessoas a tomar coragem e dominar fobias enraizadas. O que teria sido praticamente impossível em um gigantesco salto se tornou exequível em pequenos passos com a orientação de um conhecedor da área. De maneira similar, utilizamos uma progressão passo a passo para ajudar as pessoas a conhecer e aplicar as ferramentas e as metodologias do *design thinking*, elevando, aos poucos, o nível do desafio para superar o medo do fracasso que bloqueia suas melhores ideias.[9] Esses pequenos sucessos são intrinsecamente gratificantes e ajudam as pessoas a passar para o próximo nível.

Nos nossos cursos e workshops, começamos propondo que os participantes resolvam rápidos desafios de design, como recriar a experiência de presentear ou repensar o transporte diário para o trabalho.[10] Podemos ajudar com um empurrãozinho aqui e ali, mas em grande parte deixamos que os próprios alunos pensem nas soluções. O desenvolvimento da confiança pela experiência encoraja uma ação mais criativa no futuro, o que reforça ainda mais a confiança. Por isso, costumamos recomendar que os nossos estudantes e nossas equipes realizem vários projetos rápidos de design em vez de um único e grande projeto, para maximizar o número de ciclos de aprendizagem.

Na d.school, um dos objetivos de colocar as pessoas para trabalharem juntas em um projeto é ajudá-las a praticar novas aptidões e estimulá-las a irem além (e, muito provavelmente, vivenciar o fracasso como um resultado do processo). Acreditamos que as lições aprendidas com os fracassos podem nos deixar mais inteligentes... e até mais fortes. Mas isso não faz com que o fracasso seja mais *divertido*, de modo que a maioria de nós naturalmente tenta evitar o fracasso a todo custo. O fracasso é duro, até doloroso. Como Bob Sutton, professor da Stanford, e Diego Rodriguez, sócio da IDEO, costumam dizer na d.school, "O fracasso é uma droga, mas dá para aprender com ele".[11]

O vínculo inescapável entre o fracasso e a inovação é uma lição que só pode se aprender fazendo. Damos aos estudantes uma chance de fracassar o mais rápido possível para maximizar o tempo de aprendizagem que se segue. Em vez de longas aulas expositivas seguidas de exercícios, a maior parte das nossas aulas na d.school oferece aos alunos pouca instrução no início e já começa propondo que eles trabalhem em um projeto ou desafio. Em seguida, analisamos os resultados para refletir sobre o que deu certo... e o que pode ser aprendido com o que não deu certo.

"Muitos cursos da d.school requerem que os alunos continuem forçando os limites da possibilidade até caírem de cara no chão", explica Chris Flink, partner da IDEO, professor associado convidado.[12] "A resiliência, a coragem e a humildade resultantes de um fracasso saudável constituem uma parte da educação e do crescimento cujo valor é simplesmente inestimável."

Encarar o fracasso para se livrar do medo é algo que nosso amigo John "Cass" Cassidy, inovador de longa data e criador da Klutz Press, descobriu intuitivamente. Em seu livro *Juggling for the Complete Klutz*, Cass não começa fazendo malabarismo com duas bolas, nem mesmo com uma. Ele começa com algo ainda mais básico: "Deixar Cair a Bola".[13] O primeiro passo é simplesmente jogar todas as três bolas no ar deixá-las cair. E depois repetir o exercício. Quando aprendemos a fazer malabarismo com bolas, a angústia resulta do fracasso de ver a bola caindo no chão. Então, com esse primeiro passo, Cass busca entorpecer os aspirantes a malabaristas. Ver a bola caindo no chão passa a ser mais normal que ver a bola *não* caindo no chão. Depois de encarar o nosso medo do fracasso, fica muito mais fácil fazer malabarismo. Não acreditamos muito que daria certo, mas, com a ajuda da simples abordagem de Cass, de fato conseguimos aprender a fazer malabarismo!

O medo do fracasso nos impede de aprender todo tipo de novas aptidões, nos privando de correr mais riscos e de enfrentar novos desafios, e a confiança criativa implica superar esse medo. Você sabe que deixará cair a bola, que cometerá erros e que irá na direção errada, mas aceita que isso faz parte do processo de aprendizagem. E, com essa nova atitude, você consegue permanecer confiante de que está avançando apesar dos contratempos.

SUPERANDO O MEDO DE ENTREVISTAR CLIENTES[14]

Sabemos, por experiência própria, que os nossos alunos costumam ter medo de se aventurar no território dos clientes e usuários em suas tentativas de desenvolver a empatia. Na d.school, a palestrante Caroline O'Connor e a diretora geral Sarah Stein Greenberg têm ajudado muitos alunos a superar esse medo, passo a passo. Veja abaixo algumas maneiras que elas sugerem para desenvolver a empatia, adaptadas para o contexto dos negócios. Note que as técnicas começam fáceis e vão ficando cada vez mais desafiadoras.

1. SEJA UMA "MOSCA NA PAREDE" EM UM FÓRUM ON-LINE. Observe clientes potenciais expressando opiniões, desabafando e fazendo perguntas. Não procure especificamente análises de recursos ou custo, mas sim os "pontos de dor" e as necessidades latentes dos participantes do fórum.

2. EXPERIMENTE O SEU PRÓPRIO ATENDIMENTO AO CLIENTE. Passe pela experiência de interagir com seu próprio atendimento, fingindo ser um cliente. Observe como os atendentes lidam com o seu caso e como você se sente. Tente mapear as etapas individuais do processo e marque em um gráfico os altos e baixos do seu nível de satisfação.

3. CONVERSE COM "EXPERTS INESPERADOS". O que a recepcionista tem a dizer sobre a experiência que a sua empresa proporciona aos clientes? Se atuar na área da saúde, tente conversar com um técnico em vez de um médico. Se produzir um produto físico, converse com um técnico de manutenção para conhecer os defeitos mais comuns.

4. DÊ UMA DE DETETIVE PARA BUSCAR NOVOS INSIGHTS. Leve um livro ou jornal e fones de ouvido a um ponto de varejo ou conferência do setor (ou, se os seus clientes forem internos, uma área onde as pessoas tendem a se reunir). Observe o comportamento das pessoas e tente descobrir o que está acontecendo. Como eles interagem com o seu produto ou serviço? O que a linguagem corporal deles sugere sobre o nível de engajamento ou interesse?

5. ENTREVISTE ALGUNS CLIENTES. PENSE EM ALGUMAS PERGUNTAS ABERTAS SOBRE O SEU PRODUTO OU SERVIÇO. Vá a um lugar que seus clientes costumam frequentar e encontre alguém que lhe pareça acessível. Diga que você gostaria de fazer algumas perguntas. Se a pessoa se recusar, tudo bem, tente outra. Mais cedo ou mais tarde você encontrará alguém disposto a conversar com você ou até feliz com a oportunidade de bater papo. Investigue e peça mais detalhes a cada pergunta. Pergunte "Por quê?" e "Pode falar um pouco mais sobre isso?", mesmo se achar que já sabe a resposta. As respostas dos clientes podem te surpreender e apontar para novas oportunidades.

OTIMISMO URGENTE

Todos nós podemos aprender alguma coisa sobre empenho e fracasso com o mundo dos video games. A autora, futurista e designer de jogos Jane McGonigal conversou recentemente conosco sobre como os video games podem acionar a sua própria forma de confiança criativa. Janes nos convenceu de que explorar o poder dos video games pode ter um grande impacto na vida real.[15] No mundo dos video games, o nível de desafio e recompensa aumenta em proporção com as habilidades do jogador; avançar sempre requer um empenho concentrado, mas a próxima meta nunca está completamente fora de alcance. Isso contribui para o desenvolvimento do que Jane chama de "otimismo urgente": o desejo de agir imediatamente para superar um obstáculo, motivado pela crença de haver uma esperança razoável de sucesso. Os jogadores sempre acreditam que uma "vitória épica" é possível, que vale a pena tentar, tentar *agora*, vez após vez. Na euforia de uma dessas vitórias épicas, os jogadores ficam chocados ao perceberem a extensão de suas capacidades. À medida que você passa de um nível ao outro, o sucesso pode dar uma virada na sua atitude mental, levando-o a um estado de confiança criativa. Todos nós já vimos esse tipo de persistência e domínio gradativo das habilidades em crianças, desde bebês aprendendo a andar até crianças aprendendo como fazer uma cesta no basquete.

Tom testemunhou esse otimismo urgente em ação numa manhã de Natal, quando seu filho adolescente Sean ganhou um game de skate e começou a jogar. Além da ação na tela, o jogo vem com um controle que se parece exatamente como um skate de verdade (tirando as rodas). E lá estava Sean, se equilibrando em um skate na sala, cercado por três gerações de Kelleys. A família assistiu um fracasso após o outro, enquanto o personagem de Sean na tela dava de cara com muros de tijolos, caía de corrimões e trombava em outros "skatistas" na tela. Potencialmente ainda mais embaraçoso, o próprio Sean caiu do "skate" várias vezes, quase quebrando a mesinha de centro. No entanto, Sean não se deixou intimidar nem com as calamidades na tela nem com a perda de equilíbrio ocasional no mundo físico. No contexto social do mundo dos jogos, ele não estava fracassando de verdade, apesar dos ruidosos efeitos sonoros provocados por suas quedas espetaculares. Sean sabia que estava no caminho para o aprendizado. Na verdade, considerando que não ajuda muito ler sobre um video game, ele estava basicamente no *único* caminho disponível para conquistar a expertise.

Adaptando os melhores atributos da cultura dos video games, podemos mudar a visão de fracasso das pessoas e reforçar sua disposição e determinação de perseverar. Só precisamos oferecer uma "razoável esperança de sucesso", bem como a possibilidade de uma vitória verdadeiramente épica. Por exemplo, ao trabalhar com colegas ou em equipe, descobrimos que, se os membros da equipe acreditam que toda ideia recebe atenção e ponderação justas e que uma meritocracia permite que suas propostas sejam julgadas cruzando fronteiras hierárquicas, eles tendem a dedicar toda a energia e talento criativo às ideias e propostas. Eles se empenham mais, persistem por mais tempo e mantêm o otimismo quando acreditam que estão a um passo da vitória.

No entanto, mesmo depois de superar seu medo inicial do fracasso e desenvolver a confiança criativa, você precisa continuar a se forçar e se desafiar. Como um músculo, suas aptidões criativas crescerão e se fortalecerão com a prática; exercitá-las as manterá em forma. Todos os inovadores precisam dar saltos criativos: onde você deveria manter o foco? Qual ideia tem mais chances de sucesso? O que você deveria prototipar? É nesse ponto que entram a experiência e a intuição.

Diego Rodriguez, em seu blog *Metacool*, diz que os inovadores normalmente usam a "intuição embasada" para identificar um bom insight, uma necessidade essencial ou um recurso central. Em outras palavras, a prática implacável cria um banco de dados de experiências ao qual você pode recorrer para tomar decisões mais esclarecidas. Quando se trata de criar novidades, Diego argumenta que o número de ciclos percorridos (que ele chama de "milhagem") é mais importante que o número de anos de experiência.[16] Um veterano com 20 anos na indústria automobilística que dedica vários anos em cada novo veículo antes de seu lançamento no mercado pode ter passado por um número muito menor de ciclos que um desenvolvedor de software que só tem dois anos de experiência em apps lançados a cada dois meses. Uma vez que você percorreu ciclos de inovação rápidos e numerosos o suficiente, terá desenvolvido uma boa familiaridade com o processo e a confiança na sua capacidade de avaliar novas ideias. E essa confiança resulta em menos ansiedade diante da ambiguidade de trazer novas ideias ao mundo.

PERMISSÃO PARA FRACASSAR

Você pode se considerar um "inovador nato" ou pode não ter muita familiaridade com a confiança criativa, mas, não importa qual seja a sua situação, é possível melhorar rapidamente na criação de novas ideias se der a si mesmo e às pessoas ao seu redor a liberdade de cometer erros eventualmente. Alguns ambientes são mais propícios a essa permissão para fracassar. O investidor de capital de risco Randy Komisar diz que o que distingue bolsões de empreendedorismo como o Vale do Silício não é o sucesso, mas, sim, o modo como os empreendedores lidam com o fracasso. Em culturas que encorajam os empreendedores, o que Komisar chama de "fracasso construtivo" é muito mais valorizado e apoiado.[17]

O medo do risco e do fracasso foi um tema central no trabalho da IDEO com o empreendedor alemão Lars Hinrichs para reinventar o capital de risco europeu.[18] Pesquisas realizadas com desenvolvedores de software nos Estados Unidos e na Europa demonstravam que a transição de um emprego corporativo estável à incerteza de uma startup constituía um dos momentos mais aterrorizantes na evolução de um novo empreendimento. Muitos nunca conseguiam dar esse salto com fé. Muitos novos empreendedores ficavam paralisados diante da perspectiva de abandonar o conforto e a segurança de um emprego assalariado. Dessa forma, estruturamos a oferta da nova empresa de investimento em startups de estágio inicial da Hinrichs, a HackFWD, para fazer com que a transição fosse menos intimidadora. Ajudamos a proporcionar aos empreendedores uma rede de relacionamentos de apoio e recursos para que eles pudessem concentrar sua energia no que fazem melhor. Como parte do "Acordo Geek" da HackFWD, divulgado no site da empresa, os empreendedores recebem mais ou menos o salário atual durante um ano enquanto evoluem o conceito para o estágio beta, aproximando-o do mercado e da lucratividade. Além disso, eles também têm a chance de se conectar com uma rede de conselheiros experientes. Largar o emprego continua sendo um passo amedrontador, mas manter a renda atual por um ano facilita a decisão de levar novas ideias à frente.

Em grandes empresas, os CEOs e executivos começaram a adotar iniciativas similares para reduzir os riscos percebidos e demonstrar seu comprometimento com as iniciativas de inovação. Por exemplo, a VF Corporation, a maior empresa de vestuário do mundo e proprietária de dezenas de marcas famosas, como a Nautica e a The North Face, criou um fundo de inovação alguns anos atrás. Supervisionado pelo vice-presidente de estratégia e inovação Stephen Dull, o fundo ajuda a autofinanciar ideias inovadoras nos estágios iniciais, permitindo que os gestores das unidades de negócio corram riscos empreendedores ao mesmo tempo que atingem as metas de desempenho com suas ofertas de produto atuais. Por exemplo, um programa bem-sucedido de inovação dedicou-se a investigar se a marca Wrangler, da VF, historicamente popular entre caubóis do oeste americano, poderia ser traduzida para atrair motociclistas na Índia. O resultado foi uma linha de jeans com atributos de tecido impermeável que encantou os jovens motociclistas indianos. Até o momento, o fundo de inovação da VP patrocinou mais de 97 empreendimentos inovadores como esse ao redor do mundo.[19]

Todos nós precisamos de liberdade para testar novas ideias. Procure maneiras de conceder-se uma licença criativa ou dar-se o equivalente à carta "saída livre da prisão" do jogo Banco Imobiliário. Rotule a sua próxima nova ideia como "apenas um experimento" e informe as pessoas que você só está testando a ideia. Reduza as expectativas das pessoas para que o fracasso possa levar ao aprendizado sem prejudicar a sua carreira.

RECEBA SEUS FRACASSOS DE BRAÇOS ABERTOS

Um antigo provérbio nos lembra de que "o sucesso tem muitos pais, mas o fracasso é órfão". Para aprender com o fracasso, contudo, você precisa "assumir a paternidade", descobrindo o que deu errado e o que melhorar na próxima vez. Se não fizer isso, corre o risco de repetir os mesmos erros no futuro.

Reconhecer os erros também é importante para poder seguir em frente. Com essa atitude, você não só evita as ciladas psicológicas da racionalização, da culpa e do encobrimento da verdade, como também reforça a própria "marca" com sua demonstração de honestidade, franqueza e humildade.

Pergunte aos profissionais de serviços financeiros sobre o desempenho recente deles e eles provavelmente se esquivarão da resposta, tentando ignorar as perdas ou disfarçá-las com termos como "correções de mercado" ou "maré baixa no setor". Mesmo assim, um dos nossos exemplos preferidos de uma empresa que se responsabiliza pelos fracassos vem justamente do setor de serviços financeiros. A Bessemer Venture Partners é uma respeitadíssima empresa centenária de capital de risco que apostou desde o começo em algumas empresas de crescimento espetacular. O site da empresa ostenta, como era de se esperar, suas "Principais Saídas". No entanto, a surpresa é que, a um clique de distância desses megassucessos, se encontra um catálogo de erros e previsões equivocadas que a Bessemer chama de seu "Antiportfólio"[20]. De acordo com eles, "nossa longa e célebre história nos possibilitou um número sem paralelos de oportunidades de pisar feio na bola". Por exemplo, um dos sócios da empresa deixou passar a chance de investir na rodada de ações preferenciais de Série A do PayPal, que foram vendidas alguns anos depois por US$ 1,5 bilhão. A empresa também deixou passar (sete vezes) a oportunidade de investir na FedEx, atualmente avaliada em mais de US$ 30 bilhões.

O sócio David Cowan, um dos maiores paladinos da ideia do "Antiportólio" da empresa, protagoniza muitas dessas histórias de oportunidades perdidas e pisadas de bola da Bessemer. Cowan, que também já foi vizinho de Tom, morou perto da garagem do Vale do Silício, local onde Larry Page e Sergey Brin abriram o Google. Cowan era amigo da mulher que alugava a garagem para os dois jovens e um dia, na casa dela, ela tentou apresentá-lo àqueles "dois estudantes espertíssimos da Stanford que estão desenvolvendo uma ferramenta de busca". Cowan nem quis saber, dizendo: "Como posso sair daqui sem precisar passar pela sua garagem?".

O Antiportifólio da Bessemer faz parte de uma tendência de pessoas e organizações esclarecidas que buscam colocar seus erros em destaque e aprender com a observação impassível desses tropeços. A *Midas List** da *Forbes* relaciona Cowan como um dos maiores investidores de capital de risco do mundo, capaz de transformar em ouro seus investimentos em startups.[21] Será que o hábito de responsabilizar-se por seus fracassos abriu o caminho para esse enorme sucesso?

Basta dar uma olhada ao redor para ver outros indícios desse novo modo de pensar. Conferências voltadas ao fracasso começaram a ser realizadas não só no Vale do Silício, mas no mundo todo.[22] A autora e educadora Tina Seelig pede que seus alunos escrevam um "currículo de fracassos" salientando as maiores derrotas e pisadas de bola.[23] Ela diz que os alunos mais brilhantes, acostumados a promover os sucessos, têm muita dificuldade com esse exercício. No processo de compilar o currículo de fracassos, contudo, eles passam a reconhecer suas derrotas, tanto emocional quanto intelectualmente.

"Ver as experiências por meio das lentes do fracasso os força a confrontar e aceitar os erros que cometeram pelo caminho", escreveu Tina em seu livro *Se eu soubesse aos 20...* Ela mesma dá um exemplo dessa coragem ao publicar o próprio currículo de fracassos, incluindo passos em falso como não dar a devida atenção à cultura

---

* Ranking atualizado anualmente pela revista Forbes, que traz os maiores investidores em capital de risco. O nome é uma alusão ao rei Midas, personagem da mitologia grega, que transformava em ouro tudo o que tocava.

organizacional no início de sua carreira e evitar conflitos em relacionamentos pessoais. Agora, mais consciente e aberta em relação às suas falhas no passado, Tina não se deixa mais impedir por elas. Ela é diretora executiva do Programa de Empreendimentos Tecnológicos da Stanford, ajudando a formar os empreendedores de amanhã.

O CAVALO DE ARGILA

Aprendemos desde cedo a ter medo das críticas, mas não nascemos assim. A maioria das crianças é naturalmente aventureira. Elas exploram novas brincadeiras, fazem novas amizades, experimentam coisas novas e deixam a imaginação correr solta.

Na nossa família, esse destemor se manifestava na forma de uma atitude do tipo "faça você mesmo". Se a máquina de lavar roupas quebrava, não chamávamos um técnico; desmontávamos nós mesmos a máquina e tentávamos consertá-la. Era assim que as coisas funcionavam (ou não) na nossa casa: a família acreditava na nossa capacidade de consertar as coisas.

É claro que algumas vezes esses consertos resultavam em verdadeiros desastres. Uma vez desmontamos o piano da família para ver como funcionava. No meio do caminho, contudo, percebemos que não seria tão divertido remontar o piano. Assim, o que outrora foi um instrumento musical se transformou em algo como uma série de objetos de arte. O gigantesco encordoamento, lembrando uma harpa, daquele piano ainda está encostado na parede do nosso antigo quarto no porão e o belo conjunto de 88 teclas de madeira está montado em uma parede no estúdio de David.

A licença artística também era tolerada em casa. Podíamos pegar uma bicicleta vermelha em perfeitas condições que ganhamos de aniversário, lixar toda a pintura no dia seguinte e repintá-la de verde neon só de farra, sem ouvir qualquer recriminação.

Quando éramos crianças, não sabíamos que éramos criativos. Só sabíamos que não tinha problema fazer experimentos que algumas vezes davam certo e outras vezes davam errado e que poderíamos continuar criando, ajustando, mexendo e remexendo com a confiança de que o resultado seria interessante se persistíssemos.

Brian, o melhor amigo de David na terceira série, tinha uma vivência diferente com a criatividade.

Um dia, David e Brian estavam na aula de Arte, sentados à mesa com meia dúzia de colegas de classe. Brian trabalhava em uma escultura, fazendo um cavalo com a argila que a professora guardava embaixo da pia. De repente, uma das meninas viu o que ele estava fazendo, inclinou-se e disse: "Que feio! Não parece um cavalo". Desalentado, Brian desfez o cavalo e guardou a argila embaixo da pia. Aquela foi a última vez que David viu Brian tentar um projeto criativo.

Com que frequência algo assim acontece na infância? Sempre que contamos histórias de confiança perdida como a de Brian para nossos clientes, alguém invariavelmente acaba nos contando sobre uma experiência similar quando foi desencorajado por um professor, pelos pais ou por algum colega. Vamos encarar, as crianças podem ser cruéis. As pessoas podem lembrar um momento específico quando concluíram, já na infância, que não eram criativas. Em vez de correr o risco de serem julgadas, elas simplesmente se retraem e param de pensar em si mesmas como pessoas criativas.

A autora e pesquisadora Brené Brown, que entrevistou um grande número de pessoas para explorar suas experiências com a vergonha, descobriu que um terço delas conseguia se lembrar de uma "cicatriz de criatividade", um incidente específico no qual alguém lhes disse que elas não tinham talento como artistas, músicos, escritores ou cantores.[24]

Quando uma criança perde a confiança em sua criatividade, o impacto pode ser profundo. Ela começa a dividir o mundo em pessoas criativas e não criativas e passa a ver essas categorias como fixas, se esquecendo de que um dia ela também adorava pintar e inventar histórias. Assim, muitas pessoas simplesmente desistem de ser criativas.

A tendência de nos rotular como "não criativos" não é só um resultado do nosso medo das críticas. À medida que mais escolas cortam verbas para as artes e experimentos, a criatividade é desvalorizada em comparação com as disciplinas tradicionais, como Matemática e Ciências. Essas disciplinas enfati-

MUITAS PESSOAS SIMPLESMENTE DESISTEM DE SER CRIATIVAS.

zam modos de pensar e uma resolução de problemas com uma única resposta certa e clara, apesar de muitos desafios do mundo real no século 21 exigirem uma mente mais aberta para serem solucionados. Professores e pais bem-intencionados, ao aconselhar os jovens a entrar em profissões convencionais, também transmitem a mensagem sutil de que as ocupações envolvendo a criatividade são arriscadas e exóticas demais. Nós dois sabemos muito bem como é isso. Quando concluímos o ensino médio, nossos orientadores vocacionais nos disseram que deveríamos ficar nas proximidades da cidadezinha de Akron, Ohio, e trabalhar nas fábricas de pneus da região. Eles achavam que éramos "sonhadores", por almejarmos o desconhecido. Se tivéssemos aceitado o conselho deles, a IDEO e a d.school jamais teriam existido.

O especialista em educação Sir Ken Robinson afirma que a educação tradicional destrói a criatividade.[25] "Nos sistemas educacionais atuais, a pior coisa que se pode fazer é errar", ele explica. "A educação é o sistema que deveria desenvolver as nossas aptidões naturais e nos possibilitar progredir no mundo. Em vez disso, a educação está sufocando os talentos e aptidões de muitos alunos e matando sua motivação para aprender."

Professores, pais, empresários e modelos exemplares de todos os gêneros têm o poder de estimular ou reprimir a confiança criativa das pessoas que os cercam. Na idade certa, um único comentário mordaz pode bastar para destruir nossas ambições criativas. Felizmente, muitos de nós são resilientes o suficiente para continuar tentando.

Sir Ken nos contou uma história memorável sobre um talento que por pouco não foi perdido. Sir Ken nasceu em Liverpool e um dia, em uma conversa com Paul McCartner (que, por coincidência, também é de Liverpool)[26], descobriu que o lendário cantor e compositor nunca se deu muito bem nas aulas de Música. Seu professor de Música do ensino médio nunca deu notas boas a McCartney nem identificou no pupilo qualquer talento musical em particular.

George Harrison teve o mesmo professor e não conseguiu chamar qualquer atenção (positiva) nas aulas de música. "Só para ver se eu entendi direito", Sir Ken perguntou a McCartney, espantado: "esse professor teve a *metade* dos Beatles na classe e não notou nada fora do comum!?". Na ausência de encorajamento da pessoa mais bem posicionada para cultivar seus talentos musicais, McCartney e Harrison poderiam ter evitado correr riscos e ido trabalhar nas indústrias tradicionais de manufatura e navegação de Liverpool, um caminho "seguro" que poderia tê-los colocado no centro de uma crise econômica. A indústria de Liverpool despencou precipitadamente nas duas décadas subsequentes, levando a um enorme desemprego na cidade e ao fechamento da escola que eles frequentaram, o Liverpool Institute High School for Boys. Felizmente, para os fãs da música, McCartney e seu amigos John, George e Ringo encontraram o encorajamento de que precisavam em outro lugar. E, como todo mundo sabe, os Beatles se tornaram uma das bandas de rock de maior sucesso e mais adoradas de todos os tempos.

Muitos anos depois, tendo conquistado a fama e a fortuna e condecorado cavaleiro pela rainha, Sir Paul McCartney sentiu que tinha o dever de ajudar os outros a ter a chance criativa da qual ele quase foi privado. Depois que o Liverpool Institute foi fechado, chutando seu antigo professor de Música (e todos os outros professores e colaboradores) para o olho da rua, McCartney ajudou a reformar completamente o prédio do século 19 que abrigava a escola. Junto com o educador Mark Featherstone-Witty, ele fundou o Liverpool Institute for Performing Arts, um fervilhante ambiente criativo que ajuda jovens com talentos emergentes a desenvolver habilidades práticas em música, arte dramática e dança.

PARE DE FICAR COMPARANDO

Não é fácil dar as costas para os resultados certos e o conforto do conhecido para tentar uma nova abordagem ou expressar uma ideia aparentemente maluca: isso requer muita coragem. Em suas pesquisas sobre a insegurança, Brené Brown conversou com mil pessoas para identificar o que as fazia se sentirem inadequadas e para desvendar os sentimentos de fracasso ao não se sentir "bom o suficiente".[27] Brown escreve: "Quando a nossa autoestima [o valor que atribuímos a nós mesmos] não está em jogo, ficamos muito mais inclinados a agir com coragem e arriscar revelar nossos talentos e dons". Segundo Brown, um jeito de acolher a criatividade é parar de se comparar com os outros. Se você se preocupa em ser igual aos outros ou avaliar-se em relação aos sucessos alheios, acaba evitando correr riscos e inovar, pois essas duas atitudes são inerentes às empreitadas criativas.

Ao longo dos anos, notamos na equipes com as quais trabalhamos que, quando as pessoas são inseguras, elas não estão vivendo bem. Se não se sentem respeitadas pelos colegas ou pelo chefe, elas tentam aparecer pela autopromoção. Em vez de se concentrar no trabalho e sentir-se bem com o que fazem, elas se distraem, preocupadas com o que os outros podem estar pensando.

Uma vez que a insegurança se instala, ela pode criar um círculo vicioso. Então, não importa se você trabalha sozinho ou em equipe, faça de tudo para desarmar a insegurança assim que tiver a chance. Não deixe de dar crédito aos outros quando for o caso. Preste atenção nos sinais que revelam alguém que está se sentindo desvalorizado ou perdeu a autoconfiança. Não evite aquela conversa chata para aliviar o clima pesado. Porque, quando você não enfrenta a insegurança, é como aquele segredo de família que todo mundo sabe, mas ninguém quer mencionar. A conversa pode ser chata e dolorosa, mas em geral se paga no futuro.

Temos visto esse padrão dezenas de vezes na IDEO, onde novos empregados são inseguros ou hesitantes no início, tentando ser "bem-comportados", e com o tempo vão baixando a guarda. Dá para ver a transformação no modo como eles se vestem e na maneira como agem perto de pessoas que consideram autoridades. À medida que vão ganhando confiança, eles passam a adotar uma atitude do tipo "seja você mesmo no trabalho", e se permitem ser vulneráveis em um contexto criativo. Essa vulnerabilidade e capacidade de confiar nas pessoas podem ajudá-lo a superar muitas das barreiras ao pensamento criativo e ao comportamento construtivo.

A nossa experiência reproduz as pesquisas recentes sobre a resiliência.[28] As pessoas resilientes, além de serem engenhosas na resolução dos problemas, têm mais chances de pedir ajuda, ter uma sólida rede social de apoio e ser mais conectadas com os colegas, família e amigos. É comum pensar na resiliência como uma empreitada isolada:

o herói solitário que cai em batalha, mas se levanta para continuar lutando. Na verdade, contudo, pedir ajuda costuma ser uma boa estratégia para o sucesso e não precisa ser uma admissão de fraqueza. Os outros podem nos ajudar a enfrentar as adversidades e as provações da vida e a nos recuperar delas.

CRIANDO CORAGEM PARA DESENHAR

As pessoas que acreditam que não são criativas costumam insistir: "Não sei desenhar". Mais do que qualquer outra habilidade, as pessoas acham que saber desenhar é uma espécie de prova de fogo da criatividade. Todo mundo reconhece que algumas habilidades, como tocar piano, levam anos de treinamento. No entanto, um equívoco comum é achar que somos bons em desenhar ou não, e ponto final. Na verdade, desenhar é uma habilidade que pode ser aprendida e melhorada com a prática e um pouco de orientação.

Uma imagem, muitas vezes, vale mais que mil palavras. Os bons comunicadores no acelerado mundo dos negócios atual jamais hesitariam em fazer um desenho em um quadro branco para se explicar. Infelizmente, a maioria das pessoas se esquiva da chance de rabiscar uma ideia na forma de um desenho. Ou, quando fazem, elas já começam se desculpando por não saber desenhar direito. Dan Roam, autor de *Desenhando negócios* e um expert na arte do pensamento visual, diz que aproximadamente 25% dos profissionais relutam até mesmo em pegar num pincel atômico (ele os chama de pessoal da "caneta vermelha") e outros 50% (o pessoal da "caneta amarela") só ficam à vontade grifando ou acrescentando detalhes aos desenhos dos outros.[29]

Dan ajuda as pessoas a superar essa hesitação de pegar no pincel atômico e se aproximar do quadro branco reduzindo a altura da barreira. Ele faz isso dissociando o desenho artístico do desenho comunicativo. Uma das lições que ele apresenta em sua "Napkin Academy", na internet, é intitulada "Como desenhar *qualquer coisa*". Ele insiste que tudo o que você precisa saber para desenhar em um quadro branco (ou em um guardanapo) pode ser desconstruído em cinco formas básicas: uma linha, um quadrado, um círculo, um triângulo e um formato irregular que ele chama de "ameba".

Depois, ele explica princípios (como tamanho, posição e direção) que podem ser ridiculamente simples, mas que muita gente ignora ou desconhece. Por exemplo, no que se refere ao tamanho, se você desenhar um objeto maior que o outro, o seu público pode achar que esse objeto está mais perto ou é (sim, você adivinhou) maior. E por aí vai.

DESENHANDO PESSOAS[30]

Você consegue desenhar isto?

QUADRADO   CÍRCULO   TRIÂNGULO   LINHA   AMEBA

Se conseguir desenhar os cinco formatos acima (e apostamos que você consegue), Dan Roam afirma que você está a caminho de desenhar qualquer coisa, inclusive pessoas. Com foco em desenhar para se comunicar (e não no desenho artístico), Dan pode reforçar suas habilidades de desenho em questão de minutos. Por exemplo, Dan tem três jeitos de desenhar pessoas, dependendo do que você quer comunicar (veja a próxima ilustração):

1. Os "bonecos de palito" são muito simples e transmitem estados de espírito ou emoções, especialmente se você desenhar a cabeça um terço do tamanho total da pessoa, para ter mais espaço para mostrar as expressões.

2. Os "bonecos de bloco" incluem um tronco retangular e são bons para mostrar movimentos ou diferentes posturas corporais.

3. "Bonecos de estrela" não expressam bem emoções ou ações, mas proporcionam um jeito rápido de desenhar grupos e relacionamentos.

Em um restaurante, enquanto conversa, Dan passa o tempo todo desenhando em um guardanapo. É difícil não sair de uma conversa com ele com um pouco mais de confiança na sua capacidade de se comunicar visualmente. Dan não ensina ninguém a desenhar, ele só ensina como usar melhor as simples habilidades de desenho que você já tem.

A maioria de nós aceita o fato de que, quando aprendemos um novo esporte, como esquiar, vamos cair e os outros esquiadores nos verão com a cara enfiada na neve (isso é inevitável). No entanto, quando se trata do trabalho criativo, tendemos a congelar. E não só quando estamos começando. No caso de pessoas que desenham bem, o perfeccionismo pode ser tão impeditivo quanto a insegurança dos amadores.

Conversamos recentemente com dois empregados da IDEO com formações bastante distintas. No entanto, os dois tinham o mesmo pavor de se aproximar de um quadro branco em uma reunião de negócios. Um deles era um estagiário de desenho industrial com sofisticadas habilidades de desenho e formado pelo Art Center College of Design em Pasadena, na Califórnia. O outro era um designer de negócios com MBA pela Harvard e uma brilhante mente analítica que achava que poderia ser tudo, menos artístico. O sujeito de negócios não queria passar vergonha tentando expressar visualmente uma ideia com rabiscos no quadro branco. E o artista habilidoso não queria ser julgado pelo tipo de esboço que conseguia fazer em 30 segundos com um pincel atômico diante de um público impaciente. Um era paralisado pela timidez e o outro, pelo perfeccionismo, mas o resultado final era o mesmo. Os dois preferiam cruzar os braços em vez de correr o risco de serem criticados pelos colegas.

Em outras palavras, ambos os casos têm seus bloqueios. Em consequência, boas ideias deixam de ser expressas, talentos jamais são revelados e soluções passam despercebidas. Todos nós podemos nos beneficiar de um empurrãozinho na direção da confiança criativa. Os não artistas precisam de alguém que os tranquilize (e talvez lhes dê uma ou duas aulas de desenho), para que eles possam se expressar em esboços rudimentares quando uma imagem é mais poderosa que palavras. E os artistas precisam de encorajamento para deixar o perfeccionismo de lado e fazer alguns traços simples comunicando a essência da ideia. Os dois precisam do tipo de cultura acolhedora que ignora a qualidade dos desenhos e se concentra na qualidade das ideias.

Não importa em qual caso acima você se identifica, metade da batalha é resistir à tendência de se julgar. Se você conseguir pegar um pincel atômico e se levantar, já é meio caminho andado. Então, vá aos poucos, como os fóbicos de Bandura. Em uma sala vazia, vá a um quadro branco e esboce uma ideia, só para praticar. Depois faça o desenho de novo. Achamos que você se surpreenderá com a eficácia de um simples esboço de um conceito e com a sensação de missão cumprida quando conseguir expressar a sua ideia.

DO MEDO À ALEGRIA

Você já viu, em um parquinho, uma criança descer pelo escorregador pela primeira vez? A primeira vez é aterrorizante para a maioria das crianças, que relutam em subir pela escada e olham assustadas para o pai ou mãe, meio como quem pergunta "Você quer que eu faça *o quê?*". Nós sabemos que é seguro, mas elas ainda não sabem. No começo, elas podem precisar de muito apoio e encorajamento só para chegar perto da escada. Algumas sobem até a metade e ficam com tanto medo que precisam descer. Finalmente, depois de ver outras crianças descendo eufóricas pelo escorredor, elas sobem até o topo e deslizam pela primeira vez. E a mágica acontece: o medo é substituído por entusiasmo, por alegria. Os olhos delas podem se arregalar quando elas percebem a velocidade na qual estão descendo e de repente elas estão de volta ao chão, com um sorriso no rosto... e só querem subir correndo pela escada para descer de novo. O maior obstáculo é descer pelo escorregador pela primeira vez.

Vemos essa mesma satisfação nos olhos de gestores, cientistas, vendedores, CEOs e estudantes quando eles passam pelo primeiro ciclo de criação e conseguem sair do outro lado em segurança e com uma ideia revolucionária. Eles se empolgam com a nova aptidão conquistada, com a nova habilidade que podem acrescentar a seu kit de ferramentas. É como andar de bicicleta pela primeira vez sem as rodinhas laterais.

Mais de um século atrás, o poeta e ensaísta Ralph Waldo Emerson nos exortou: "Faça aquilo que teme e a morte do medo é certa". Apesar de a certeza proposta por Emerson ser passível de discussão, a essência do conselho jamais perdeu a força. Olhando para a sua vida, você provavelmente não terá dificuldade de se lembrar de coisas "aterrorizantes" que se tornaram "não tão aterrorizantes" depois que você as experimentou, seja pular do trampolim na piscina, dar a primeira mordida em um prato exótico pela primeira vez ou subir no palanque para dar uma palestra. No entanto, apesar de todas essas experiências felizes e bem-sucedidas do passado, nos apegamos aos nossos temores sempre que nos vemos em território desconhecido.

Praticamente qualquer um pode aplicar a atitude criativa aos desafios e, ao incorporar a metodologia do *design thinking* às habilidades que já possui, você terá mais opções de linhas de ação para escolher.

Ao longo da vida, diferentes forças podem nos aproximar ou nos distanciar do nosso potencial criativo: o elogio de um professor, a tolerância dos pais à desmontagem de eletrodomésticos em casa ou um ambiente que acolhe novas ideias. Contudo, no fim das contas, o que mais importa é a sua crença na sua capacidade de realizar uma mudança positiva e a coragem de agir. A criatividade, longe de exigir raros dons e habilidades, depende do que você acredita que é capaz de fazer com os talentos e habilidades que já tem. E você pode desenvolver e estender essas habilidades, talentos e crenças utilizando os métodos que descrevemos nos próximos capítulos. Afinal, como disse o ensaísta húngaro György Konrád, "A coragem nada mais é que o acúmulo de pequenos passos".

> "A CORAGEM NADA MAIS É QUE O ACÚMULO DE PEQUENOS PASSOS."

CAPÍTULO 3

A CENTELHA:
DA PÁGINA EM BRANCO AO INSIGHT

ÀS VEZES UM ÚNICO CURSO tem o poder de mudar a vida de um aluno. Foi o que aconteceu com Rahul Panicker, Jane Chen, Linus Liang e, mais tarde, com Naganand Murty, quando eles usaram métodos do *design thinking* para passar de uma página em branco, ao insight e, finalmente, à ação. Eles transformaram uma tarefa do curso em um produto real: o Embrace Infant Warmer, um dispositivo médico de fácil utilização que custa 99% menos que uma incubadora infantil tradicional e tem o potencial de salvar milhões de recém-nascidos em países em desenvolvimento.[1]

O curso foi o Design for Extreme Affordability (algo como "Design para a acessibilidade econômica extrema"), apelidado na d.school de "Extreme", um adjetivo que descreve com bastante precisão tanto a velocidade quanto a experiência do curso. Ministrado pelo professor da Faculdade de Administração da Stanford Jim Patell e uma equipe de professores, o "Extreme" é um verdadeiro cadinho multidisciplinar no qual estudantes de toda a universidade vêm ao d.school com a intenção de desenvolver soluções para problemas árduos reais.

O projeto era pesquisar e criar o design para uma incubadora infantil de baixo custo para ser utilizada por países em desenvolvimento. Nenhum membro do grupo sabia muito sobre as complicações do nascimento prematuro, muito menos sobre como desenvolver o design de um dispositivo médico para outros países. Eles eram engenheiros elétricos, cientistas da computação e estudantes de MBA, não experts em saúde pública.

O primeiro passo foi buscar inspiração em outras áreas. Eles decidiram se encontrar em um local pouco convencional no campus: no alto de uma árvore, em frente ao café CoHo. Empoleirados nos galhos da árvore, os quatro estudantes pesquisaram no Google o problema da mortalidade infantil e encontraram estatísticas que os surpreenderam. Todos os anos, cerca de 15 milhões de bebês prematuros ou abaixo do peso nascem no mundo.[2] Cerca de um milhão deles morre, muitas vezes dentro de 24 horas após o nascimento. E a maior causa evitável de morte era simplesmente a hipotermia. "Os bebês eram tão pequenos que não tinham gordura suficiente para regular a temperatura do corpo", explica Jane Chen, a estudante de MBA do grupo.[3] "Na verdade, a temperatura ambiente é como água congelante para eles. Na Índia, onde quase a metade dos bebês abaixo do peso do mundo nasce, as incubadoras hospitalares podem proporcionar um calor uniforme durante os primeiros dias críticos, salvando a vida dos bebês. No entanto, as incubadoras tradicionais podem custar até US$ 20.000... cada.

Eles logo pensaram em uma solução óbvia: eles poderiam reduzir sistematicamente o custo das incubadoras existentes eliminando peças e utilizando materiais mais baratos. Pesquisa feita, certo? Mesmo assim, um dos princípios essenciais da criação centrada no ser humano é "desenvolver a empatia pelo usuário final". Eles não poderiam simplesmente pular essa abordagem fundamental à inovação. Então, Linus Liang, o cientista da computação da equipe, levantou fundos para uma viagem ao Nepal para ver pessoalmente as necessidades associadas às incubadoras. O que ele viu lá derrubou suas ideias preconcebidas e trouxe à tona insights criativos que levaram a uma solução inovadora.

Linus visitava um moderno hospital urbano no Nepal quando notou algo estranho: muitas incubadoras do hospital estavam vazias. Intrigado, ele quis saber por que havia tantas incubadoras vazias quando os bebês prematuros da região precisavam tanto delas para sobreviver. Um médico lhe explicou a verdade simples e triste: muitas das incubadoras do hospital ficavam sem ser utilizadas porque os bebês que precisavam delas muitas vezes nasciam em vilarejos a 50 quilômetros de distância. A incubadora pode ser extremamente barata e ter um excelente design, mas as batalhas de vida e morte estavam sendo travadas em casa, não no hospital. E, mesmo se uma mãe que acabou de ter o filho se sentisse bem o suficiente para viajar e tivesse todo o apoio familiar necessário para manter contato constante, pele com pele, com um bebê prematuro a caminho do hospital, ainda seria improvável que ela deixasse seu recém-nascido no hospital para ser tratado. As responsabilidades familiares no vilarejo implicavam que os bebês prematuros fossem levados de volta para casa depois de cinco ou seis dias, mesmo precisando ficar semanas na incubadora.

Linus percebeu que o custo da incubadora era só mais um desafio de design em uma teia complexa de necessidades humanas.

De volta a Palo Alto, o grupo conversou sobre o que fazer com esses insights. Por um lado, havia uma clara necessidade de um dispositivo que pudesse ajudar mães e bebês em regiões rurais. Por outro lado, como descreveu o engenheiro elétrico Rahul Panicker, "Cara, isso vai ser dureza!".[4] Será que eles deveriam se ater ao desafio técnico, projetando uma incubadora de baixo custo para utilização hospitalar? Ou será que eles deveriam se voltar às necessidades humanas, criando uma solução para mães em áreas remotas? "Não estávamos conseguindo chegar a um consenso", conta Rahul. "Alguns membros da equipe queriam fazer algo mais para o longo prazo... outro grupo (e eu fazia parte deste segundo grupo) queria fazer algo que realmente pudesse ser terminado no fim do curso." Finalmente, eles pediram a opinião de uma das assistentes do curso, Sarah Stein Greenberg (hoje diretora geral da d.school). Ela lhes disse: "Querem saber? Se tiverem escolha, eu diria que seria mais interessante tentar o desafio mais difícil. É justamente por isso que este curso é apelidado de 'Extreme'".

Então, em vez de criar outra incubadora de hospital, eles reestruturaram o desafio de design nos seguintes termos: *Como criar um dispositivo de aquecimento de bebês que ajude os pais em vilarejos distantes a dar aos bebês uma chance de sobreviver?* Para a equipe do Embrace, a solução agora se concentrava nos pais, não nos médicos. Eles anotaram o desafio no quadro branco de sua área de trabalho e ele se tornou a luz norteadora para o restante do curso de 20 semanas... e além.

Então, a equipe se voltou a transformar os insights em inovação, percorrendo rápidos ciclos de quatro ou cinco rodadas de prototipagem inicial para desenvolver uma solução simples, porém de grande eficácia. No formato de um minúsculo saco de dormir, o dispositivo contém uma bolsa a base de parafina que, uma vez aquecida, pode manter a temperatura por até quatro horas. A solução poderia ser utilizada fora dos hospitais para manter um bebê aquecido na temperatura correta em qualquer lugar do mundo.

O Embrace Infant Warmer contém uma bolsa de aquecimento que mantém um bebê aquecido por até quatro horas.

O próximo passo foi testar o protótipo com pais e outros stakeholders nos vilarejos rurais. Eles levaram o protótipo à Índia, onde procuraram conhecer as nuances culturais que poderiam levar as mães a aceitarem ou rejeitarem o dispositivo. Com isso, eles descobriram fatores que jamais teriam lhes ocorrido se tivessem ficado no Vale do Silício. Por exemplo, um dia Rahul estava numa cidadezinha do estado de Maharashtra mostrando o protótipo a um grupo de mães. O protótipo que ele demonstrou vinha com um indicador de temperatura, como o termômetro de um aquário ou um termômetro que se usa para saber se a criança está com febre. Quando Rahul instruiu as mães para esquentar a bolsa de aquecimento para 37 graus Celsius para ajudar a manter temperatura corporal do bebê, ele se viu diante de uma reação surpreendente e inquietante. Uma das mães explicou que na comunidade dela se acreditava que os remédios ocidentais eram muito potentes e em geral fortes demais. Então, se o médico prescrevesse uma colher de remédio para o bebê, ela contou a Rahul, "Eu só dou meia colher. Só por segurança.

Então, se você me pedir para aquecer até 37 graus, só para garantir eu só vou aquecer até lá pelos 30 graus". Essa observação fez com que Rahul se alarmasse.

Os engenheiros tradicionais poderiam ter atribuído o problema a um simples "erro de usuário" aleatório e seguido em frente. No entanto, a equipe do Embrace decidiu iterar o design com base no insight. Agora, quando o dispositivo atinge a temperatura correta, um indicador simplesmente muda para "OK", sem exibir qualquer valor numérico. Nesse caso, a prototipagem consultando os usuários finais em campo levou a uma melhoria que pode fazer a diferença entre a vida e a morte.

Ao final do curso, os estudantes tiveram de decidir o que fazer em seguida. Eles poderiam ter parado por aí; afinal, eles já tinham um protótipo funcional. Tanto Rahul quanto Linus já trabalhavam em promissoras startups de tecnologia. Jane, que estava prestes a terminar seu MBA, vinha recebendo muitas propostas de trabalho. E um dos membros da equipe original, que se tornara um pai recentemente, resolveu que não podia mais se comprometer com o projeto em período integral.[5] No fim das contas, entretanto, o grupo não conseguiu deixar o projeto morrer. Eles começaram a inscrever o projeto em concursos de empreendedorismo social para angariar fundos. Posteriormente, eles formaram um empreendimento social e se mudaram para a Índia para lançar sua solução no mercado. "No fundo, a gente sabia que não teria coragem de dar as costas para aquilo", disse Rahul. "Saber que a gente tinha como fazer uma diferença e simplesmente dar as costas porque tínhamos 'oportunidades melhores'? De jeito nenhum. Não concordei com esse pensamento. Eu queria dedicar os melhores anos da minha vida a fazer uma diferença".

A equipe passou dois anos viajando pela Índia e conversando com mães, parteiras, enfermeiros, médicos e lojistas. "Toda a filosofia do Embrace é que você precisa estar perto do seu usuário final para fazer um bom design", explica Janes.[6] "Aprendemos muito aqui e isso tem sido crucial para o sucesso do produto." Eles tiveram de superar inúmeros obstáculos logísticos e precisaram continuar iteragindo o design com base no feedback dos usuários. "Éramos muito ingênuos", Rahul diz. "A gente não fazia ideia de como levar um dispositivo médico ao mercado. Como desenvolver rigorosamente um produto, testá-lo, mantê-lo nos padrões e ao mesmo tempo manter o custo baixo? O que as pessoas acham do atendimento médico em vilarejos e aldeias? Como os produtos e serviços chegam lá?"

Em dezembro de 2010, o Embrace foi apresentado em um segmento do programa *20/20*, da ABC News.[7] O programa incluiu imagens de uma menina de 2,5 quilos em Bangalore chamada Nisha, o primeiro bebê a usar o aquecedor infantil Embrace nos testes clínicos, e possivelmente a primeira vida salva pelo dispositivo. O programa também incluiu uma entrevista emocionante com uma mulher chamada Sudatha. Ela tinha perdido três filhos recém-nascidos pois eram bebês abaixo do peso, pequenos demais para se manter aquecidos. Analisando meticulosamente o aquecedor infantil Embrace, Sudatha comentou: "Se eu tivesse isto... poderia ter salvado os meus bebês".

A equipe avançou muito desde que aquele programa foi transmitido na TV: hoje a empresa tem 90 empregados e eles continuam trabalhando no design de tudo, desde o produto em si até o modelo de distribuição e sua estrutura organizacional. Eles começaram a vender o produto a órgãos públicos, possibilitando um maior acesso às regiões mais pobres da Índia. No entanto, esse canal institucional veio acompanhado de novas restrições e exigiu outras mudanças no design.

"Não tínhamos noção, na época, do tempo e do capital necessários para passar de um conceito a um produto manufaturado e clinicamente testado, sem mencionar o tempo e capital necessários para montar um canal de distribuição para vender o nosso produto", Jane escreveu recentemente em um post no blog da *Harvard Business Review.*[8] Outro desafio que eles não previram foi que, apesar da grande necessidade do produto, eles ainda tiveram de convencer os pais a se desfazer de arraigados hábitos para usar o novo aquecedor de bebês. Para aumentar a aceitação, eles se voltaram a instruir as mães em relação à hipotermia e conduziram estudos clínicos para se adequar aos padrões europeus de dispositivos médicos.

Ainda não sabemos quantas mães serão poupadas do destino de Sudatha graças à inventividade e perseverança da equipe. Até agora eles ajudaram mais de três mil bebês e, depois de lançar com sucesso um programa piloto na Índia, eles estão trabalhando com ONGs parceiras em outros nove países, fecharam um acordo de distribuição global com a GE Healthcare e recentemente lançaram uma versão do produto que pode ser aquecido com água quente em vez de eletricidade.

NÃO DEIXE A CENTELHA CRIATIVA SE APAGAR

O Embrace nasceu no Vale do Silício, mas a inovação, impulsionada tanto por um indivíduo quanto por uma equipe, pode surgir em qualquer lugar. A centelha inovadora é alimentada por uma incansável curiosidade intelectual, um profundo otimismo, a capacidade de aceitar os fracassos como o preço inevitável do sucesso, uma implacável ética de trabalho e uma mentalidade que encoraja não apenas ideias, mas também a ação.

A centelha criativa necessária para surgir novas soluções é algo que deve ser cultivado repetidamente. Um jeito de começar é aumentar conscientemente a inspiração que você encontra no cotidiano de sua vida.

Com o passar dos anos, encontramos várias estratégias eficazes para ajudá-lo a passar da página em branco ao insight:

1. **OPTE PELA CRIATIVIDADE** — Para ser mais criativo, o primeiro passo é acolher a criatividade na sua vida.

2. **VEJA O MUNDO COM OS OLHOS DE UM TURISTA** — Assim como um turista faz em uma terra estrangeira, tente ver o mundo, por mais mundano ou conhecido que seja, com novos olhos. Não espere que uma fagulha apareça em um passe de mágica. Exponha-se a novas ideias e experiências.

3. **MANTENHA UMA ATENÇÃO DESCONTRAÍDA** — Insights muitas vezes surgem quando a sua mente está relaxada e não focada em concluir uma tarefa específica, permitindo que a mente faça novas conexões entre ideias aparentemente não relacionadas.

4. **DESENVOLVA A EMPATIA POR SEU USUÁRIO FINAL** — Você tem ideias mais inovadoras quando conhece melhor as necessidades e o contexto das pessoas para as quais está criando soluções.

5. **OBSERVE O QUE ACONTECE EM CAMPO** — Se observar as pessoas com as habilidades de um antropólogo, você pode descobrir novas oportunidades que até então se escondiam debaixo do seu nariz.

6. **FAÇA PERGUNTAS COMEÇANDO COM "POR QUE":** Uma série de perguntas do tipo "por que?" pode se desprender dos detalhes superficiais e chegar ao cerne da questão. Por exemplo, se você perguntar a alguém por que ele ou ela ainda usa uma tecnologia antiga (como o telefone fixo), as respostas podem ter mais a ver com a psicologia do que com o lado prático da coisa.

7. **VEJA OS DESAFIOS DE UMA NOVA PERSPECTIVA** — Às vezes, o primeiro passo na direção de uma excelente solução é reestruturar a questão. Começar de um ponto de vista diferente pode ajudá-lo a chegar à essência de um problema.

8. **DESENVOLVA UMA REDE DE APOIO CRIATIVO** — A criatividade pode fluir com mais facilidade e ser mais divertida quando você pode colaborar com outras pessoas e trocar ideias.

Agora, que tal dar uma olhada em cada uma dessas estratégias?

OPTE PELA CRIATIVIDADE

O psicólogo Robert Sternberg, que passou mais de 30 anos conduzindo extensas pesquisas sobre a inteligência, a sabedoria, a criatividade e a liderança, nos contou que todas as pessoas criativas que ele estudou tinham uma característica em comum: em algum ponto, elas *decidiram* ser criativas.[9] Elas tendem a:

- redefinir os problemas de novas maneiras para buscar soluções;
- correr riscos sensatos e aceitar o fracasso como uma parte natural do processo de inovação;
- confrontar os obstáculos que surgem ao questionar o estado atual das coisas;
- tolerar a ambiguidade quando não têm certeza de estarem no caminho certo;

- continuar se desenvolvendo intelectualmente em vez de deixar suas habilidades ou conhecimento se estagnarem.

"Se os psicólogos quiserem ensinar a criatividade", diz Sternberg, "eles provavelmente obterão melhores resultados encorajando as pessoas a escolherem a criatividade, mostrando-lhes as alegrias de tomar essa decisão e imunizando-as contra algumas das dificuldades que acompanham essa decisão. Decidir-se pela criatividade não garante o surgimento da criatividade, mas, sem a decisão, ela certamente não surgirá".

A criatividade raramente segue o caminho da menor resistência, de forma que é preciso optar deliberadamente pela criatividade. Uma pessoa que demonstra bem o poder dessa escolha é Jill Levinsohn. Jill entrou na equipe de desenvolvimento de negócios da IDEO depois de passar seis anos trabalhando no mundo da publicidade, onde os "criativos" formavam uma panelinha, à qual Jill não pertencia. "É bem verdade que o meu trabalho também tinha os seus aspectos criativos", Jill explica, "mas tinha uma fronteira bem clara entre os 'criativos' e pessoas como eu, que trabalhavam nas funções de apoio". Um dia, em casa, Jill decidiu ser mais criativa. Ela se cadastrou no Pinterest, uma rede de relacionamentos sociais on-line para coleta e compartilhmento de conteúdo visual, como ideias de moda, receitas e projetos do tipo "faça você mesmo". Para a festa de Cinco de Mayo* de um amigo, ela postou uma receita de biscoitos de pinhata.[10] Feito de três camadas de biscoitos com mini M&Ms escondidos em seu interior, os biscoitos coloridos chamaram a atenção das pessoas (tanto que, dentro de uma semana, sua ideia foi compartilhada mais de 500 vezes). Jill continuou postando e, para sua surpresa, as pessoas adoraram seu estilo. Quando o número de seguidores superou a marca dos 100 mil, ela chamou a atenção da própria Pinterest, que a apresentou com destaque no site. Assim, no final de 2012, Jill já tinha atraído um milhão de seguidores.

Ela conta que a experiência despertou sua confiança criativa. Trabalhando no apoio aos "criativos" do mundo da publicidade, ela estava acostumada a ser relegada aos bastidores da criatividade. Agora

---

*Feriado que celebra a vitória do exército mexicano sobre o francês na Batalha de Puebla, em 5 de maio de 1862.

ela vê sites como o Pinterest como ferramentas poderosas de expressão criativa porque a barreira à entrada é "maravilhosamente baixa", dando a todos a chance de exercitar sua criatividade. "Ainda estou me acostumando com o fato de que estou fazendo uma coisa, uma coisa que me dá orgulho", Jill conta. "Mesmo se o que estou fazendo não for a coisa mais incrível ou criativa do mundo, isso ainda pode ter algum valor."

Hoje, Jill também considera criativo o seu trabalho com os clientes. Ela reconhece que ser criativa não implica necessariamente começar do zero ou ser a única originadora de uma ideia, mas sim acrescentar o que pode, fazendo uma contribuição criativa.

VEJA O MUNDO COM OS OLHOS DE UM TURISTA

Você já viajou para uma cidade no exterior? Todos nós já ouvimos que "viajar abre a cabeça", mas por trás desse clichê se encontra uma profunda verdade. Durante uma viagem, as coisas se sobressaem porque são diferentes, de forma que notamos cada detalhe, desde placas de ruas até caixas de correio e o jeito como se paga a conta em um restaurante. Aprendemos muito quando viajamos não porque somos mais espertos quando estamos com o pé na estrada, mas porque prestamos muita atenção a tudo. Em uma viagem, nos transformamos na nossa própria versão do Sherlock Holmes, observando intensamente o ambiente ao nosso redor, o tempo todo tentando entender um mundo desconhecido e novo.

Com muita frequência, levamos a vida cotidiana no piloto automático, desatentos a enormes porções do ambiente que nos cerca. Para notar pontos de atrito (e, portanto, oportunidades de fazer as coisas de um jeito melhor), é interessante ver o mundo com novos olhos.

Quando encontra pessoas criativas com muitas ideias borbulhando constantemente, é comum você sentir que elas vivem numa frequência diferente. E elas estão, na maior parte do tempo, com os receptores ligados, mas a verdade é que todos nós somos capazes de viver nessa frequência.

Tente mobilizar a "mente de principiante". Para as crianças, tudo é novidade, e é por isso que elas fazem tantas perguntas e veem o mundo com os olhos bem abertos, absorvendo tudo. Para onde quer que se voltem, elas tendem a pensar "Que interessante!" em vez de "Isso eu já sei".

Na d.school, para demonstrar o poder de redescobrir o conhecido, costumamos levar os executivos a lugares como um posto de gasolina ou o aeroporto. Eles presumem que sabem exatamente como é um aeroporto, de forma que os orientamos a observar como os passageiros formam uma fila, como tiram as malas da esteira de bagagens e como conversam com os atendentes da companhia aérea. Muitos deles saem do aeroporto surpresos com tudo o que notaram pela primeira vez, como os passageiros que chegam horas antes do voo "só por precaução" e esperam sentados sozinhos no portão de embarque.[11] Ou a mãe ocupada que paga todas as contas pela internet enquanto os outros passageiros embarcam. Ou os rituais que as pessoas fazem, como dar três tapinhas na lateral do avião quando embarcam.

Redescobrir o conhecido é um exemplo poderoso de como a observação atenta pode afetar o que vemos. Comece a utilizar a mente de principiante em tudo o que faz ou vê todos os dias: como dirigir até seu trabalho, jantar ou preparar-se para uma reunião. Procure ter novos insights com coisas conhecidas. Veja esse exercício como uma caça ao tesouro.

Ao adotar os olhos de um turista e a mentalidade de um principiante, você notará muitos detalhes que normalmente passariam despercebidos. Você deixa premissas de lado e mergulha completamente no mundo ao seu redor. Entrando nesse modo receptivo, você está pronto para começar a buscar ativamente a inspiração. E, no que diz respeito à inspiração, a quantidade faz uma grande diferença. Por exemplo, parte do que faz com que os investidores de capital de risco sejam tão astutos nos negócios (e, no final, tão bem-sucedidos) é o fato de eles enxergarem muito mais ideias do que as pessoas comuns. Eles são abordados por jovens e entusiasmados empreendedores em busca de financiamento para suas ideias de negócios originais. No mundo do capital de risco, isso é chamado de "deal flow", ou fluxo de investimento, um fluxo de propostas de investimento. Se todos os outros fatores forem mantidos iguais, quanto melhor for o seu fluxo de investimento, mais sucesso a sua empresa de capital de risco terá.

O que se aplica ao fluxo de investimento das empresas de capital de risco também se aplica ao fluxo de *ideias*: quanto maior o número de novas ideias originais que entram no seu campo de visão todos os dias, melhores serão seus insights. Em uma frase célebre, Linus Pauling, ganhador do Prêmio Nobel, disse: "Para ter uma boa ideia, comece com muitas ideias". Na IDEO, tentamos manter um rápido fluxo de conversas sobre novas tecnologias provocativas, estudos de caso inspiradores e novas tendências.

CRIE UM QUADRO NEGRO COMUNITÁRIO[12]

Um bom jeito de encontrar inspiração é fazer perguntas em algum espaço inesperado, seja na internet ou em locais físicos. No nosso escritório em São Francisco, temos um quadro negro do piso ao teto em um dos banheiros, que serve como um fórum informal e nos dá uma rápida ideia do que se passa na cabeça das pessoas. Perguntas como "Alguém tem alguma ideia de coisas divertidas para fazer este ano?" ou "Que lanches saudáveis você recomendaria a um amigo?" decoram o quadro. Um desenho inacabado (como um aquário vazio) também pode inspirar acréscimos visuais.

Veja abaixo algumas dicas do gestor sênior de experiências da IDEO, Alan Ratliff, para criar o seu quadro negro comunitário.

TESTE PRIMEIRO. Experimente tamanhos e locais diferentes antes de instalar o quadro negro. Começamos com um quadro negro pequeno e o aumentamos depois que a ideia pegou. Agora, para maximizar a flexibilidade, aplicamos tinta de quadro negro diretamente nas paredes.

ESCOLHA O VEÍCULO. Apesar de usarmos quadros brancos na maioria das nossas salas de reunião, usar giz em um quadro negro é uma alternativa divertida. É convidativo e fácil de apagar, de modo que as pessoas não pensam duas vezes antes de incluir ou mudar o que já está lá.

PROVOQUE IDEIAS. Quadros em branco são intimidadores, então dê início ao processo com uma pergunta instigadora ou um desenho para as pessoas completarem.

> **RECOMECE REGULARMENTE.** Como o conteúdo de uma geladeira, o conteúdo do quadro normalmente expira em mais ou menos uma semana, quando é hora de apagá-lo e começar tudo de novo.

Fique atento para boas ideias que passam pelo seu campo de visão. Se puder se expor a mais ideias, você pode ser mais capaz, assim como o investidor de capital de risco consegue ver muitas ideias para investir só nas melhores. Crie um portfólio eclético de ideias de curto e longo prazo, com um variado potencial de riscos e recompensas. Coloque-as em uma pasta no seu computador para poder acompanhá-las ou escreva-as em notas adesivas e cole-as na parede.

Pergunte a si mesmo: o que eu posso fazer para melhorar meu fluxo de novas ideias? Quando foi a última vez que fiz um curso? Quando foi a última vez que li uma revista ou um blog diferente? Que ouvi novos tipos de música? Que tomei um caminho diferente para ir ao trabalho? Que saí para um café com um amigo ou colega que pode me ensinar algo novo? Que me conectei com pessoas criativas pela rede social?

Para manter um fluxo de ideias estimulantes e revigorantes, busque constantemente novas fontes de informação. Nós, por exemplo, assistimos a dezenas de TED Talks todos os anos, passamos os olhos pelo nosso coletor de notícias todas as manhãs e assinamos newsletters organizados por experts, como o *Cool News of the Day*.[13] Também temos mais de 600 colaboradores da IDEO em sete países compartilhando seletivamente novas ideias que eles consideram "boas demais para deixar passar". Tudo isso pode parecer demais, mas não é. Uma vez que encontrar os fluxos de dados certos para você, isso pode ser incrivelmente energizante.

Outro jeito de encontrar inspiração é procurar novas ideias em culturas ou tipos de organizações diferentes. Esse tipo de fusão entre departamentos, empresas e setores pode ser particularmente interessante para pesssoas que passaram um bom tempo no mesmo emprego. Mesmo se você acompanha os blogs e publicações do setor ou estuda os melhores da área, é difícil conquistar uma vantagem competitiva se você e os seus concorrentes estão analisando exatamente os mesmos dados. Então, por que não ficar atento a novas fontes de informação e aprendizagem?

O diretor da UTI pediátrica do Great Ormond Street Hospital de Londres se inspirou assistindo uma equipe de pit stop em uma corrida de Fórmula 1 na televisão.[14] Ele ficou impressionado com o sequenciamento preciso do desempenho da equipe orquestrada à perfeição enquanto eles trabalhavam em um carro de corrida em questão de segundos. Por sua vez, o hospital vinha tendo dificuldades com a caótica transferência de responsabilidades e tarefas e com a transferência dos pacientes da cirurgia à UTI. Assim, ele tomou a medida extraordinária de pedir que uma equipe de pit stop da Ferrari orientasse os membros da equipe do hospital.

Depois, os médicos e enfermeiros traduziram as técnicas ensinadas pela equipe de pit stop em novos comportamentos. Por exemplo, agora eles mapeiam tarefas e o timing de cada função visando a reduzir a necessidade de conversas. Além disso, eles passaram a percorrer um checklist para transmitir as informações do paciente. Como relatou o *Wall Street Journal*, as mudanças inspiradas pela equipe da Ferrari reduziram os erros técnicos em 42% e os erros de informação em 49%.

Quando as ideias são escassas, é tentador adotar uma atitude possessiva ou territorial e limitar suas opções. Se você só tiver algumas ideias no seu banco de ideias, tem mais chances de se contentar com uma das suas escassas ideias e defendê-la com unhas e dentes, mesmo se ela não for a melhor ideia possível. Mas, quando as ideias são abundantes e vêm facilmente (se você ou a sua equipe têm uma dúzia de ideias por dia), não há razão para defendê-las como se a sua vida dependesse delas. E não há problema algum se a sua ideia for combinada a outras, já que o grupo todo recebe os créditos. Afinal, há muito mais ideias de onde veio aquela. O guru dos negócios Stephen Covey chamou essa atitude de "mentalidade de abundância"[15] e, se você ou a sua equipe tiver essa mentalidade, será bem mais fácil passar da página em branco ao insight. Como diz Sternberg, é possível escolher ser criativo... mas você precisa se empenhar para se manter inspirado e transformar a criatividade em um hábito.

MANTENHA UMA ATENÇÃO DESCONTRAÍDA

Muita gente acha que não é bom sonhar acordado. Basta assistir a uma cena de sala de aula em praticamente qualquer filme de Hollywood e é quase garantido que você verá uma criança ou adolescente levando bronca por sonhar acordado na aula, olhando distraidamente pela janela, ou por ficar com o olhar vazio quando o professor o chama para responder alguma pergunta. É um verdadeiro caso da arte imitando a vida, porque nossa mente de fato tende a divagar. No entanto, pode ser bom ter uma mente divagadora. O pesquisador Jonathan Schooler, da University of California, em Santa Barbara, acredita que o nosso cérebro muitas vezes trabalha em ideias e soluções "não relacionadas a tarefas" quando sonhamos acordados.[16] Isso explicaria os estudos que demonstram que os divagadores se dão melhor em testes de criatividade. E novas pesquisas sobre a rede de interconexões do cérebro também estão descobrindo que a mente faz conexões improváveis entre ideias, memórias e experiências quando estamos relaxados e não focados em uma tarefa ou projeto específico.

Acreditamos piamente nesse poder de resolução de problemas do devaneio. Pense que pode ser interessante parar de se focar tanto num problema e se voltar ao que Bob McKim, mentor de David, costumava chamar de "atenção descontraída".[17] Nesse estado mental, o problema ou dificuldade continua ocupando um espaço no seu cérebro, mas deixa de ser uma prioridade. A atenção descontraída fica entre a meditação — quando você tenta esvaziar completamente a mente — e o foco intenso que você aplica ao resolver um complexo problema matemático. O nosso cérebro é capaz de dar saltos cognitivos quando não estamos completamente obcecados com um problema e é por isso que, às vezes, temos boas ideias quando estamos tomando banho, caminhando ou dirigindo na estrada. David costuma deixar um pincel atômico no chuveiro para anotar alguma nova ideia no box de vidro antes de ela desaparecer.

Então, se você se vir atolado em uma dificuldade, pare por uns 20 minutos e deixe a sua mente devanear. Você poderá ver uma solução surgindo de um insight.

> **ENTRANDO NO MODO DE ATENÇÃO DESCONTRAÍDA**
>
> Quando você não consegue resolver algum problema, pode relaxar a sua mente saindo, em um passeio, longe do trânsito ou de interrupções. Poetas, escritores, cientistas e pensadores de todos os tipos ao longo da história se inspiraram caminhando. O filósofo e poeta Friedrich Nietzsche disse: "Todos os pensamentos verdadeiramente notáveis são concebidos ao caminhar". Isso pode acontecer devido ao maior fluxo sanguíneo resultante do exercício ou do distanciamento emocional proporcionado pelo afastamento de um problema angustiante que passou o dia inteiro tramitando na sua cabeça. Você pode dar uma "caminhada para pensar" a qualquer hora do dia ou da noite.
>
> Você tem outra oportunidade de explorar o poder da atenção descontraída todos os dias de manhã e nem precisa sair da cama. Quando acorda de um sono profundo, como quando o seu despertador começa a tocar, você pode se vir em um estado semiconsciente entre o sono e o despertar, que constitui um momento perfeito para a atenção descontraída. Temos utilizado esse estado entre o sonho e o despertar para obter uma série de novas soluções e ideias originais. Você também pode fazer isso. Comece a pensar naquele botão "soneca" do seu despertador com outros olhos, passando a vê-lo como um "botão de reflexão", para alavancar aqueles primeiros preciosos momentos do dia. Tente algumas vezes: quando o seu despertador tocar, aperte o botão da reflexão e passe os próximos cinco minutos deixando o seu cérebro vagar em um estado de atenção descontraída, trabalhando sem foco em alguma dificuldade ou problema. Com um pouco de prática, você terá alguns novos insights antes mesmo de seu dia começar.

DESENVOLVA A EMPATIA POR SEU USUÁRIO FINAL

Em organizações com milhões de clientes ou em setores voltados ao público geral, há uma grande tentação de estereotipar ou despersonalizar os clientes. Dessa forma, os clientes são transformados em números, transações, estatísticas em um gráfico ou partes de um personagem combinando dados de segmentação de mercado. Esse tipo de atalho pode parecer útil para interpretar os dados, mas descobrimos que ele é tão bom na tarefa de criar algo para pessoas de verdade.

A noção de empatia e criação centrada no ser humano ainda não é amplamente praticada em muitas empresas, que raramente navegam pelo próprio site ou observa como as pessoas usam seus produtos em um cenário real. E, se você fizer uma associação de palavras com o termo "empresa", a palavra "empatia" raramente é mencionada.

Para nós, a empatia, no contexto da criatividade e da inovação, é a capacidade de enxergar uma experiência pelos olhos de outra pessoa, de entender por que as pessoas fazem o que fazem. É quando você vai a campo e observa as pessoas interagindo com produtos e serviços em tempo real, o que chamamos, algumas vezes, de "pesquisa em design". Desenvolver a empatia pode demandar tempo e engenhosidade, mas não há nada como observar a pessoa para quem você está criando algo para estimular novos insights. E, quando efetivamente resolve criar empatia pelo seu usuário final, você tira o seu ego do caminho. Constatamos que é a identificação do que as pessoas de fato precisam que nos leva às maiores inovações. Em outras palavras, a empatia é o portal para insights melhores e por vezes surpreendentes que pode ajudar a diferenciar sua ideia ou abordagem.

Você pode usar esse tipo de pesquisa antropológica em campo para se inspirar no início de um projeto, para validar conceitos e protótipos gerados ao longo do processo de criação e para revitalizar seu fluxo de ideias ou energia. Na IDEO e na d.school, gostamos de observar as pessoas na casa delas, em seu ambiente de trabalho ou nos locais que elas frequentam para se divertir ou relaxar. Nós as observamos interagindo com produtos e serviços e podemos entrevistá-las para entender melhor o que elas pensam e sentem. Esse tipo de pesquisa de orientação prática pode até mudar quem você acha que é o seu usuário final, como aconteceu com a equipe do Embrace, quando eles alteraram o foco de criação de hospitais e clínicas para a criação com foco para mães em vilarejos rurais.

Na IDEO, contratamos pesquisadores em design com formação em Ciências Sociais e especialização em áreas como Psicologia cognitiva, Antropologia ou Linguística, pessoas com habilidades sofisticadas de coleta e síntese de insights resultantes de entrevistas e observações. Mas você não precisa de um diploma para sair a campo. Em geral, todo membro de uma equipe de projeto da IDEO ou da d.school participa do trabalho em campo, porque o conceito final normalmente se beneficia disso. De acordo com o antropólogo cultural Grant McCracken, "A antropologia é importante demais para ser restrita aos antropólogos".[18] Qualquer pessoa pode reforçar a capacidade de empatia com um pouco de prática. E você pode ter algumas das suas melhores ideias como resultado.

Muitas organizações ou equipes utilizam o benchmarking quando querem inovar. Elas veem o que os concorrentes estão fazendo e escolhem o que consideram as "melhores práticas". Em outras palavras, sem questionar os modos existentes de fazer as coisas ou buscar novos insights, elas se limitam a copiar e colar. Em 2007, quando a PNC Financial Services buscava atrair uma clientela mais jovem, a empresa poderia ter apenas seguido a concorrência, aumentando em 0,5% as taxas de juros das contas bancárias desse público-alvo e promovendo o aumento com uma campanha de marketing.[19] No entanto, a empresa decidiu criar um novo tipo de conta para os jovens, atraindo 14 mil novos clientes nos dois primeiros meses.[20] A história da PNC não começa com o benchmarking, mas, sim, com a busca do conhecimento sobre quais clientes a empresa queria atrair e se comprometendo a melhorar seu relacionamento com eles.

A PNC proporciona serviços bancários de varejo, corporativos e institucionais e serviços de administração de ativos para mais de seis milhões de pessoas por todo o território norte-americano.[21] Além disso, na ocasião, a empresa buscava se voltar a um novo segmento demográfico, a Geração Y, a primeira geração de nativos digitais, com uma faixa etária que variava mais ou menos de universitários a pessoas com até 35 anos. Quando a equipe da PNC começou a conhecer esse público por meio de entrevistas, ficou claro que, apesar de tecnologicamente experientes e adeptos a adoção da tecnologia em suas vidas, eles ainda tinham muito a aprender no que diz respeito a serviços bancários e administração das finanças. Mesmo as pessoas que ganhavam mais do que o suficiente para viver confortavelmente costumavam ficar no vermelho por pagarem as contas antes de o salário cair na conta. E elas admitiram que precisavam de ajuda.

A equipe percebeu que a Geração Y se beneficiaria de ferramentas para administrar melhor o dinheiro. Com maior controle sobre seu patrimônio, os clientes poderiam poupar mais e não gastar demais, evitando pagar taxas pela conta negativa no banco. Na descrição de Mark Jones, o designer de serviços do projeto, "Para as pessoas que vivem no aperto e que não conseguem administrar seu dinheiro, a chave é deixar as coisas mais visíveis, dar mais acesso, deixar que elas façam transferências de uma conta à outra com mais facilidade".

Os clientes do banco adoram a ideia de evitar taxas pela conta negativa, mas um banco precisa ter coragem para criar produtos para esse público, porque essas taxas por contas negativas constituem uma parcela extremamente lucrativa no setor. Na ocasião, os bancos ganhavam mais de US$ 30 bilhões ao ano com essas taxas e os jovens adultos são especialmente propensos a deixar a conta ficar no vermelho.[22] No entanto, a PNC decidiu desenvolver relacionamentos de longo prazo melhores com os clientes, promovendo assim um comportamento financeiro mais saudável.

O PNC Virtual Wallet é uma família de produtos bancários que proporcionam aos clientes acesso digital às suas finanças e lhes possibilitam um melhor controle de seu dinheiro. Em vez de um árido extrato bancário, um calendário permite aos clientes visualizarem o saldo, inclusive o fluxo de caixa futuro estimado baseado nas datas em que o salário cai na conta e as contas são debitadas do saldo. Esse modo de visualização destaca os Dias Perigosos — quando a conta pode ficar negativa —, para que os clientes possam reagendar pagamentos de contas, promovendo um melhor planejamento. Uma barra deslizante indica visualmente e controla facilmente a alocação de fundos entre Gastos, Reservas e Crescimento. Com o Controle de Poupança, os clientes podem criar as próprias regras, como transferências automáticas para a conta poupança assim que recebem o salário.

A nova abordagem se pagou na forma do crescimento de depósitos, compensando qualquer receita perdida em taxas de contas negativas e cheques sem fundos. Um cliente descreveu sua experiência com o banco, dizendo: "Acabei de me formar e tenho mais coisas acontecendo na vida do que consigo controlar. Com o Virtual Wallet, consigo pagar minhas contas, saber exatamente onde todo o meu dinheiro vai e ainda poupar um pouco. Nunca tive tanto controle sobre meu dinheiro".[23]

O Virtual Wallet representou um afastamento das tradições e convenções para a PNC, mas a confiança de que o produto seria um sucesso em longo prazo foi um resultado do trabalho de conhecer melhor a Geração Y e suas necessidades.

Quando levamos executivos corporativos para observar os clientes e até conversar com eles, a experiência deixa uma impressão duradoura. "Em vez de desenvolver e depois testar, agora começamos os projetos com os clientes, para incorporar o jeito de pensar deles logo de cara e com mais eficácia", diz Frederick Leichter, diretor de gestão e experiência do cliente da Fidelity Investments.[24]

INSIGHTS HÍBRIDOS: EMPATIA EM UM MUNDO ANALÍTICO[25]

Será que as pesquisas sobre a empatia entram em conflito com a tendência do "big data" (análise de um grande volume de dados)? É bem verdade que sempre houve uma divisão entre a pesquisa quantitativa de mercado e os pesquisadores qualitativos ou etnógrafos. Mas será mesmo necessário desvincular as histórias humanas dos dados? Os pesquisadores de design recentemente começaram a reduzir esse abismo com o que chamamos de "insights híbridos", uma abordagem que integra a pesquisa quantitativa à criação centrada no ser humano. Os insights híbridos nos permitem incorporar histórias aos dados, dando vida aos números e unindo o "por que" com o "o que". Os insights híbridos podem incluir a elaboração de um levantamento centrado no ser humano (por exemplo, sendo mais ponderados em relação ao modo como elaboramos as perguntas e mantemos os respondentes envolvidos) ou podem incluir uma avaliação de conceito mais rigorosa, testando protótipos com um grande número de usuários para ver se um determinado direcionamento merece ser mais explorado.

Aliar os insights resultantes da empatia à confiança analítica em mercados-alvo relevantes pode ser uma boa maneira de aproveitar o melhor das duas abordagens de pesquisa. Dessa forma, apesar de estarmos certos de que a tendência do "big data" continuará ganhando força, os tomadores de decisão devem ser cuidados para não esquecerem do fator humano.

OBSERVE O QUE ACONTECE EM CAMPO

Pode ser difícil observar as pessoas em seu *habitat* natural, particularmente para aqueles que acham que já são experts no assunto. Se você trabalha em uma grande companhia farmacêutica, por exemplo, provavelmente já sabe como as pessoas tomam seus remédios, certo? Ter empatia implica questionar suas ideias preconcebidas e deixar de lado *o que você acha que é verdade* para descobrir o que *de fato é verdade*.

Ao trabalhar com a Zyliss, uma empresa suíça de utensílios domésticos, em uma linha de 24 utensílios de cozinha práticos, a nossa equipe da IDEO conduziu observações em campo de pessoas usando apetrechos cotidianos como colheres de sorvete.[26] Poderíamos ter ficado no escritório imaginando que as pessoas usam os utensílios exatamente como nós. Poderíamos ter criado um cabo ergonômico ou um formato que proporcionasse uma maior facilidade para pegar a bola de sorvete. No entanto, quando passamos um tempo com os usuários na cozinha, vimos comportamentos que apontavam para outras necessidades, menos claras. Depois de usar a colher, várias pessoas lambiam distraidamente a colher antes de colocá-la na pia. Percebemos que uma colher de sorvete realmente espetacular não apenas seria boa para tirar bolas de sorvete como também seria boa para lamber aquele último restinho de sorvete. Assim, resolvemos fazer uma colher "amigável a lambidas". Para começar, isso implicava nos livrar de quaisquer bordas afiadas ou peças móveis que poderiam prender a língua dos usuários menos cautelosos.

> TER EMPATIA IMPLICA QUESTIONAR SUAS IDEIAS PRECONCEBIDAS E DEIXAR DE LADO O QUE VOCÊ ACHA QUE É VERDADE PARA DESCOBRIR O QUE DE FATO É VERDADE.

Poderíamos ter nos limitado a perguntar às pessoas como elas usam uma colher de sorvete, mas elas provavelmente não mencionariam o ato de lamber a colher (e poderiam até negar que faziam isso). Em outras palavras, a pesquisa de campo envolve mais do que simplesmente perguntar às pessoas o que elas querem. Você ainda vai precisar ter boas ideias, mas essa abordagem o ajuda a chegar às necessidades latentes, às necessidades ocultas das quais as pessoas nem estão cientes. Não dá para fazer isso com uma entrevista. Às vezes, precisa-se observar os consumidores.

Aprendemos uma lição similar em um projeto sobre o futuro dos cosméticos.[27] Embora o mercado-alvo fosse composto de jovens mulheres, os pesquisadores de design também se voltaram a encontrar "usuários extremos", pessoas nos extremos do público-alvo. Os usuários extremos muitas vezes têm desejos e comportamentos exagerados que apontam para as necessidades nascentes do mercado de mainstream, e as constatações inesperadas resultantes da observação desse grupo podem proporcionar insights e inspiração. Um usuário extremo que os nossos pesquisadores entrevistaram foi um operador de empilhadeira que afirmou que nunca fez nada para se cuidar. Em uma visita à casa dele, um membro da equipe do cliente notou um hidromassageador de pés no chão ao lado do operador e perguntou de quem era. Foi então que ele revelou que o hidromassageador era o que ele chamava de "minha terapiazinha". Ele mergulhava os pés em água quente e sulfato de magnésio para aliviar a dor nos calos e joanetes que se formavam com as pesadas botas que ele usava no trabalho. Conversando a respeito, ele também contou que ia à pedicure regularmente e usava um creme especial nos pés. Se não o tivéssemos visitado na casa dele, jamais teríamos descoberto esses comportamentos. As observações em campo complementam com grande eficácia as entrevistas, revelando surpresas e oportunidades ocultas. Ao identificar uma contradição entre aquilo que você de fato vê e aquilo que espera ver, isso é um sinal de que é preciso investigar mais a fundo.

Quando você começar a procurar essas necessidades latentes, as verá por toda parte. Alguns anos atrás, Tom estava em uma plataforma de trem no Japão na estação Shinjuku, ao lado da colega e autora Kara Johnson. Shinjuku é a estação ferroviária mais agitada do mundo, com mais de três milhões de pessoas passando por suas catracas todo dia, uma mistura de compradores, estudantes e assalariados de colarinho branco.

Kara e Tom repararam que jovem japonesa usava sapatos de cores berrantes. Mas o que chamou a atenção deles não foi só as cores vibrantes no meio de um mar de sapatos pretos em Shinjuku naquele dia, mas o fato de que os sapatos dela não combinavam. Os dois sapatos tinham o mesmo estilo contemporâneo, mas o sapato esquerdo era azul-turquesa enquanto o direito era rosa-choque.

O que era aquilo? A primeira teoria deles ela que ela tinha outro par de sapatos quase exatamente como esses em casa, mas com o sapato azul à direita, é claro. A segunda teoria era que ela tinha uma amiga com o mesmo tamanho de pé. Mas a teoria número três foi a mais intrigante: havia uma oportunidade de mercado para vender sapatos que não combinam.

Tênis que não combinam: uma ideia idiota ou uma oportunidade de negócio?

Tom sentiu a enorme tentação de rejeitar definitivamente aquela ideia "idiota". O que ele não sabia na época, contudo, é que já havia um próspero negócio em torno do conceito de meias que não combinam. Uma empresa chamada LittleMissMatched as vendia com o slogan "Nada combina, mas vale tudo".[28] O faturamento da empresa cresceu de US$ 5 milhões para US$ 25 milhões em três anos no estágio inicial e continuou sendo um sucesso desde então. E por que não sapatos? Da próxima vez que vir alguma coisa esquisita, mantenha a cabeça aberta. Você pode encontrar uma oportunidade de negócio escondida debaixo do seu nariz.

Por mais que suba na carreira e por mais expertise que acumule, você ainda precisa renovar o seu conhecimento e seus insights. De outra forma, pode desenvolver uma falsa confiança naquilo que já "sabe", o que pode levá-lo a tomar a decisão errada. A intuição embasada só é útil quando se fundamenta em informações precisas e atualizadas.

Tom teve uma lição de humildade sobre os perigos do conhecimento ultrapassado vários anos atrás, quando o primeiro-ministro adjunto Tony Tan (atual presidente) de Singapura o convidou para participar de uma usina de ideias chamada Islands Forum. Em 1985, Tom tinha passado quase um ano morando em Singapura enquanto trabalhava para a respeitada Singapore Airlines. O país inteiro ficava em um raio de 30 quilômetros de seu apartamento, de forma que foi fácil se familiarizar com o lugar.

Quando Tom recebeu o convite de Tony Tan, ele mal via a hora de fazer a viagem. Ele lembrou alguns de seus lugares preferidos e o quanto adorou mergulhar na cultura de Singapura. Mas, cinco minutos depois de desembarcar no aeroporto ultramoderno Changi, Tom se deu conta, embaraçado, de que não sabia nada de Singapura. O que ele conhecia e lembrava era a Singapura de 1985, que não existe mais. Singapura não parou de evoluir desde o dia em que ele deixou o país. As barracas de comida a céu aberto na Rasa Singapura, a melhor feira gastronômica que ele já conheceu, tinham desaparecido, junto com a chance de jantar um delicioso satay de frango pela bagatela de dois dólares. O novo sistema de trânsito metropolitano, que não passava de um gigantesco canteiro de obras na época em que Tom morou lá, agora atravessava a cidade com 50 estações. E parecia que metade dos hotéis era nova ou estava sob nova direção desde a sua última visita ao país. Depois daquela experiência, Tom tentou nunca mais se esquecer da embaraçosa lição que chama de "Singapura de 1985".

Como o escritor americano Mark Twain disse um século atrás, "O grande problema não é o que você não sabe. É o que você tem certeza que sabe, mas que não é verdade". Não se deixe enganar pelo que "sabe com certeza" sobre o seu cliente, sobre si mesmo, seu negócio ou o mundo. Procure oportunidades de observar e atualizar sua visão de mundo.

FAÇA PERGUNTAS COMEÇANDO COM "POR QUE"

Uma das melhores maneiras de acelerar a aprendizagem é fazer perguntas. Uma pergunta que começa com "Por que" ou "E se" pode afastar os detalhes superficiais e chegar ao cerne da questão.

Os médicos já fazem perguntas aos pacientes para diagnosticar doenças, mas incluir a abordagem do "Por que" ou "E se" poderia melhorar um diagnóstico e afetar positivamente o tratamento. Amanda Sammann é uma cirurgiã que entrou recentemente na IDEO na posição de diretora médica. É fácil imaginá-la avaliando com destreza a situação dos pacientes e chegando rapidamente a um diagnóstico enquanto transmite a autoconfiança característica de uma médica experiente. Assim, quando chegou a hora de fazer o trabalho de campo em um hospital para seu primeiro projeto de design, Amanda nos contou que se sentiu praticamente em casa.

Saindo de um turno da noite, ela ainda usava o jaleco com o crachá do hospital quando se encontrou com a colega de equipe para entrevistar um paciente mirim. "Entrei na sala e me apresentei: 'Oi, sou a doutora Sammann. Qual é o problema?'", Amanda conta.[29] Ela passou anos falando desse jeito com os pacientes, usando o roteiro típico dos médicos. A colega de equipe interviu gentilmente, sentando-se ao lado do menino para bater papo com ele sobre o game que ele estava jogando no celular. Enquanto Amanda observava, o menino foi se abrindo, falando não apenas sobre sua doença, mas também sobre sua família, sua vida cotidiana e como ele se sentia em relação a seu médico e aos remédios. Amanda percebeu que costuma conduzir uma conversa completamente diferente, fundamentada no histórico do paciente e planos de tratamento, sem desenvolver a empatia.

"Quando entro no hospital, é difícil não entrar no meu papel tradicional", Amanda conta. "Mas, ao adotar uma perspectiva diferente, aprendemos muito e chegamos muito mais longe do que teríamos chegado com as minhas perguntas diretas de sempre."

Amanda aprendeu rápido e não via a hora de aplicar o que aprendeu na próxima vez que fosse chamada para o pronto-socorro. Seu próximo paciente foi uma senhora que tinha quebrado o punho três semanas antes. No entanto, quando Amanda a viu, o punho ainda estava inchado e vermelho. Ela claramente não se tratou e a filha que a acompanhava estava furiosa. Normalmente, depois que Amanda examinava uma lesão e registrava o histórico do tratamento no prontuário (ou, nesse caso, o histórico da falta de tratamento), ela teria recomendado uma consulta com um cirurgião de mão. Mas ela sentiu que alguma outra coisa na sala estava quebrada além do punho da paciente.

"Normalmente eu diria que a tensão entre os membros da família ou a frustração com a mãe que precisou ir ao pronto-socorro não faz parte do trabalho de um profissional da saúde", ela conta. No entanto, dessa vez, Amanda parou para imaginar como seria uma abordagem "não médica" para aquela consulta. Assim, ela fez perguntas sobre a paciente e descobriu que a senhora era uma curandeira energética. A amiga dela tinha realizado um procedimento de cura energética no punho dela e parecia que tinha melhorado, por isso não procurou um médico. Em vista disso, Amanda disse algo que jamais teria dito sem aquele insight sobre a mentalidade da paciente. Reconhecendo que a cura energética era uma parte importante da vida da paciente, Amanda explicou que, se houve uma fratura, seria importante procurar um médico especializado, porque ela poderia perder a flexibilidade do punho, o que poderia impossibilitá-la de praticar a cura energética no futuro.

Essa transição de pensar como uma cirurgiã a pensar como uma antropóloga levou Amanda a se conectar mais profundamente com a paciente. Isso lhe permitiu conhecer as motivações da paciente e explicar o tratamento nesse contexto. Pense em como você aborda seus clientes ou fregueses. Você faz perguntas profundas e investigativas ou só ouve o que espera ouvir? Você está de fato se conectando ou meramente entrando em contato?

Coe Leta Stafford, uma pesquisadora de design veterana da IDEO, com doutorado em desenvolvimento cognitivo, tem muita experiência em fazer perguntas a usuários finais potenciais.[30] Uma técnica que ela usa para dar vida às perguntas é fazendo com que elas sejam divertidas. Em vez de perguntar "Por que você gosta tanto desse livro?" ela transforma a pergunta em uma brincadeira: "Vamos fingir que você quer convencer uma amiga a ler este livro... o que você diria a ela?". Com isso, ela reestrutura a pergunta de forma a evitar algumas respostas rotineiras e instigar respostas mais expressivas.

Até perguntas difíceis podem ser estruturadas para contornar barreiras culturais ou "políticas". Por exemplo, quando Coe Leta quer descobrir pontos nos quais uma abordagem inovadora poderia deparar com resistência interna, ela sugere: "Imagine que você tem um 'manto da invencibilidade' que lhe permite superar processos ou pessoas difíceis. Onde ou quando você usaria esse manto?". A pergunta certa pode fazer toda a diferença.

TÉCNICAS DE ENTREVISTA[31]

Um erro comum sobre a empatia é que essa abordagem implica visitar os clientes, perguntar o que eles querem e dar exatamente o que eles pediram. Essa estratégia normalmente não dá muito certo. As pessoas em geral não têm a autoconsciência (ou o vocabulário) suficiente para expressar suas necessidades. Além disso, elas raramente pensam em opções que ainda não existem.

A empatia é mais uma questão de descobrir as necessidades latentes, mesmo quando as pessoas não são capazes de articulá-las. Observando as pessoas e suas ações, é possível descobrir coisas que você jamais descobriria fazendo perguntas diretas. Veja a seguir algumas técnicas adaptadas do *Human-Centered Design (HCD) Toolkit* (kit de ferramentas para a criação centrada no ser humano) da IDEO. Tente praticá-las com um colega antes de ir a campo.

MOSTRE

Se você estiver na casa das pessoas, no trabalho delas ou em outros lugares que elas frequentam, peça para elas mostrarem as coisas com as quais interagem (objetos, espaços, ferramentas etc.). Tire fotos e faça anotações para se lembrar mais tarde. Peça para elas lhe mostrarem um dos processos da vida cotidiana delas.

DESENHE

Peça aos seus entrevistados para expressar visualmente a experiência fazendo um desenho ou diagrama. Isso pode ser uma excelente maneira de derrubar premissas e revelar como as pessoas de fato veem e priorizam suas atividades.

OS CINCO "POR QUES"

Faça perguntas do tipo "Por que?" depois de cada uma das cinco primeiras respostas dos entrevistados. Isso força as pessoas a analisar e expressar as razões fundamentais de seus comportamentos e atitudes. Mesmo se você achar que entendeu, aprofunde-se na investigação das premissas dos entrevistados (e de suas próprias premissas).

PENSE EM VOZ ALTA

Enquanto eles realizam uma tarefa específica, peça para os participantes falarem em voz alta o que estão pensando. Isso ajuda a revelar as motivações, as preocupações, as percepções e o raciocínio dos usuários.

Fazer perguntas a um grupo diversificado de pessoas o ajudará a obter respostas diferentes. Por exemplo, volte-se a experts inesperados. Se você produz geladeiras, procure uma assistência técnica e pergunte quais peças costumam dar mais defeito. Pergunte a uma pessoa cega como ela usa um smartphone. Peça a um especialista em biomimética para lhe contar o que as pessoas podem aprender observando as formigas. Peça a um escritor de ficção científica para refletir sobre o futuro das embalagens.

De forma similar, investigue o ponto de vista de pessoas de diferentes faixas etárias. Às vezes, colegas ou membros mais jovens da sua equipe podem contribuir com uma perspectiva diferente, capaz de ajudar o projeto a avançar na direção certa. Procurar por um "mentor reverso" mais jovem pode ser uma excelente maneira de ajudar um executivo com anos de experiência a continuar crescendo e se manter informado das novas tendências culturais em uma área de interesse em comum. O mentoring reverso também pode ser uma boa maneira de derrubar barreiras hierárquicas corporativas para encontrar ideias originais provenientes de fontes inesperadas e ajudar a combater a tendência natural da empresa de confiar demais nas experiências passadas. Nossos mentores reversos têm nos ajudado muito, nos dando dicas sobre os mais recentes apps de smartphone e até conselhos práticos sobre como motivar os membros da equipe mais jovens.

VEJA OS DESAFIOS DE UMA NOVA PERSPECTIVA

Às vezes, o primeiro passo na direção de uma excelente resposta é reestruturar a pergunta. As descrições formais dos problemas muitas vezes presumem que você já sabe o que procurar, que já conhece a solução certa e que só falta descobrir como chegar até ela. Antes de começar a procurar soluções, contudo, vale a pena distanciar-se um pouco para verificar se está mesmo trabalhando no problema certo. Os melhores líderes são excelentes em reestruturar as questões. Ao ponderar sobre o futuro do sofisticado sistema TelePresence da Cisco, o CEO John Chambers reestruturou a pergunta óbvia "Como podemos melhorar as videoconferências?" em termos de "Como podemos proporcionar uma alternativa viável para as viagens aéreas?".[32]

Reestruturar a pergunta pode levar a novas e promissoras direções. Na IDEO, nossas equipes criaram o design de dezenas de dispositivos médicos de precisão e instrumentos cirúrgicos. Quando os médicos reclamaram que as mãos se cansavam ao usar os instrumentos existentes para cirurgias do septo nasal, nosso cliente nos perguntou "Como fazer com que os instrumentos sejam mais leves?".[33] A questão é válida e aponta para uma solução que incluiria usar materiais com uma razão mais elevada entre a resistência e o peso, consolidar várias partes em uma só ou criar um motor menor e mais leve... todas opções potencialmente viáveis. No entanto, reestruturamos a pergunta da seguinte maneira: "Como poderíamos fazer com que o instrumento cirúrgico seja mais confortável para as mãos durante longos procedimentos?".

> ÀS VEZES O PRIMEIRO PASSO NA DIREÇÃO DE UMA EXCELENTE RESPOSTA É REESTRUTURAR A PERGUNTA.

A nova pergunta abriu uma variedade mais ampla de possíveis soluções. Trabalhando em estreita colaboração com a empresa e seu conselho médico, recriamos o design do instrumento, alterando seu centro de gravidade para que ele fosse mais confortável de segurar. O novo design pode até ter acabado alguns gramas mais pesado que o anterior, mas os cirurgiões adoraram.

No escritório de Munique da IDEO, chamamos o desafio reestruturado de "Questão Zero", por se tratar de um novo ponto de partida no caminho da busca de soluções criativas. Ver um problema de uma nova perspectiva não apenas leva a soluções melhores, como também permite resolver problemas maiores e mais importantes. Por exemplo, muitas pessoas acham que os altos índices de evasão escolar na faculdade resultam do fato de os estudantes não conseguirem pagar para estudar. Essa premissa sugere que o problema básico é a falta de bolsas de estudo e ajuda financeira. No entanto, estudos mostram que apenas 8% dos estudantes abandonam os estudos por razões puramente financeiras.[34] Agora, pesquisadores estão tentando identificar outros fatores importantes da evasão, como preparação acadêmica ou fatores intangíveis como distanciamento emocional e pouco senso comunitário.

Sem chegar a essas questões mais profundas, não é possível resolver os problemas mais profundos. Mesmo que você não tenha muito tempo para encontrar a resposta, vale a pena analisar a questão de uma perspectiva diferente.

Uma das maneiras mais eficazes de reestruturar um problema é humanizá-lo. Para Doug Dietz, da GE, mudar a perspectiva de seu trabalho — de criar designs de equipamentos de RM a ajudar os pacientes mirins a passar pelo procedimento com segurança e com agrado, transformou não apenas o produto como também a vida dele. E muitas outras coisas no mundo podem se beneficiar de uma dose de humanização. Se você olhar ao redor, verá todo tipo de coisas construídas com base em necessidades técnicas ou tecnológicas e não humanas. Por exemplo, nós dois temos 1,80 m de altura. Por que precisamos ficar praticamente de joelhos para pegar uma lata de refrigerante em uma máquina de venda automática? Porque é mais fácil para a máquina deixar que a força da gravidade derrube uma lata aos nossos pés do que levá-la à altura das nossas mãos. Assim, a máquina ganha e nós, seres humanos, saímos perdendo.

Rolf Faste, que passou 20 anos no cargo de diretor do programa de design de produtos da Stanford, costumava dizer: "Se não vale a pena resolver um problema, não vale a pena resolvê-lo bem". Concentrar nossas energias na questão certa pode fazer a diferença entre uma mera melhoria incremental e uma inovação revolucionária. A inovação costuma ocorrer naquele momento heureca quando você descobre qual é o *verdadeiro* problema ou necessidade e se põe a resolvê-lo.

TÉCNICAS DE REESTRUTURAÇÃO

Procure algumas maneiras de ponderar sobre o seu problema de uma perspectiva diferente. Experimente-as e veja se elas o levam a uma questão melhor, que resolva uma necessidade humana e seja mais inspiradora:

1. DESCARTE AS SOLUÇÕES ÓBVIAS. Em vez de tentar inventar uma ratoeira melhor, por exemplo, procure outras maneiras de evitar a entrada de ratos em casa. O problema pode não estar na ratoeira.

2. ALTERE O SEU FOCO OU PONTO DE VISTA. John F. Kennedy estimulou os americanos a perguntar "não o que o seu país pode fazer por você, mas o que você pode fazer por seu país", incitando os cidadãos a repensar seus direitos e obrigações. Alterar o seu ponto de vista costuma implicar a transferência do foco a um stakeholder diferente: um pai ao invés de um filho ou um comprador de carro ao invés de uma concessionária.

3. IDENTIFIQUE O VERDADEIRO PROBLEMA. Décadas atrás, Theodore Levitt, professor da Harvard Business School, observou: "As pessoas não compram brocas de um quarto de polegada. Elas compram buracos de um quarto de polegada". Se você se limitar a fazer perguntas sobre a broca, pode deixar passar a possibilidade de usar lasers para fazer pequenos e precisos furos como os furos dos alto-falantes de alguns laptops.

4. PROCURE MANEIRAS DE CONTORNAR A RESISTÊNCIA OU OS BLOQUEIOS MENTAIS. Se você tentar convencer as pessoas a deixar de beber a água contaminada do poço local em um país em desenvolvimento, os moradores do vilarejo podem reagir dizendo: "A minha mãe me deu água desse poço para beber.[35] Você está dizendo que a minha mãe estava errada?". Se você quiser romper as tradições, esse tipo de questão deve ser completamente restruturado. Você pode, por exemplo, mostrar como a água do poço é impura e perigosa em comparação com a água tratada. Feito isso, você pode fazer uma pergunta completamente diferente aos pais: "Qual água você quer que os seus filhos bebam?". Uma nova pergunta leva a uma resposta muito diferente.

5. PENSE NO CONTRÁRIO. Trabalhando com o Community Action Project em Oklahoma, os colíderes da IDEO.org Jocelyn Wyatt e Patrice Martin não estavam conseguindo envolver mais os pais de classe baixa em programas que poderiam ajudar o futuro dos filhos.[36] Diante de taxas de participação de menos de 20%, eles estavam quebrando a cabeça para tentar encontrar soluções. Então eles resolveram virar o desafio de cabeça para baixo, perguntando: "Quais são as razões para os pais *não* participarem?" (são ocupados demais, têm problemas de transporte, não têm com quem deixar os filhos menores etc.). Com isso, eles colocaram todos os problemas na mesa e conseguiram pensar em possíveis soluções. Por exemplo, em vez de enfatizar que os programas eram gratuitos, os organizadores começaram a salientar o valor dos programas para os pais e os filhos. Dar uma reviravolta na questão pode ser uma técnica eficaz para contornar preconceitos ou maneiras habituais de pensar e ver a situação com novos olhos.

DESENVOLVA UMA REDE DE APOIO CRIATIVO

As pessoas criativas muitas vezes são retratadas como gênios solitários ou um pessoal descabelado e até meio rude. Mas descobrimos que muitas das nossas melhores ideias resultam da colaboração com os outros. Desde maratonas de design (que chamamos de "make-a--thons") até equipes multidisciplinares, tratamos a criatividade como se fosse um esporte em equipe. Como acontece com muitos elementos da confiança criativa, expandir ideias alheias requer humildade. Primeiro, é preciso reconhecer (pelo menos para si mesmo) que você não tem todas as respostas. A vantagem é que saber que não precisa criar sozinho todas as ideias lhe tira um bom peso dos ombros. David percebeu isso desde cedo, quando começou a recrutar colegas para fazer as gigantescas estruturas de madeira compensada para o Desfile de Primavera da Carnegie Mellon University. Mais tarde, ele criou a nossa empresa com base na ideia de trabalhar entre amigos.

Mesmo se ainda não encontrou os colaboradores certos, você também pode estender as ideias dos outros. Dê uma olhada nas comunidades digitais criativas. Monte uma equipe de projeto composta de voluntários para trabalhar nas horas vagas em uma ideia que você considera importante. Encabece um grupo de confiança criativa que se reúne uma vez por mês para um almoço ou um happy hour depois do trabalho. Em outras palavras, tome a iniciativa de criar a própria comunidade de inovadores.

Keith Ferrazzi, autor do best-seller *Nunca almoce sozinho*, é um eloquente paladino da noção de explorar o poder de conselhos consultivos pessoais diante de grandes decisões ou dificuldades.[37] David teve vários conselhos consultivos como esse por um bom tempo. Eles atuam como uma fonte de novas informações bem como uma fonte de opiniões e sugestões que reforçam ou questionam o seu ponto de vista. É mais fácil ser confiante sabendo que pode contar com o apoio de um grupo.

Nossa mãe, Martha, tinha o próprio conselho consultivo na cidadezinha onde nascemos (apesar de ela nunca ter usado essa expressão). Ela e um grupo de mulheres que fizeram o ensino médio juntas passaram décadas se encontrando pelo menos uma vez por mês para compartilhar alegrias e dificuldades. Com a idade, os encontros passaram a ser semanais. Elas não jogam baralho nem fazem nada que possa distraí-las das conversas sobre a família e a vida. Elas falam sobre suas esperanças e preocupações. Ocasionalmente, elas choram e se consolam. Não há conselho consultivo melhor. Agora, infelizmente, o grupo de oito "meninas", como elas se chamam, todas da turma de 1943, foi reduzida a apenas três mulheres com o falecimento das outras. Mas o grupo ainda se reúne toda quarta-feira para tomar café da manhã em uma lanchonete local, conversar sobre a vida e se ajudar.

Você pode não ter a sorte de reunir um conselho consultivo capaz de durar 70 anos, mas, com um grupo de conselheiros de confiança que pode ser acionado em momentos decisivos da sua vida, você pode se expor a uma troca de ideias e alternativas de valor inestimável.

CULTIVE A SORTE CRIATIVA

As musas podem ser volúveis. Obter um insight nunca é tão fácil quanto acender a luz da sala e nem é tão direto quanto usar as metodologias da lógica, da matemática ou da física. Mas é possível criar um ambiente "amigável a epifanias" em si mesmo e na sua organização para cultivar as sementes da energia criativa.

O químico francês Louis Pasteur afirmou, 160 anos atrás, que "o acaso favorece a mente treinada". Na verdade, algumas traduções de sua célebre frase original (*Le hasard ne favorise que les esprits préparés*) sugerem que o que ele realmente queria dizer é que o acaso *só* favorece a mente preparada. A história das descobertas está repleta de casos de sorte criativa. Por exemplo, na nossa infância, na cidade de Akron, Ohio (na época considerada a "Capital Mundial da Borracha"), aprendemos na aula de História que Charles Goodyear descobriu a vulcanização quando deixou cair sem querer uma mistura de borracha e enxofre no fogão.[38] Mesmo se fosse verdade, criar um negócio de sucesso com base nesse acidente envolve muito mais que mera sorte. Uma vez que você derramou borracha no fogão (e qualquer morador de Akron pode dizer que isso deixaria a casa inteira fedendo), você precisaria dar uma parada para se dar conta da dimensão da sua descoberta, em vez de se pôr a limpar freneticamente o fogão antes de sua esposa ou seus pais chegarem em casa. Goodyear notou e entendeu a importância da descoberta e isso explica em parte por que uma empresa multibilionária foi nomeada em sua homenagem.

Os cientistas de sucesso devem ter sido extremamente suscetíveis a acidentes felizes como esse porque há dezenas de casos parecidos na história da Ciência e das invenções. Da penicilina ao marca-passo, da sacarina ao vidro de segurança, muitas descobertas viram a luz do sol porque os cientistas tiveram a presença de espírito de perceber que um acidente ou erro poderia se transformar em um avanço revolucionário.

Suas histórias de sucesso provenientes do fracasso indicam não apenas que eles foram observadores perspicazes, como também que eles conduziam um grande número de experimentos. Goodyear certamente não derramou borracha no fogão enquanto fazia o jantar. Ele passou anos buscando uma maneira de estabilizar a borracha e experimentou incansavelmente várias abordagens diferentes. Talvez o que Pasteur realmente quis dizer foi: "A sorte favorece as pessoas que fazem muito experimentos e prestam muita atenção quando algo inesperado ocorre". A frase não daria uma citação tão boa, é claro, mas, provavelmente, seria uma descrição mais precisa da realidade.

> CULTIVE O TIPO DE "MENTE PREPARADA" CAPAZ DE PERCEBER O MOMENTO DE UMA EPIFANIA.

E esse tipo de sorte não se limita ao mundo científico. Muitos novos empreendimentos começaram com um encontro ao acaso, desde puxar conversa numa conferência do setor até ter uma ideia com base em um comentário do passageiro ao lado em um longo voo. Dessa forma, é bom levar a sério a advertência de Pasteur e cultivar o tipo de "mente preparada" capaz de perceber o momento de uma epifania. Depois, tente conduzir mais experimentos, passando do planejamento à ação, como veremos no próximo capítulo.

Às vezes, simples mudanças de perspectiva podem levar a novos insights. Se você se desapegar do que "sabe", pode começar a ver o mundo com novos olhos (e com mais perguntas do que respostas). No entanto, os verdadeiros insights são obtidos saindo para o mundo e desenvolvendo empatia pelas pessoas cuja vida você quer melhorar.

CAPÍTULO 4

O SALTO:
DO PLANEJAMENTO À AÇÃO

SE VOCÊ TIVESSE VISTO AKSHAY Kothari ou Ankit Gupta na primeira semana deles na pós-graduação da Stanford, eles poderiam não ter se destacado entre os outros aspirantes a engenheiros e cientistas da computação da turma.[1] Ambos se descreviam como "geeks" (brilhantes, profundamente analíticos e definitivamente tímidos). Akshay era formado em Engenharia Elétrica na Purdue e Ankit tinha se formado em Ciência da Computação no Indian Institute of Technology. Ambos se empenharam nos estudos e se sobressaíram na graduação antes de se mudarem para o Vale do Silício.

Quando Ankit chegou ao campus, grande parte de sua grade de estudos consistia em cursos de programação como "Lógica, autômatos e complexidade" e "Aprendizagem de máquina". Assim, quando Akshay comentou sobre o Design Thinking Bootcamp, o curso introdutório da d.school, ele achou que poderia ser uma boa distração do mundo densamente técnico da Ciência da Computação. No início, Ankit admitiu que ele ficou um pouco intimidado ao ver a proliferação de post-its coloridos preenchendo as paredes do prédio da faculdade como uma revoada de pixels, ao ouvir a cacofonia de vozes em uma conversa livre e aberta e ao testemunhar o destemor dos alunos e professores fazendo experimentos com pequenas buchas — usadas para a limpeza de cachimbos — e pistolas de cola quente. Mas em pouco tempo ele se viu envolvido nas aulas, e o que começou como uma mera diversão se transformou em uma experiência reveladora. "O novo modo de pensar sobre a criatividade e o design abriram a minha cabeça", Ankit conta. "Como não tinha só uma solução 'certa', dava para eu ter quantas ideias quisesse e perguntar 'por que?' diversas vezes."

Enquanto isso, Akshay também se viu em território desconhecido. "Não foi nada natural para mim", conta Akshay, em comparação com as aulas expositivas de Engenharia, nas quais ele ouvia o professor, lia o livro-texto e só precisava de suas aptidões matemáticas para resolver os problemas. "De repente me vi neste mundo muito interessante, mas meio maluco... e foi um choque." Sua primeira aula incluiu uma experiência prática de observação/prototipagem/ storytelling chamada de "o projeto lámen". O desafio para os estudantes era "criar uma experiência de lámen melhor" em uma semana utilizando o processo de criação centrada no ser humano. Akshay concluiu todas as etapas, mas achava que podia melhorar. "Vi como o conceito que criei era ordinário em comparação com todas as outras soluções de design." Akshay conta que sua ideia (um lámen endossado por uma celebridade) era "meio óbvia... qualquer um poderia ter tido aquela ideia sem nem precisar pensar muito". Ao mesmo tempo, ele se inspirou ao ver os incríveis conceitos criados pelos colegas (como, por exemplo, um canudinho gigante para chupar o macarrão e o caldo juntos e uma embalagem diferente que facilitava comer lámen ao caminhar). Ele resolveu continuar tentando e, no projeto seguinte, pôde sentir que suas ideias já estavam ficando um pouco mais originais. Ele começou a fazer relações mais robustas entre necessidades não satisfeitas ou latentes do cliente e as soluções que propunha. Ele se empenhou para conseguir ter um número maior de iterações para aprender com cada uma delas. Ele melhorou na tarefa de combinar as próprias ideias com os diversificados pontos de vista de sua equipe multidisciplinar.

Tanto para Ankit quanto para Akshay, a parte da empatia do ciclo de design (ver um produto do ponto de vista do usuário final) lhes proporcionou um jeito novo de ver as coisas. Ankit confessa que "antes da d.school, jamais teríamos consultado outros seres humanos sobre o nosso produto". No ano anterior, ele ajudara alguns amigos a abrir uma empresa na Índia e eles não conseguiram pensar sobre um único cliente potencial (muito menos conversar com um). "Dedicamos quase toda a nossa energia trabalhando na API (o conjunto de ferramentas que os outros desenvolvedores usariam para fazer a interface com o nosso produto)", ele conta, rindo.

Akshay ficou muito pouco à vontade com a ideia de conversar pessoalmente com os usuários. Em sua primeira pesquisa de design em campo para um projeto do curso, Akshay fez a maior parte de sua "observação" tentando ao máximo ficar invisível nos fundos de um supermercado. "Eu ficava olhando ao redor, tentando imitar o que os outros alunos faziam", ele conta. "Eu sabia que a empatia era importante, mas ainda não entendia exatamente para quê." Ao final do curso, contudo, ele sentira na pele o poder de conversar com os clientes potenciais para gerar novas ideias e explorar novas linhas de pensamento.

O auge da experiência de Ankit e Akshay na d.school foi um curso chamado "LaunchPad", ministrado pelos professores associados convidados Perry Klebahn e Michael Dearing. A maioria dos cursos de *design thinking* é intensa, mas o LaunchPad pisa ainda mais fundo no acelerador. No curso, você abre uma empresa (de verdade) do zero e constitui a pessoa jurídica antes do fim do trimestre. Não é pouca coisa. E a dupla confessa que, no começo, eles não estavam convencidos de que conseguiriam.

Na tradição darwiniana do capital de risco do Vale do Silício, se você quiser se inscrever no LaunchPad, precisa primeiro vender uma chamativa ideia de negócio. E, se o seu argumento não tirar a nota mínima (em termos de conteúdo ou de paixão), você não consegue entrar no curso. Akshay e Ankit exploraram muitas ideias, mas sabiam que só conseguiriam avançar com uma. Eles decidiram trabalhar na experiência de ler as notícias diárias, criando um aplicativo para o então recém-anunciado iPad da Apple. Apesar de algumas das outras ideias que eles tiveram parecessem mais atraentes, o prazo final de dez semanas os levou a escolher uma que pudesse receber feedbacks rápidos.

Quando a ideia foi aceita, eles não demoraram a perceber como o curso seria corrido e como a rapidez na qual os pensamentos teriam de ser transformados em ação. A primeira tarefa: criar um protótipo funcional em quatro dias. "Aquilo nos empurrou", conta Ankit. Sem nenhum tempo a perder, eles montaram acampamento em um café da University Avenue de Palo Alto. Ficando lá até dez horas por dia, eles perceberam que além do fato de não terem de pagar aluguel, aquele escritório improvisado trazia outra enorme vantagem para o negócio embrionário: naquele café cosmopolita, eles estavam imersos em um mar de futuros clientes, todos bebericando café e *lendo as notícias*.

Eles começaram com protótipos rápidos e rudimentares, coletando feedbacks dos fregueses a cada passo do caminho. Inicialmente, eles usaram uma série de post-its para simular o fluxo da interface do usuário do app de notícias. Mais adiante, com modelos reais funcionando em um iPad, ficou ainda mais fácil coletar opiniões e sugestões. "O iPad tinha acabado de sair, então as pessoas tinham muita curiosidade de ver o aparelho", conta Akshay. "E nós aproveitamos a onda." Ele mantinha um aparelho na mesa e, quando um passante inevitavelmente parava para perguntar se era mesmo um iPad, ele mostrava o dispositivo com a mais recente versão do protótipo do app aberta e observava a interação. "Não dizíamos nada", Akshay explica, "só observávamos o que eles faziam. Aquilo nos ajudou muito, revelando falhas relacionadas ao uso do app". Para maximizar a velocidade, Akshay se encarregou das pesquisas com usuários enquanto Ankit criava novas versões do software para incorporar o que eles aprendiam. "Chegávamos a fazer centenas de pequenas modificações em apenas um dia", diz Akshay. "E não estou exagerando... mudávamos tudo, desde padrões de interação até o tamanho de um botão". O processo funcionou: "Em duas semanas, passamos de pessoas dizendo 'Isso é uma droga' a 'Este app já vem com o iPad?'".

Ankit e Akshay levaram o Pulse News, seu app de leitura de notícias, ao mercado, depois de milhares de protótipos rápidos.

O resultado do trabalho intenso, iterações rápidas e ação implacável foi o Pulse News, um elegante leitor de notícias lançado em 2010 que agrega artigos de fontes tanto tradicionais quanto emergentes. Foi um sucesso tão grande que, poucos meses depois do lançamento, quando Ankit e Akshay ainda eram estudantes, Steve Jobs demonstrou o Pulse no palco principal da Conferência Mundial para Desenvolvedores da Apple, chamando a atenção do mundo aos dois introvertidos e seu app. O Pulse foi baixado por mais de 20 milhões de pessoas e é um dos 50 apps originais do Hall da Fama da App Store da Apple. E, recentemente, Ankit e Akshay aceitaram uma oferta de US$ 90 milhões da LinkedIn para venderem a empresa que eles criaram com o *design thinking*.

Olhando para aqueles primeiros meses do Pulse, constatamos que os fundadores acertaram na mosca em muitos pontos:

- Eles começaram com uma atitude do tipo "faça alguma coisa" e não se contentaram em se ater aos requisitos padrão de seu programa de pós-graduação.

- Eles minimizaram o planejamento e maximizaram a ação, sabendo que os resultados dos experimentos iniciais poderiam tornar obsoletos até mesmo os planos mais bem-elaborados. Eles imediatamente se prontificaram a interagir com os clientes potenciais.

- Eles fizeram protótipos rápidos e baratos que levaram a milhares de variações, resultando no popular e aclamado produto final.

- Eles avançaram, apesar do pouco tempo disponível (e talvez até devido a isso), estimulados pela necessidade de desenvolver ideias criativas em uma velocidade alucinante.

Esses fatores da história do Pulse demonstram como a iteração e a ação são fundamentais para a inovação e a criatividade, tanto para indivíduos quanto para organizações. "Aprendi que a criatividade é algo que só se vê em retrospecto", Ankit explica. "Não é só uma questão de ter uma ideia genial que resolve o problema, mas de tentar e fracassar com outras 100 soluções antes de chegar à melhor."

Para poder atingir esse nível de experimentação, não fique preso no planejamento. A essência da inovação é transformar rapidamente ideias em ação. Essa necessidade de manter as coisas em movimento tem sua base (pelo menos metaforicamente) nos fundamentos da ciência. A primeira lei de Newton sugere que "um corpo em repouso tende a se manter em repouso e um corpo em movimento tende a se manter em movimento". Isaac Newton descreveu o movimento de objetos, mas vemos esse princípio da inércia em ação também em pessoas e organizações. Algumas pessoas ficam presas, sentadas às mesmas mesas, cercadas das mesmas pessoas, indo às mesmas reuniões, atendendo os mesmos clientes enquanto o setor evolui e se afasta cada vez mais delas. Outras avançam, mas em um ritmo linear conhecido, se atendo ao mesmo ciclo de planejamento trimestral, seguindo os mesmos processos de avaliação e aprovação ou percorrendo as mesmas etapas do fluxo de trabalho, mesmo quando o mundo se acelera ao seu redor.

Para vencer a inércia, não basta ter boas ideias. Não basta fazer um planejamento meticuloso. As pessoas, organizações, comunidades e nações prósperas são aquelas que iniciam a ação, que lançam rápidos ciclos de inovação e aprendem *fazendo* o mais rápido que podem. Elas avançam rapidamente enquanto as outras esperam na linha de partida.

A ATITUDE MENTAL DO "FAÇA ALGUMA COISA"

Uma das qualidades que mais admiramos nas pessoas que desenvolveram a confiança criativa é que elas não são observadoras passivas. Mesmo em situações difíceis, elas não agem nem se sentem como peões ou vítimas. Elas adotam uma voz ativa, escrevendo o roteiro da própria vida e, ao fazer isso, conseguem influenciar o mundo ao seu redor. Enquanto o caminho da menor resistência normalmente implica manter-se neutro, as pessoas que desenvolveram a confiança criativa possuem uma atitude mental do tipo "faça alguma coisa". Elas acreditam que suas ações podem fazer uma diferença positiva, de forma que elas *agem*. Elas reconhecem que podem levar a vida inteira esperando o plano perfeito ou o prognóstico ideal, então avançam sabendo que nem sempre estarão certas, mas se mantêm otimistas em relação à sua capacidade de conduzir experimentos e fazer ajustes mais adiante.

Um dia, John Keefe, editor sênior da estação de rádio da Manhattan WNYC, ouviu um colega se lamentar que a mãe precisava ficar uma eternidade esperando o ônibus no ponto sem saber quando o próximo ônibus chegaria. Agora pare um pouco e responda a seguinte pergunta: se você trabalhasse para o Departamento de Trânsito da Cidade de Nova York e o seu chefe lhe pedisse para resolver o problema, para quando você prometeria ter um sistema implementado e funcional? Seis semanas? Dez? John, que nem trabalha para qualquer autoridade de trânsito, disse: "Me dê até o fim do dia", convertendo o comentário casual de um colega em uma missão pessoal. Em 24 horas, ele criou um protótipo funcional de um serviço que permitia que os passageiros dos ônibus ligassem, digitassem o número do ponto de ônibus e ouvissem a localização do próximo ônibus (de um celular qualquer, nem precisava ser um smartphone).[2]

Para concretizar a ideia em tão pouco tempo, John teve de usar a criatividade para combinar serviços já existentes. Ele comprou um número de telefone de ligação grátis por um dólar por mês na Twilio, um serviço que conecta um número de telefone a programas na web. Ele escreveu um pequeno programa que envia o código do ponto de ônibus ao site da Autoridade de Trânsito Metropolitano de Nova York, acessa os dados de localização em tempo real e converte a resposta de texto para fala. Em poucos segundos, o usuário ouve uma mensagem como: "O próximo ônibus a chegar à esquina da Fourteenth Street com a Quinta Avenida indo para o norte está a nove pontos de distância". Ele fez tudo isso em um único dia. E, quando ligamos para o número um ano depois, o pequeno programa de John ainda estava em funcionamento.

John aplica a mesma atitude destemida ao seu trabalho na WNYC. "Descobri que o melhor jeito de praticar o *design thinking* é mostrando, não falando", ele conta.[3] "Em vez de explicar a idéia, eu digo: 'Posso trazer resultados para você na semana que vem'". E a WNYC levou a lição a sério. Em 2008, a estação de rádio firmou uma parceria com estudantes da d.school para gerar ideias para um noticiário matutino que vinha sendo desenvolvido.[4] Conceitos gerados pelos estudantes na Califórnia na terça-feira eram testados no ar na cidade de Nova York naquela mesma semana.

Se a atitude resoluta de John Keefe lhe parecer uma característica pessoal dele, difícil de ser replicada por um mortal qualquer, não subestime as qualidades contagiantes da energia criativa dele. Apenas alguns dias depois de ouvir a história do ponto de ônibus de John, Tom teve a própria epifania. Ele voltava para casa de bicicleta uma noite e notou que um velho ponto de ônibus da cidade de Menlo Park tinha sido desmontado e substituído por um ponto verde-musgo com cobertura, iluminado por energia solar. Aquela melhoria cívica, contudo, foi ofuscado pelo fato de o abrigo ter sido instalado no lugar errado, a dois metros de uma passagem de pedestres utilizada por uma multidão de crianças que vão à escola do bairro de bicicleta. Tom não pôde deixar de pensar que, quando as aulas recomeçassem no outono, milhares de quilos de metal verde no meio da passagem provocaria o caos no trânsito das crianças para a escola.

Ele poderia simplesmente seguir em frente, criticando mentalmente o erro e considerando o caso perdido porque "não dá para demitir a prefeitura". Mas, inspirado pela história de John Keefe, Tom parou e tirou algumas fotos com o celular. Entrando em contato com um oficial eleito pela primeira vez na vida, ele enviou um e-mail ao escritório da prefeita naquela noite, sem saber se sua mensagem seria lida. No entanto, às 10 da manhã do dia seguinte, a prefeita lhe enviou uma resposta animada, incluindo o diretor de obras púbicas na conversa. E, uma semana depois, a caminho do trabalho, Tom viu um grande guindaste reposicionando o ponto no lugar certo.

Moral da história: o primeiro passo para ser criativo costuma ser simplesmente deixar de ser um observador passivo e traduzir pensamentos em ação. Com um pouco de confiança criativa, podemos afetar positivamente o mundo com as nossas ações. Então, da próxima vez que você começar a pensar "Não seria ótimo se...?", pare por um momento, lembre-se de John Keefe, e diga: "Talvez eu possa fazer até o fim do dia".

MANTENHA UMA LISTA DE DEFEITOS PARA ENCONTRAR OPORTUNIDADES CRIATIVAS[5]

Estamos cercados de produtos que não funcionam bem, serviços que atrasam a nossa vida e configurações absolutamente equivocadas: o site na internet que requer dez cliques para fazer o que deveria ser feito em apenas um ou dois cliques; o projetor que resiste obstinadamente a se conectar ao seu laptop; a máquina de pagamento automático do estacionamento que transforma um processo simples em uma maratona árdua. Notar que algo está quebrado é um pré-requisito essencial para obter uma solução criativa para consertar o problema. Fazer "listas de defeitos", uma atividade que Tom descreveu em *A arte da inovação*, pode ajudá-lo a identificar mais oportunidades de usar a criatividade. O hábito de registrar oportunidades de melhoria, seja anotando as ideias em uma folha de papel ou gravando-as no seu smartphone, pode ajudá-lo a se envolver no mundo de maneira mais proativa. Manter uma lista como essa pode servir como uma rica fonte de ideias para quando você estiver em busca de um novo projeto. Ou você também pode criar uma lista de defeitos na hora.

Anote as coisas que o incomodam e você ficará mais atento a elas. Pode parecer que estamos sugerindo que você se concentre nos pontos negativos, mas a questão é notar mais oportunidades de melhorar as coisas. E, apesar de muitos itens da sua lista de defeitos poderem ser coisas que você não tem como consertar, se você continuar sempre incluindo itens à lista, inevitavelmente encontrará problemas que você pode influenciar e problemas que pode ajudar a resolver. Quase toda chateação, todo ponto de atrito, esconde uma oportunidade de melhoria. Em vez de se limitar a reclamar, pergunte-se: "Como posso melhorar a situação?".

PARE DE PLANEJAR E COMECE A AGIR

Com uma postura mais proativa, você começará a ver mais oportunidades de ação ao seu redor. Mas não adianta ver, você também precisa agir.

Muitos de nós ficamos presos entre o querer e o fazer. A incerteza do caminho adiante pode ser intimidadora e, às vezes, pode parecer que as circunstâncias conspiram contra nós, então ficamos paralisados.

Nas culturas corporativas, essa hesitação pode se traduzir no que os professores Bob Sutton e Jeffrey Pfeffer chamam de "lacuna entre o saber e o fazer":[6] a diferença entre o que sabemos que *deveríamos* fazer e o que *de fato* fazemos. Quando o discurso substitui a ação, uma empresa pode ficar paralisada.

Quando ficamos sabendo do conceito da lacuna entre saber e fazer, começamos a vê-la por toda parte. Por exemplo, testemunhamos esse fenômeno em primeira mão na Eastman Kodak Company.[7] Em um dia frio de primavera, nos meados dos anos 1990, uma equipe da IDEO viajou à cidade de Rochester, no estado de Nova York, para conversar com uma equipe executiva da Kodak. Encontramos um grupo de líderes com uma profunda expertise e que, pelo menos *racionalmente*, sabia que o futuro da fotografia era digital.

Olhando para trás, os historiadores empresariais podem ser tentados a sugerir que a liderança da Kodak foi ingênua. Mas não foi o caso. Na verdade, fomos forçados a correr para acompanhar a mente ágil do CEO George Fisher. E ninguém podia dizer que a Kodak não tinha conhecimento suficiente da fotografia digital. Afinal, foram eles que inventaram a câmera digital em 1975 e, posteriormente, criaram o primeiro sensor de megapixels do mundo. A Kodak foi pioneira no que deveria ter rendido à empresa uma vantagem duradoura. Então, por que todo esse conhecimento e vantagem pioneira não foram convertidos em ação?

Para início de conversa, a tradição entrou no caminho da inovação. O glorioso passado da Kodak era atraente demais, sendo que a empresa basicamente dominou a fotografia de consumo por 100 anos, detendo uma participação de mercado nesses segmentos de até

90%. Por sua vez, as empreitadas digitais pareciam arriscadas demais, e a Kodak não se mostrava muito disposta a apoiar os gestores dispostos a colocar suas carreiras em risco ao se dirigirem a essas novas áreas. Diante de concorrentes globais de peso no mercado digital, a Kodak sabia que teria dificuldades e o medo do fracasso petrificou a equipe gerencial.

Presa na lacuna entre saber e fazer, a Kodak se agarrou ao negócio de revelação química que lhe rendera tantos sucessos no século 20, deixando de investir o suficiente no mundo digital do século 21. O que vimos na Kodak não foi um grupo de executivos desinformados, mas sim a incapacidade de transformar insights em uma ação eficaz. Em consequência, uma das marcas mais poderosas da América perdeu o rumo.

Não é justo acusar as empresas que ficam para trás de ficarem totalmente paralisadas, mas, por vezes, elas não conseguem atingir um nível adequado de compromisso com a mudança. "Vou tentar" pode se tornar uma mera promessa sem entusiasmo em vez de uma ação resoluta. Bernie Roth, o diretor acadêmico da d.school, demonstra essa ideia com um rápido exercício que, de acordo com seus alunos, transmite uma mensagem inesquecível.[8] Ele estende a mão segurando uma garrafa d'água e pede que os alunos tentem tirar a garrafa dele. Diante de Bernie, um veterano grisalho do Programa de Design da Stanford, os alunos normalmente hesitam e suas tentativas iniciais não levam a nada. Ele simplesmente agarra o copo com mais obstinação enquanto os robustos jovens e poderosos CEOs tentam tomar a garrafa do octogenário.

Então, Bernie muda a perspectiva do exercício instruindo-os a parar de *tentar* e *simplesmente fazer*: simplesmente arrancar a garrafa da mão dele. Com essa nova instrução, a próxima pessoa que se aproxima sempre consegue se apossar da garrafa. O que mudou? Bernie explica que uma desculpa sutil se oculta na ideia de "tentar". É como se o hoje fosse para tentativas e a verdadeira ação ocorrerá em algum vago momento no futuro. Para atingir sua meta, para derrubar as barreiras no caminho, você deve se concentrar em fazer *agora*. Ou, como Yoda, outro sábio e experiente mestre da mudança, disse a

Luke Skywalker em *Guerra nas Estrelas*, "Faça ou não faça. Tentativa não há".

Muitos alunos que participaram do exercício de Bernie levaram a lição a sério e a aplicaram no mundo real. Uma editora de um prestigioso periódico internacional de negócios, que passou anos sem conseguir encontrar tempo para sua verdadeira paixão (escrever ficção), se inspirou a mergulhar em seu novo romance. Um professor de Psicologia que tinha planejado passar um ano "coletando mais informações" sobre seu tópico de pesquisa abandonou o plano e deu início a uma série de workshops para criar rapidamente o protótipo da versão final de seu trabalho. E um pesquisador de computação gráfica que vinha flertando com um projeto de tecnologia musical, que dizia "Quem sabe um dia..." passou a dizer "É *hoje*", redigindo uma proposta e se reunindo com uma fundação de desenvolvimento internacional que financia iniciativas musicais.

Apesar da resolução de mergulhar de cabeça, a grandiosidade de uma importante tarefa pode paralisá-lo, especialmente no começo. Pode ser difícil dar o primeiro passo. O escritor enfrenta a página em branco; o professor, o primeiro dia de aula; os líderes, o lançamento de um novo projeto.

A escritora de best-sellers Anne Lamott transmite essa ideia em uma história de sua infância que ela conta em seu livro *Palavra por palavra*. Seu irmão, de 10 anos de idade, tinha de fazer um trabalho sobre pássaros para a escola e só começou na noite anterior do dia de entregar a tarefa. "Estávamos na casa de praia da família na cidade costeira de Bolinas, na Califórnia, e lá estava ele, sentado à mesa da cozinha, quase chorando, cercado de folhas de papel, lápis e livros sobre pássaros, imobilizado pela enormidade da tarefa.[9] Então meu pai sentou ao seu lado, abraçou-o e disse: 'Um pássaro por vez, amigão. Faça um pássaro por vez'."

Nós dois evocamos essa expressão "um pássaro por vez" quando nos vemos diante de uma tarefa intimidadora, chegando a dizê-la em voz alta. Essas palavras nos lembram que, por mais que o abismo pareça sem fundo, podemos reduzir, dando um passo de cada vez, a lacuna entre saber e fazer.

Em outras palavras, para atingir um avanço revolucionário criativo, basta *começar*, apesar dos pequenos fracassos que você pode encontrar pelo caminho. É improvável que a sua primeira tentativa leve imediatamente ao sucesso, mas, tudo bem. É difícil ser "o melhor" logo de cara, então é mais interessante comprometer-se com melhorias rápidas e contínuas. O caos de um processo como esse, desse método de tentativa e erro, pode incomodar no começo, mas a ação permite que a maioria de nós aprenda mais rapidamente, sendo quase um pré-requisito para o sucesso. Caso contrário, o desejo de ser o melhor pode se transformar em um impeditivo para a melhora.

> É DIFÍCIL SER O "MELHOR" LOGO DE CARA, ENTÃO É MAIS INTERESSANTE COMPROMETER-SE COM MELHORIAS RÁPIDAS E CONTÍNUAS.

Aprendemos essa lição de maneira concreta quando lemos uma história no intrigante livro *Art & Fear*. Um perspicaz professor dividiu sua turma de cerâmica em dois grupos na primeira aula.[10] Ele anunciou que metade dos alunos seria avaliada em termos da *qualidade* representada por uma única peça de cerâmica até o fim do curso, expressando o auge de tudo o que eles aprenderam. A outra metade seria avaliada com base na *quantidade* produzida. Por exemplo, 25 quilos de trabalho acabado lhe renderiam a nota máxima. No decorrer do curso, os alunos do grupo da "qualidade" concentraram sua energia na criação meticulosa da peça perfeita de cerâmica, enquanto o grupo da "quantidade" não parava de criar novas peças a cada aula. E, apesar de parecer um absurdo, já dá para imaginar o resultado desse experimento: ao final do curso, todas as melhores peças foram produzidas pelos alunos cuja meta era a quantidade, aqueles que passaram a maior parte do tempo efetivamente praticando a arte.

Essa lição pode ser aplicada a uma variedade muito mais ampla de empreitadas criativas: se você quiser fazer algo fora de série, precisa começar a *fazer*. Buscar a perfeição pode acabar sendo um obstáculo nos primeiros estágios do processo criativo. Então, cuidado para não ficar preso no estágio de planejamento. Não deixe que o seu perfeccionismo interior o desacelere. Todo o planejamento detalhado, toda a procrastinação e toda conversa fiada são sinais de que estamos com medo, de que simplesmente *não nos sentimos prontos*. Queremos que tudo esteja "perfeito" antes de nos comprometer ou nos dispor a mostrar algum resultado aos outros. Essa tendência nos leva a esperar em vez de agir, a aperfeiçoar em vez de lançar.

Quando dizemos aos nossos alunos ou colegas para serem "desleixados", fazendo um experimento rápido em vez de elaborado, eles tendem a ficar incomodados no começo. Nossos colegas e alunos nos dizem que precisam se lembrar de que o início da inovação precisa ser caótico e desordenado. Mas pensar assim pode ser libertador em longo prazo. Você pode se surpreender ao verificar como o processo funciona bem (e como você se sentirá bem).

Outro comportamento que nos interrompe é a procrastinação, uma fraqueza que parece estar impregnada na condição humana. No entanto, nós nos inspiramos pelo que o autor Steven Pressfield chama de "guerra da arte" no livro de mesmo título, no qual Pressfield não explica apenas a essência da procrastinação, como também renova as nossas esperanças de vencê-la. Parte do segredo é que ele raramente usa a palavra "procrastinação", preferindo falar em termos de *Resistência*. "A maioria de nós tem duas vidas", Pressfield explica.[11] "A vida que vivemos e a vida não vivida dentro de nós. Entre as duas há a Resistência... Você já não vislumbrou, tarde da noite, a pessoa que poderia se tornar, o trabalho que poderia realizar, a pessoa realizada que você nasceu para ser? Você é um escritor que não escreve, um pintor que não pinta, um empreendedor que nunca empreendeu? Então você já sabe o que é a Resistência."

O toque de mágica de Pressfield, substituindo a palavra "procrastinação" por "resistência", vai muito além da mera semântica. Ao dar ao fenômeno um nome diferente, Pressfield redefine o inimigo. A procrastinação parece uma forma de fraqueza pessoal, mas a resistência é uma força que podemos combater. Mencionar a procrastinação é nos lembrar das nossas fraquezas, mas evocar a resistência é um grito de guerra, um obstáculo que somos impelidos a superar.

Temos dezenas de razões para justificar a não concretização dos nossos planos. Muitas tarefas são deixadas em banho-maria até evaporarem completamente. É fácil deixar que a inércia, a distração e o medo o impeçam de dar início a uma empreitada.

Perry Klebahn aconselha profissionais de negócios no programa de educação executiva da d.school: "Não se preparem, comecem!". Qual projeto, iniciativa, meta ou sonho foi frustrado pela sua resistência interna? O que você pode fazer *hoje* para começar a mudar essa situação?

CATALISADORES DE AÇÃO

Às vezes, você precisa se dar um empurrãozinho. Para vencer a propensão natural à inércia, descubra o que está impedindo-o e faça alguma coisa para derrubar o obstáculo. Veja alguns catalisadores que usamos para começar:

1. PEÇA AJUDA. Contrate alguém ou peça ajuda a um colega. Deixe que outra pessoa pense no seu problema por um tempo, divida a carga para ver se ela (ou você) consegue um caminho diferente.

2. CRIE A PRESSÃO SOCIAL. David descobriu que precisa de outra pessoa na sala para começar. Mesmo se a pessoa não der opiniões, sugestões ou ideias, ela pode proporcionar a pressão social necessária para instigar David à ação, o primeiro passo para realizar alguma coisa. Por exemplo, um personal trainer ajuda a motivar David a ir à academia. Mesmo quando não está com muita vontade, ele vai à academia porque se comprometeu com seu treinador.

3. ENCONTRE UMA PLATEIA. Encontre um bom ouvinte para tirar a ideia da sua cabeça e levá-la ao mundo real. Converse sobre suas ideias para começar a pôr suas energias criativas em funcionamento. E, se a sua plateia puder lhe dar um feedback ou instigar novas ideias, melhor ainda!

4. FAÇA UM PÉSSIMO TRABALHO. Pare de criticar o seu desempenho e simplesmente faça alguma coisa. Com os anos, descobrimos que uma boa maneira de progredir no início de um projeto de inovação é começar por um "anúncio ruim", ou seja, um anúncio rápido, e até piegas, descrevendo o produto finalizado.

> **5. REDUZA A APOSTA.** Se você acha que o problema que está tentando solucionar é tão importante que parece que tudo depende dele, reduza sua importância. Pensar no lugar perfeito para realizar o próximo retiro da sua equipe pode paralisá-lo em virtude da indecisão. Mas, se você simplesmente fizer uma lista de uns dez locais possíveis, pode encontrar o local "perfeito" rapidamente.

USE AS RESTRIÇÕES PARA IMPULSIONAR A AÇÃO CRIATIVA

Apesar de "restrição criativa" poder soar como um paradoxo, uma boa maneira de impulsionar a ação criativa é restringi-la. Se tiver escolha, a maioria de nós naturalmente preferiria uma verba um pouco maior, uma equipe um pouco mais numerosa, um pouco mais de tempo... mas as restrições podem instigar a criatividade e incitar a ação... desde que você tenha a confiança necessária para recebê-las de braços abertos.

As restrições podem instigar a criatividade e incitar a ação, desde que você tenha a confiança necessária para recebê-las de braços abertos.

Quando conversamos com executivos sobre a implementação de novos processos de inovação na organização deles, eles em geral parecem não saber por onde começar. No entanto, se perguntarmos o que eles conseguiriam fazer em uma semana com uma verba apertada, você se surpreenderia com as excelentes ideias que acabam tendo. Depois de um workshop de educação executiva, um vice-presidente da Fidelity Investments nos contou que tentaria impor um prazo ridiculamente apertado em seu próximo projeto para abrir a cabeça das pessoas e forçar uma rápida iteração.[12] A reunião de lançamento do projeto de seis meses seria na próxima segunda-feira. No cronograma convencional para criar uma nova oferta na web para um cliente, a equipe dele teria mais ou menos dois meses de planejamento, dois meses para o wireframe (a definição dos layouts de página básicos, a navegação, a funcionalidade etc.) e dois meses para preparar uma versão pronta para o cliente. Dessa vez seria diferente. "Na reunião de segunda-feira", ele disse, "direi à minha equipe que temos *hoje* para fazer o projeto inteiro". No fim do dia, ele planejava dar à equipe "extensões de prazo" de uma semana e, depois, de um mês. Ele acreditava que, se a equipe passasse mais tempo realizando iterações de várias ideias em vez de tentar planejar a ideia perfeita, o produto acabado seria mais robusto e mais inovador.

Algumas condições restritivas podem instigar a criatividade em vez de contê-la. Quanto tempo Akshay e Ankit teriam levado para lançar um produto sem o prazo "impossível" de dez semanas imposto pelo curso? John Keefe deu a si mesmo apenas um dia, o que o forçou a combinar soluções incompletas, usando serviços e ferramentas que já existiam para dar conta do recado. E as restrições também podem ser úteis para reestruturar os desafios, como vimos no capítulo anterior.

Francis Ford Coppola, famoso diretor tanto de grandes sucessos populares como *O poderoso chefão* quanto de filmes independentes espartanos, conhece bem os benefícios das restrições.[13] "Quanto menor for a verba para o meu filme, mais riscos eu posso correr", Coppola explicou quando Tom e ele se encontraram por acaso em Buenos Aires. Ele descreveu um recente projeto cinematográfico enxuto e de baixo orçamento que gerou uma enorme energia criativa em sua equipe de produção. Durante um set de filmagens ambientado em Malta, o roteiro exigia um táxi com o volante do lado direito (porque lá eles dirigem na mão inversa). No entanto, Coppola filmava na Romênia, onde todos os táxis disponíveis tinham a direção no lado esquerdo. Em um filme de alto orçamento, ele teria simplesmente mandado trazer um táxi da Grã-Bretanha, mas um entusiasmado diretor bancando o próprio filme precisa ser mais criativo que isso. Coppola pediu que a equipe de maquiagem dividisse o cabelo dos atores do lado contrário para aquele dia de filmagem e pediu à equipe de objetos cênicos que fizesse as placas e o indicador iluminado superior com os dizeres ao contrário. Eles filmaram a cena toda e, posteriormente, só inverteram a imagem. Duvidamos que algum cinéfilo tenha notado esse "efeito especial" sagaz (e de baixíssimo custo).

Assim, usando a máxima do arquiteto Mies van der Rohe: "Menos é mais". Quais restrições tornariam o seu trabalho "impossível"? Você conseguiria usar essas restrições como uma fonte de licença criativa, uma permissão de pensar de um jeito diferente?

Veja algumas maneiras de usar as restrições para mergulhar na ação:[14]

1. **RESOLVA UMA PARTE "EXEQUÍVEL" DO PROBLEMA.** Para começar, volte-se à parte mais fácil primeiro. Uma técnica que utilizamos para encontrar a parte fácil de um desafio é o que chamamos de "votação por restrição". Ao final de uma sessão de idealização ou brainstorming, podemos ter centenas de ideias representadas em post-its cobrindo a parede toda. Em vez de simplesmente votar pelos nossos favoritos (o que normalmente se faz colando um círculo colorido nos post-its que os representam), podemos concentrar nossa atenção nas partes menores. Por exemplo, o líder do projeto diria: "Colem um círculo nas ideias que vocês conseguiriam explorar nas próximas duas horas" ou "Escolham ideias que vocês poderiam prototipar até o fim da semana". Dessa forma, restringimos as nossas opções analisando como podemos progredir *agora*.

2. **REDUZA A META.** Acabar com a fome no mundo é uma meta ambiciosa demais. Defina metas menores e mais viáveis. Trabalhe em alguma iniciativa de distribuição de alimentos para os mais humildes de sua comunidade local. Patrocine uma criança no Camboja. Reduza o escopo até conseguir ver um jeito de começar.

3. **ESTABELEÇA UM MARCO (E VINCULE-O A UM CONTRATO SOCIAL).** Quando trabalhamos em um longo projeto de inovação, é sempre interessante incorporar uma série de sessões de verificação, avaliações por colegas e marcos intermediários para impor um ritmo (que chamamos de "batidas") às atividades. As equipes de projeto tendem a ser tomadas por uma onda de entusiasmo e produtividade sempre que têm um prazo se aproximando. Então, em vez de definir um grande prazo final, incorpore o maior número possível de

"miniprazos" para manter a alta energia da equipe ao longo de todo o processo. Arriscamos perder o foco no meio de um projeto de três meses, mas, se você agendar uma conversa telefônica toda terça-feira com seus colegas ou uma rápida apresentação toda sexta-feira com o cliente ou tomador de decisão, terá mais de 20 picos de intensidade em vez de apenas um. Assim, se você estiver trabalhando em uma grande apresentação, agende um ensaio com a sua equipe algumas semanas antes. Esse ensaio revelará o que está e o que não está dando certo. Em seguida, agende um segundo ensaio na semana da apresentação.

FAÇA EXPERIMENTOS PARA APRENDER

Qual é a melhor maneira de avançar na direção da sua meta? Pela nossa experiência, é criando um protótipo, um modelo preliminar funcional que passou a ser uma ferramenta central para os design thinkers. Se você comparecer a uma reunião com um protótipo interessante enquanto os outros só trazem um laptop ou um bloco de notas, não se surpreenda quando a reunião toda se concentrar nas *suas* ideias.

A razão para a prototipagem é a experimentação, já que o ato de criar o força a questionar e fazer escolhas, além de lhe dar algo que você pode mostrar e sobre o qual poderá conversar com as pessoas.[15] Construímos muitos protótipos físicos, mas um protótipo não passa de uma corporificação da sua ideia. Pode ser uma série de post-its para simular a interface de um app, como Akshay e Ankit fizeram quando começaram a desenvolver o Pulse. Pode ser um esquete teatral representando uma experiência de serviço, como um atendimento no pronto-socorro de um hospital. Ou pode ser uma rápida versão de um anúncio descrevendo um produto, serviço ou atributo que ainda não existe.

Os fracassos são inevitáveis, de modo que é preciso procurar incansavelmente novas maneiras inteligentes de criar experimentos de baixo custo. Os melhores tipos de fracassos são *rápidos*, *baratos* e ocorrem *assim que possível*, deixando tempo e recursos suficientes para aprender com o experimento e iterar as ideias. A prototipagem envolve a arte de decidir o que criar e até que ponto o protótipo será pouco aprimorado. Se você quiser testar se o fluxo de um software faz sentido, pode precisar só de alguns wireframes (esboços rápidos de layouts de tela feitos à mão) simples para representar cada passo. Mas, se quiser conhecer os sentimentos evocados por uma experiência, pode ser mais importante criar um screenshot com a estilização certa. Eric Ries, autor de *A startup enxuta*, chama um protótipo como esse de um produto minimamente viável, ou PMV, representando o mínimo esforço necessário para fazer um experimento e obter feedback.[16]

Vários anos atrás, uma equipe da IDEO estava no processo de criar novos recursos eletrônicos para uma empresa europeia de carros de luxo. A fabricante planejava incorporar as novas tecnologias à chave e ao carro, e a equipe queria demonstrar como seria a experiência melhorada do usuário. Para começar, a equipe filmou uma pessoa dirigindo um modelo existente do carro fingindo interagir com a nova tecnologia incorporada ao automóvel. Depois, usando uma combinação de rápidos objetos cênicos físicos e simples efeitos digitais, eles deram vida aos novos recursos. O clipe de vídeo finalizado simulava a aparência e a funcionalidade de um painel de controle futurístico, com novos displays digitais e interações.

O resultado ficou muito longe da sofisticada magia dos efeitos especiais criada pela premiada Industrial Light & Magic, de George Lucas, mas só levou uma semana para ser criado e conseguiu representar a visão da equipe bem o suficiente para os executivos da fabricante decidirem se era isso mesmo que queriam. "Adorei a ideia", um deles disse, referindo-se não aos novos recursos, mas ao processo usado para testá-los. "Da última vez que fizemos algo parecido, incorporamos um sistema completo a um painel de controle, gastamos muitos meses e quase um milhão de dólares e só então filmamos. Vocês pularam esse passo e foram direto ao vídeo", ele disse, rindo.

Além de acelerar o processo de experimentação, fica mais fácil jogar os protótipos no lixo quando eles acabam em fracasso. A criatividade requer explorar muitas ideias e, quanto mais você investe no seu protótipo e quanto mais ele for "bem acabado", mas difícil fica abrir mão de um conceito que não está dando certo.

A prototipagem rápida e barata também possibilita manter diversos conceitos vivos por mais tempo. Assim, em vez de fazer uma grande aposta em uma única abordagem com base no seu instinto (ou no que o seu chefe diz), você pode desenvolver e testar várias ideias. Quando finalmente escolher uma direção, você estará tomando uma decisão mais embasada, aumentando suas chances de sucesso no final.

Diversas alternativas também encorajam um feedback melhor e mais sincero em relação às suas ideias. Se você chegar com apenas um protótipo, estará restringindo as opções. Com vários protótipos, é possível ter uma conversa mais franca sobre os pontos fortes e fracos relativos de cada um.

O PROTÓTIPO DE UMA HORA

As pessoas deixam passar ideias potencialmente boas todos os dias. Podemos presumir que levaria tempo demais ou daria muito trabalho concretizar a ideia. Ou podemos não conseguir convencer o nosso chefe ou os stakeholders mais importantes só com palavras. Os experimentos são uma maneira de reduzir as expectativas para tentar uma ideia. E, quanto mais rápido for o experimento, mas chances você tem de tentar.

Agora sabemos que um protótipo pode ser rápido, mas até que ponto? O tempo pode ser muito curto e cada minuto pode fazer uma grande diferença. Não muito tempo atrás, o inventor de brinquedos Adam Skaates e a especialista em jogos Coe Leta Stafford estavam na metade de um projeto com a Sesame Workshop para desenvolver o Elmo's Monster Maker, um app de iPhone onde crianças podem criar um amigo monstro.[17] Eles tiveram uma ideia para incluir um novo minijogo de dança no qual as crianças poderiam fazer o Elmo dar diferentes passos de dança em sincronia com uma música simples. Os dois se entusiasmaram com a ideia, mas o resto da equipe não se convenceu e o recurso corria o risco de não ser incluído no produto final.

Uma hora antes da conferência telefônica com a Sesame Workshop, Adam e Coe Leta decidiram criar um protótipo do minijogo com os materiais que tivessem à mão. Trabalhando rapidamente, Adam imprimiu uma imagem ampliada de seu iPhone, a colou em uma superfície de espuma e recortou uma janela retangular onde seria a tela. Depois, ele se posicionou atrás do "celular", com seu corpo aparecendo na "tela" e Coe Leta ligou seu laptop na frente do protótipo rudimentar, com a webcam apontada para Adam. Configurando a câmera para gravar, ela moveu a mão pela cena, usando o dedo para simular como as crianças interagiriam com o app, como tocar Adam no nariz para fazê-lo começar a dançar. Do ponto de vista da webcam, o iPhone parecia quase real e Adam dançou e reagiu como imaginava que Elmo faria. Uma única tomada, uma rápida edição e o clipe de vídeo foi enviado aos membros da equipe da Sesame Workshop alguns poucos minutos antes da conferência telefônica.

Protótipo de um app de iPhone, gravado pela webcam.

O rápido vídeo de Adam e Coe Leta foi divertido e simpático e muito mais convincente que uma mera descrição da ideia, endossando a Lei de Boyle (lei batizada em homenagem a Dennis Boyle, um mestre dos protótipos da IDEO):[18] nunca vá a uma reunião sem um protótipo. Se você baixar o Elmo's Monster Maker na loja do iTunes, verá o recurso que eles prototiparam em uma hora naquela manhã. Ao agir rapidamente, eles conquistaram a equipe com sua ideia criativa.

Uma visão dos bastidores revela o segredo da criação desse protótipo rápido utilizando pouca tecnologia.

DICAS PARA FAZER VÍDEOS RÁPIDOS[19]

Nossa equipe da Toy Lab da IDEO é uma prolífica produtora de vídeos rápidos, tanto para a prototipagem quanto para o storytelling. Eles usam esses vídeos para explicar novas invenções a fabricantes de brinquedos do mundo todo. Nos últimos 20 anos, Brendan Boyle, o fundador da Toy Lab, aprendeu que, para ser convincente, um vídeo não precisa ser um produto de alto custo e que leva muito tempo para ser produzido. Um clipe de vídeo engenhoso e envolvente pode compensar o baixo custo da produção com autenticidade.

Veja sete dicas da Toy Lab para criar um protótipo em vídeo fora de série:

1. **BASEIE-SE EM UM ROTEIRO.** Não tente improvisar. Slogans memoráveis pegam porque as palavras foram meticulosamente escolhidas. Um roteiro bem editado poupará tempo no final e garantirá que todos os elementos importantes da história sejam incluídos.

2. **USE A NARRAÇÃO.** Para um vídeo de ritmo acelerado, a narração é a maneira mais rápida de esclarecer ou contextualizar a história. As narrações também agilizam a edição, porque costuma ser mais fácil incluir o vídeo em um áudio falado do que o contrário.

3. **ORGANIZE-SE COM UMA LISTA DE PLANOS DE FILMA-GEM.** Pondere cada plano que você quer incluir no seu vídeo: close-ups, planos gerais, imagens estáticas e assim por diante. Faça uma lista e use-a nas filmagens para não se esquecer de nada.

4. **ATENÇÃO À ILUMINAÇÃO E AO SOM.** Vale a pena investir qualquer dinheiro que tiver sobrando em uma iluminação decente e um microfone remoto, o que diferencia o resultado de um vídeo caseiro qualquer.

5. **NÃO SE ESQUEÇA DO RITMO VISUAL.** Estilos e ângulos de câmera variados podem ajudar a manter o ritmo do vídeo. Não mantenha uma posição de câmera por tempo demais; uma tomada pode perder a graça depois de alguns segundos (a não ser que a cena seja muito importante).

6. **PEÇA FEEDBACK LOGO DE CARA.** Mostre edições grosseiras a pessoas que desconhecem o conteúdo. Observe o que elas notam e o que não entendem. Peça para que apontem as partes confusas. Peça também um feedback mais geral: as pessoas estão entendendo a mensagem? Para verificar isso, peça para elas resumirem o vídeo em uma frase.

7. **QUANTO MAIS CURTO, MELHOR!** Pense no seu vídeo como uma tentativa de vender rapidamente a sua ideia no elevador em vez de um longo documentário. Muitos dos melhore comerciais só duram 30 segundos. Se o seu vídeo for mais longo que dois minutos, você corre o risco de ter uma plateia impaciente. Se não estiver conseguindo achar o que cortar, tente assistir ao vídeo dez vezes em seguida.

CRIE O PROTÓTIPO DE UMA EXPERIÊNCIA

Os bons protótipos contam uma história e, se você conseguir fazer com que o seu público participe dessa história, o protótipo pode ser ainda mais persuasivo. Vejamos, por exemplo, a nossa colaboração com a Walgreens, a maior rede de farmácias da América.[20] Com a missão de repensar o papel das farmácias no século 21, a equipe começou com conceitos para fazer da Walgreens uma fonte mais confiável de orientação e apoio em questões relacionadas à saúde e ao bem-estar. Uma parte do processo se concentrou em tirar os atendentes de trás do balcão para que eles fossem mais acessíveis aos clientes.

Um protótipo de espuma de um novo layout para uma farmácia da rede Walgreens deu vida ao conceito.

Para conquistar apoio interno ao conceito, a equipe construiu um ambicioso protótipo em tamanho real feito de espuma. Centenas de painéis brancos foram cortados e colados em uma representação tridimensional simplificada do layout proposto para a loja. Ocupando um andar inteiro de um prédio, o protótipo mostrava o espaço redesenhado e, ao mesmo tempo, criava um cenário para que os membros da equipe encenassem os novos papéis dos atendentes. "O protótipo deu uma enorme tangibilidade à nova visão da experiência do cliente", conta uma designer do projeto. "Transitar pelo espaço deixou bem claro a diferença de tirar o atendente do balcão." Por apenas uma fração do custo de um modelo completo, o protótipo angariou o consenso sobre uma ideia que, de outra forma, teria se deparado com resistência, e conquistou o apoio executivo crucial que impulsionou o conceito até sua implementação.

No novo formato de loja "saúde e vida" da Walgreens, estudos internos mostraram que os atendentes quadruplicaram o número de orientações aos clientes.[21] Aquele protótipo intermediário em tamanho real foi uma ferramenta crucial para transformar o conceito em uma realidade que, três anos depois, foi incorporada a mais de 200 lojas da Walgreens. E a revista *Fast Company* nomeou a Walgreens uma das empresas de saúde mais inovadoras dos Estados

Unidos (por dois anos consecutivos), em parte devido a soluções criativas como essa.[22]

CRIE UM STORYBOARD PARA UM SERVIÇO[23]

Enquanto os novos produtos podem ser prototipados utilizando equipamentos ou impressoras 3D, os novos serviços são prototipados com outros métodos. Uma abordagem simples é criar o tipo de storyboard tradicionalmente usado por produtores de filmes de Hollywood e animadores da Pixar para delinear o fluxo de uma cena. Cada passo de um atendimento e cada elemento da experiência do cliente são retratados com uma série de quadros (como numa história em quadrinhos), mostrando as ações e os diálogos. Não é preciso saber desenhar para isso (simples bonecos de palito já bastam). O objetivo é simplesmente ponderar os passos e começar a dar corpo à sua ideia ou experiência, tornando-a tangível. Veja algumas dicas para criar um storyboard para o seu novo conceito.

- Concentre-se em escolher um cenário específico para prototipar ou uma experiência para delinear.

- Registre cada momento-chave com um rápido esboço e legenda. Costumamos usar post-its individuais
  ou folhas de papel para cada quadro do storyboard.
  Folhas separadas facilitam mudar a ordem dos passos
  ou incluir e excluir passos. Tente não passar mais de
  meia hora no seu storyboard.

- Quando tiver um primeiro esboço, anote três perguntas que o storyboard levanta sobre a sua ideia.[24]
  Relacione quaisquer novas questões que surgirem e
  identifique elementos da experiência que ainda não
  foram resolvidos.

- Mostre o seu storyboard a algumas pessoas observando as reações não verbais e ouvindo com atenção
  o que elas acharam. Use o feedback para refinar a sua
  ideia de serviço (e o seu storytelling).

ENTRE NA ONDA DA EXPERIMENTAÇÃO

Um dos "ingredientes secretos" de uma cultura de experimentação
é levar a sua equipe a suspender a crítica por tempo suficiente para
possibilitar a evolução de uma ideia. Algumas das ideias mais malucas (que chamamos de "conceitos sacrificatórios") podem nos levar
a valiosas soluções. Se você suprimir aquelas ideias aparentemente
impraticáveis, criticando-as cedo demais, pode sem querer paralisar
todo um processo que poderia levar a uma inovação prática.

Vejamos um exemplo de como a abertura à experimentação levou
recentemente a uma inovação revolucionária na Air New Zealand.
Devido à sua localização relativamente isolada no Hemisfério Sul, a
companhia aérea opera alguns voos bastante longos (inclusive uma
jornada de 24 horas de Auckland a Londres, com uma parada para
abastecimento em Los Angeles). E, se você já passou algumas horas na
classe econômica, sabe que muito pode ser melhorado na experiência.
No entanto, as companhias aéreas ficaram um bom tempo presas no
statu quo, equilibrando a satisfação do cliente com fatores como custo
do voo, peso e faturamento por passageiro. "Com os voos mais longos

do mundo, tínhamos mais obrigação do que qualquer outra companhia aérea de oferecer mais aos nossos passageiros", conta Ed Sims, diretor geral do grupo de voos internacionais da Air New Zealand.[25] "Corríamos o risco de nos limitar a fazer o benchmarking em relação aos concorrentes e nos contentar com pequenos ajustes."

Assim, Rob Fyfe, CEO da Air New Zealand, estimulou sua equipe a repensar a experiência do cliente nos voos mais longos, inclusive os assentos. Ele deixou claro que uma cultura operacional avessa ao risco não deveria impedir a experimentação dos fatores comerciais e de produto do negócio: "Não vejo problema com um ou outro erro a caminho de encontrar novas oportunidades e ideias", diz Fyfe.[26]

Munidos de carta branca para exercitar sua criatividade, os gestores da Air New Zealand uniram forças com a nossa equipe em um workshop de *design thinking* com a intenção de gerar ideias revolucionárias. Eles tiveram o brainstorming e criaram protótipos para uma dúzia de conceitos não convencionais (e alguns aparentemente impraticáveis), inclusive arreios para manter as pessoas de pé, grupos de assentos voltados uns aos outros ao redor de uma mesa e até redes de dormir. Como todos participaram ativamente no processo, ninguém teve medo de ser criticado. "Foi liberador trabalhar com cartolina, poliestireno e papel para montar protótipos de conceitos de assento", contou Sims.[27] Um conceito desenvolvido pela equipe foi incluir beliches para os passageiros dormirem. Apesar de a ideia inicialmente soar promissora, a prototipagem revelou a possibilidade de momentos embaraçosos e humilhantes sempre que um passageiro subia na parte superior do beliche.

Mantendo-se abertos a ideias malucas e questionando premissas, eles desenvolveram o Skycouch, uma solução enganosamente simples para uma grande fonte de desconforto para os passageiros: a impossibilidade de deitar-se na classe econômica. Apesar de ser inevitável que assentos reclináveis ocupem mais espaço (como acontece nas cabines de classe executiva por todo o mundo), a Air New Zealand contestou essa crença dominante com o Skycouch. Os assentos incluem uma parte com um acolchoamento reforçado que pode ser levantada como um apoio de pés, transformando uma fileira de três assentos em uma plataforma parecida com um futon, na qual um casal pode se deitar juntos. Os observadores do setor começaram a se referir à configuração dos novos assentos como a "classe de dormir juntinhos".

A Air New Zealand correu alguns riscos ao desenvolver os próprios assentos customizados e adotar uma abordagem experimental tão ousada, mas o empenho se pagou. O design rendeu um grande destaque à empresa, como o prêmio Innovation & Design da *Condé Nast Traveler* e a nomeação à Companhia Aérea do Ano pela *Air Transport World*.

LANÇAR PARA APRENDER[28]

Uma vez que você se abre para a ideia de mergulhar na ação, pequenos experimentos se transformam em uma importante fonte de novos conhecimentos e insights. Empresas bem-sucedidas de todos os portes usam a experimentação para se manter à frente de tendências desestabilizadoras e liderar as mudanças no mercado. É uma maneira de testar rapidamente questões relativas a tudo, desde detalhes de design até novos modelos de negócio.

Tradicionalmente, no mundo dos negócios, os experimentos eram conduzidos internamente e de portas fechadas, mas hoje, as empresas inovadoras "lançam para aprender" no mercado. Em vez de esperar pela conclusão de um ciclo de desenvolvimento, lançar rapidamente a oferta constitui um bom modo de testar e ganhar insights que podem ser incorporados ao produto ou serviço à medida que você continua com o processo de iteração.

Muitas startups já adaptaram esse modelo. Eternamente em beta e trabalhando em novos lançamentos, eles desenvolvem um pouco o design, implementam, lançam e incorporam rapidamente as correções antes de lançar novamente. Quando descobrem que algo não está dando certo, eles fazem ajustes o mais rápido possível. Lançando uma série de pequenos experimentos para aprender, eles evitam o risco de passar anos aperfeiçoando um produto... só para descobrir que ninguém o quer. Incluindo mais iteração no seu ciclo de P&D corporativo, é possível continuar aprendendo e inovando mesmo depois de lançar um produto no mercado.

A Kickstarter, uma plataforma revolucionária de levantamento de fundos para projetos criativos, se transformou em uma maneira popular de lançar para aprender. Possibilitando que os empreendedores testem a viabilidade de mercado de sua ideia ainda no estágio inicial, a plataforma ajuda a responder a pergunta "Se eu fizer isso, eles virão?". Os criadores publicam uma proposta para pedir financiamento e pessoas do mundo todo se comprometem a dar apoio financeiro. Se a meta de financiamento for atingida até um prazo predeterminado, o empreendimento é financiado. Caso contrário, os investidores mantêm o dinheiro e os aspirantes a empreendedor são forçados a tentar outros caminhos. Nos quatro primeiros anos de operação, a Kickstarter ajudou a levantar, por meio da colaboração em massa, quase meio bilhão de dólares para financiar mais de 35 mil projetos criativos.[29] E os votos de confiança dos investidores da Kickstarter não apenas promovem o apoio financeiro, como também ajudam os empreendedores a verificar se suas novas ideias realmente têm demanda antes de mergulhar de cabeça na empreitada.

Com criatividade, você pode usar muitas maneiras diferentes de lançar para aprender. Por exemplo, a Zynga, desenvolvedora de video games sociais, usa uma técnica que chama de "testes em guetos" para estimar a demanda por novos conceitos de jogos.[30] Antes mesmo de escrever uma única linha de código, a empresa divulga um teaser do jogo em um website popular e monitora o número de clientes potenciais que clicam no anúncio. De forma similar, alguns dias depois que a Amazon anunciou um recurso de empréstimo dos livros Kindle, uma empreendedora gerente de produto da Grã-Bretanha abriu um grupo no Facebook para sondar o interesse em conectar donos de livros com pessoas interessadas em pegar os livros emprestados.[31] Quando mais de 400 membros manifestaram interesse, ela se sentiu confiante o suficiente para criar o próprio site de empréstimos, lançado apenas duas semanas mais tarde: o atual Booklending.com.

Como recomenda Tom Hulme, diretor de design da IDEO, "Lance a sua ideia no mundo antes de ela estar pronta".[32] O teste de mercado no mundo real (mesmo quando você sabe que ainda há o que desenvolver) pode ser uma valiosíssima fonte de insights.

CRIE A AÇÃO CONTAGIANTE

Pequenas mudanças podem acabar se acumulando para gerar um grande impacto. Começar pequeno o leva de um estado de repouso a um estado de movimento e você começa a ganhar ímpeto para os grandes desafios adiante.

O "Creating Infectious Action" (algo como "criando uma ação contagiante") foi um dinâmico curso da d.school que convidava os alunos a transformar uma ideia em um fenômeno viral, ou literalmente lançar um movimento. Apesar de a proposta poder soar intimidadora, com alguma orientação e algumas poucas ferramentas de *design thinking*, os alunos foram capazes de realizar protótipos de tudo, desde campanhas populares de marketing até negócios inteiros. Eles se surpreenderam (e por vezes também nos surpreenderam) ao perceber quanto impacto suas ideias podiam gerar.

David Hughes, um ex-capitão do exército que pilotou helicópteros de combate no Iraque e no Afeganistão, nos contou a história de um desses projetos. Buscando reduzir o consumo de gasolina, ele e um grupo de estudantes lançaram uma iniciativa para transformar o centro de Palo Alto em uma área comercial de pedestres.[33] O trecho de oito quarteirões de lojas e restaurantes da University Avenue costuma ficar tão congestionado que os motoristas desligam o motor do carro enquanto os pedestres os ultrapassam na calçada. Criando histórias chamativas e alavancando suas redes sociais (por exemplo, pedindo a professores com blogs populares que escrevessem sobre o conceito), os alunos viram a ideia da zona comercial de pedestres se espalhar rapidamente.

Em duas semanas, mais de 1.700 pessoas já tinham assinado a petição ou entrado no grupo do Facebook criado para apoiar a iniciativa. A equipe recebeu o apoio do ex-prefeito de Palo Alto e os comerciantes colaram adesivos nas janelas. Em pouco tempo, os alunos foram convidados a apresentar a ideia à câmara municipal. A ideia nunca chegou a ser implementada, mas a equipe foi muito mais longe do que imaginava, considerando as restrições de um projeto de um mês.

Na qualidade de um profissional orientado às operações que nunca se considerou uma pessoa criativa, Hughes se inspirou ao ver o poder da equipe de afetar opiniões e comportamentos. Atualmente,

Hughes é professor na West Point. Ele nos contou: "Eu achava que só uma pessoa de alto escalão, como um general, tinha o poder de fazer qualquer coisa acontecer numa empresa ou no exército. Mas você só precisa começar um movimento".

CHEGUE AO SUCESSO PASSANDO DE UM EXPERIMENTO A OUTRO

Não importa se os seus recursos são abundantes ou escassos, a experimentação pode ajudar a alimentar o fogo da inovação. Espera-se que os experimentos, pela própria definição, tenham um índice de fracasso elevado. No entanto, se você transformar a atitude tradicional do tipo "o fracasso não é uma opção" em uma série de pequenos experimentos, pode até aumentar suas chances de sucesso em longo prazo.

Muitos anos atrás, nosso parceiro estratégico de longa data, Jim Hackett, queria fazer uma mudança. Jim é CEO da Steelcase e um dia observou sua equipe sênior que, apesar de serem os maiores produtores do mundo de móveis modulares de escritório (que Dilbert chamava de "cubículos"), todos os líderes do alto escalão da empresa trabalhavam em escritórios convencionais, emparedados e com portas. Jim poderia ter imposto um rompimento dramático com as tradições dizendo: "A partir de agora o escritório todo será aberto". Na maioria das organizações, uma mudança unilateral como essa teria se deparado com uma feroz resistência enquanto os executivos, um de cada vez, pediriam uma reunião privada para expressar suas objeções. Entretanto, Jim é um líder nato e, em vez de fazer isso, ele propôs um experimento. Ele sugeriu que, por seis meses, toda a equipe tentasse se mudar a uma Comunidade de Liderança aberta, equipada com que havia de mais moderno em tecnologia e mobiliário de escritório. "Não quero enrolação", Jim disse. "Quero que vocês tentem de verdade. E, depois de seis meses, prometo que, se alguma coisa não estiver dando certo, nós a melhoremos." Jim é um líder extremamente íntegro e ninguém duvidou da palavra dele. Quem poderia se recu-

> A EXPERIMENTAÇÃO PODE AJUDAR A ALIMENTAR O FOGO DA INOVAÇÃO.

sar a participar por apenas seis meses? Sabendo que haveria alguns tropeços pelo caminho, eles confiaram na promessa de Jim de que qualquer problema seria resolvido. O resultado foi um ambiente dinâmico para a equipe e uma vitrine para exibir a eficácia das soluções da empresa aos visitantes. Dezenove anos mais tarde, Jim Hackett e sua equipe ainda estão fazendo ajustes no "experimento", mas a Comunidade de Liderança aberta da Steelcase continua firme e forte.[34] Pergunte aos membros da equipe executiva hoje e eles lhe dirão que adoram a ideia e não pensariam em voltar às salas tradicionais.

Moral da história: tente reestruturar as suas mudanças na forma de experimentos para melhorar a receptividade e reforçar a confiança criativa. Alguns experimentos fracassarão (e é por isso que falamos em "tentativa e erro"), mas muitos deles, protegidos pelo guarda-chuva não ameaçador da experimentação, podem aumentar suas chances de sucesso.

FAÇA A SUA PRÓPRIA NOTÍCIA

Quando acredita na própria capacidade criativa, você se sente capaz de agir, a se tornar um agente da mudança no trabalho, em casa ou no mundo em geral. Refletindo sobre a criação do Pulse News e a jornada para a confiança criativa, Akshay menciona sua predisposição à ação como um fator fundamental para ter ideias melhores e mais inovadoras. "O pessoal analítico normalmente não tem essa predisposição à ação, inclusive eu, no passado", ele conta.[35] "Se eu tinha uma ideia, ficava matutando na cabeça, poderia até falar com alguém, mas não faria nada a respeito. Agora o mais natural para mim é ter uma ideia e construir imediatamente um protótipo, em 30 minutos, quatro horas ou uma semana. Se me empolgo com alguma coisa, vou em frente e faço."

Então, não espere que as circunstâncias decidam o seu destino. Aja e influencie as ações alheias. Como um dos nossos jornalistas de rádio preferidos, "Scoop" Nisker, costumava dizer ao final de suas transmissões: "Se você não gosta das notícias... faça a sua própria notícia".

CAPÍTULO 5

A BUSCA:
DO DEVER À PAIXÃO

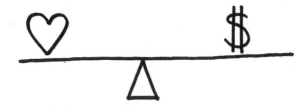

Qualquer pessoa que já tenha trabalhado diretamente com David provavelmente já o viu rabiscando este desenho estupidamente simples: um balanço, com um coração de um lado e um cifrão do outro. Essa tensão entre o coração e o dinheiro ilustra um grande tema da nossa vida. Para nós, o coração representa a humanidade, na forma da paixão pessoal ou da cultura da empresa ou, em outras palavras, felicidade e bem-estar emocional. O cifrão representa os ganhos financeiros ou as decisões de negócio que pagam as contas e o salário dos empregados. O balanço é um lembrete de que devemos fazer uma pausa e levar em consideração os dois aspectos ao tomar decisões, especialmente no que diz respeito a oportunidades de carreira que podem parecer boas, mas que dão uma sensação ruim.

Na época que Tom era um consultor de gestão empresarial, ele comentou com uma amiga assistente social que achava triste ele ser tão bem pago pela consultoria enquanto a profissão dela pagava tão pouco. Sem hesitar, ela disse: "É porque as pessoas só topam trabalhar em consultoria de gestão se ganharem muito, enquanto eu faria meu trabalho social de graça se pudesse". Para ela, o coração pesava mais que o cifrão.

No fim das contas, Tom acabou deixando a consultoria de gestão para ir trabalhar com David na IDEO, escolhendo seguir o coração.

Alguns anos mais tarde, Tom recebeu uma ligação desesperada de seu antigo chefe, o carismático diretor de práticas de transportes da empresa. Eles tinham acabado de fechar o contrato de um enorme projeto de consultoria em uma companhia aérea global, mas um importante empregado deles tinha pedido demissão inesperadamente. Eles corriam o risco de perder milhões em receita se não encontrassem um substituto qualificado... e rápido.

"Quanto eles estão pagando para você naquela empresinha de design?", o ex-chefe de Tom perguntou, pressupondo que o dinheiro era o maior incentivo que ele podia oferecer. Quando Tom revelou o quanto ganhava, seu ex-chefe ofereceu um pacote financeiro que triplicaria o montante.

Nós dois passamos horas olhando fixamente para o balanço do coração/cifrão, conversando sobre o que queríamos da vida. A oportunidade de trabalharmos juntos em desafios interessantes nos atraía enormemente, mas, para Tom, parecia temerário recusar tanto dinheiro. Por um lado, o ganho financeiro de curto prazo seria excelente. Por outro lado, ele adorava trabalhar com o irmão e achava que o trabalho que eles desenvolviam na IDEO era o mais envolvente de sua vida. Levou alguns dias para Tom retornar a ligação do ex-chefe e recusar a oferta. Mas foi o que ele fez.

David também tendeu a orientar sua carreira por decisões que otimizavam o coração e não o dinheiro. Ele deu as costas à próspera empresa de capital de risco que fundou, rejeitou generosas ofertas de opções sobre ações e recusou a chance de uma lucrativa IPO (oferta pública inicial de ações). Enquanto isso, ele encontrou uma enorme gratificação interior ajudando alunos, clientes e colegas a desenvolver a confiança criativa.

Não é fácil se equilibrar no balanço do coração e do cifrão. A sociedade valoriza muito a abundância e os privilégios que acompanham a riqueza, mas, se você for como nós, provavelmente conhece pessoas que escolheram o dinheiro e hoje se sentem infelizes ou aprisionadas. Como a analista de um prestigioso banco de investimento de Manhattan que se apega ao emprego, ignorando todo o estresse que está acabando com a saúde dela. Como o jovem que acabou de tirar seu MBA e conseguiu um emprego na área de TI em uma empresa que ele considerava uma das mais respeitadas do mundo, mas que acabou se desiludindo ao perceber que estava perdendo muitas oportunidades de viver a vida. Ou o advogado que passa os fins de semana trabalhando para ganhar mais dinheiro em vez de curtir a família e os amigos. É por isso que, quando precisamos escolher entre dinheiro e coração, acreditamos que faz sentido levar os dois lados em consideração. Sempre será mais fácil mensurar o dinheiro, e é por isso que avaliar o valor do coração requer um esforço maior.

> SEMPRE SERÁ MAIS FÁCIL MENSURAR O DINHEIRO, E É POR ISSO QUE AVALIAR O VALOR DO CORAÇÃO REQUER UM ESFORÇO MAIOR.

Pesquisas econômicas demonstram que, acima de um determinado limiar, o dinheiro não apresenta uma forte correlação com a felicidade.[1] Pessoas que vivem com uma renda de subsistência podem não ter condições de seguir sua paixão e otimizar o coração, mas, para a maioria de nós, como podemos nos dar ao luxo de *não* fazer isso?

A ARMADILHA DO "PARECE BOM, MAS A SENSAÇÃO É RUIM"

O emprego seguro e prestigioso que leva os seus pais a sorrir, impressiona os amigos ou chama a atenção em uma festa pode levá-lo à infelicidade se não for compatível com quem você é. Conhecemos uma pessoa que frequentou uma das melhores faculdades dos Estados Unidos com uma bolsa de estudos para estudar Música e acabou escolhendo estudar Medicina porque ser um médico parecia uma profissão mais segura. Ele se formou, se tornou um médico, mas vê a medicina como apenas um emprego, nada intrinsecamente gratificante.

Um número ainda maior de pessoas que conhecemos escolheram a profissão só com base no que lhes parecia razoável, sem pensar em outras opções. Elas nunca questionaram seu plano de carreira, desde o primeiro dia do emprego em que entraram assim que terminaram a faculdade. Agora elas trabalham cada vez mais para conseguir a próxima promoção, sem parar para refletir no que exatamente elas ganham com isso. Um bom amigo nosso começou a literalmente contar os dias até a aposentadoria, apesar de ainda faltar mais de um ano.

O pesquisador e professor Robert Sternberg nos contou: "As pessoas ficam tão atoladas nos detalhes triviais do dia a dia de suas vidas que, algumas vezes, se esquecem de que não precisam ficar presas. É meio como aquela armadilha chinesa de dedos que as crianças usam para pregar peças.[2] Quanto mais você tentava tirar os dedos, mais ficava preso. Mas, quando os empurrava para dentro, você conseguia livrar os dedos. Às vezes, você só precisa ver as coisas de uma nova perspectiva". Não importa qual seja a sua idade, você ainda pode seguir suas paixões.

Na juventude, Jeremy Utley se destacava em análise e pensamento crítico. Seu talento nato levou vários orientadores vocacionais bem-intencionados a lhe aconselhar: "Você precisa entrar em Direito, Contabilidade, Física ou Finanças". Jeremy seguiu os conselhos e acabou, aos 25 anos, em um emprego bem remunerado fazendo análises financeiras.

Como muitos de nós, Jeremy se viu encurralado pela "maldição da capacidade".[3] Sim, ele era bom no trabalho, mas o trabalho não o realizava. Criado numa família que valorizava o trabalho duro e a diligência, Jeremy se arrastava ao escritório todos os dias, "conformado com o destino de passar os próximos 20 anos odiando o trabalho".

A empresa esperava que associados como Jeremy fizessem uma pausa depois de alguns anos para tirar um diploma de MBA. Assim, no outono de 2007, ele entrou na Faculdade de Pós-graduação em Administração da Stanford. Ele resolveu se matricular em um curso introdutório na d.school para se distrair um pouco do currículo tradicional da faculdade de Administração. No curso, ele percebeu o quanto estava se divertindo (apesar dos tropeços e das dificuldades), enquanto enfrentava a ambiguidade, prototipava as ideias e tomava decisões criativas. "Até então, eu só via o curso como uma diversão", ele conta. "No meio do caminho percebi que o curso era tão rigoroso quanto tudo o que já fiz no passado, mas muito mais gratificante."

Ele fez outros cursos e se sentiu cada vez mais dividido entre a mentalidade do antigo emprego e sua nova forma de pensar. Assim, Jeremy acabou deixando para trás as tentações do salário e do *status* da carreira anterior, apesar de isso implicar devolver à empresa os dois anos de mensalidades do MBA. "Não me parecia certo voltar à empresa porque tive uma experiência transformadora e sentia que precisava tentar um novo caminho." Assim, ele continuou na d.school como um bolsista e acabou se tornando um diretor de educação executiva. Quando perguntamos se ele tinha dúvidas, Jeremy respondeu: "Não... estou bem com a minha decisão. A paz e a alegria voltaram à minha casa e isso não tem preço para mim". Hoje, a paixão de Jeremy se reflete em seu trabalho e ele é considerado um dos melhores instrutores da d.school.

Recentemente, Jeremy notou que parou de usar a palavra "trabalho" para descrever seu ganha-pão. Se um amigo liga querendo saber onde ele está, Jeremy responde: "Estou na Stanford" ou "Estou aqui na d.school". Ele quase nunca diz "Estou no trabalho".

E é isso. O trabalho não precisa ser um fardo. Você deveria ser capaz de sentir paixão, um senso de propósito e sentido em tudo o que faz. E essa mudança de perspectiva pode lhe abrir todo um mundo de possibilidades.

ENTEDIADO NA BOEING

David aceitou um emprego do tipo "parece bom, mas a sensação é ruim" assim que terminou a faculdade. Formando-se em Engenharia Elétrica pela Carnegie Mellon nos anos 1970, ele foi contratado como um engenheiro na Boeing em Seattle, trabalhando em jumbos 747. O emprego era considerado uma grande oportunidade, já que a Boeing era (e ainda é) uma das fabricantes de maior prestígio da América. Nosso pai passou toda a carreira na indústria aeronáutica, de forma que o emprego de David na Boeing também agradava nossos pais.

Só tinha um problema: David odiava o trabalho. Ele se sentia perdido em uma sala com 200 engenheiros debruçados sobre as mesas, labutando sob a luz fluorescente. Na qualidade de um engenheiro mecânico do grupo "Luzes e Sinalizações", seu maior projeto era trabalhar na sinalização de "LAVATÓRIO OCUPADO" do 747. Era um cargo que definitivamente não se beneficiava de seus maiores pontos fortes. E o emprego não lhe parecia ser um trampolim para algo que ele de fato queria fazer. Dessa forma, era um bom emprego em termos de *status* e salário, mas David estava entediado e profundamente infeliz.

O fato de milhares de aspirantes a engenheiro ambicionarem o emprego de David só fazia com que ele se sentisse pior. David acabou pedindo demissão, esperando que o que ele considerava uma tortura diária pudesse levar a uma carreira gratificante para o próximo engenheiro que assumisse seu lugar.

O contraste entre a paixão que nós dois sentimos pelo nosso trabalho na IDEO e o pesado senso de dever que oprimia David na Boeing foi como passar da água para o vinho. Em vez de nos sentir isolados em uma sala cheia de desconhecidos, podemos trabalhar com amigos e parentes em um ambiente eclético sempre envolvente e em constante evolução. E, o mais importante, podemos ser nós mesmos no trabalho (inclusive com nossas excentricidades), o que nos ajuda a fazer uma contribuição mais expressiva.

Para escapar da armadilha do "parece bom, mas a sensação é ruim", é preciso evitar uma carreira que o deixe infeliz e encontrar um emprego que se encaixe nos seus interesses, habilidades e valores.

UM EMPREGO, UMA CARREIRA OU UMA MISSÃO[4]

Amy Wrzesniewski, professora associada de comportamento organizacional da Faculdade de Administração da Yale University, tem se dedicado a pesquisar extensivamente a vida no trabalho, conduzindo levantamentos com pessoas de variadas profissões. Ela descobriu que as pessoas adotam uma de três atitudes distintas em relação ao trabalho: elas o consideram um emprego, uma carreira ou uma missão.

A diferença é crucial. Quando o trabalho não passa de um *emprego*, ele pode até pagar as contas, mas você vive esperando o expediente terminar ou o fim de semana chegar. Já aqueles que veem o trabalho como uma *carreira* se concentram em promoções e no avanço profissional, dando duro para conseguir um cargo mais impressionante, uma sala maior ou um salário mais alto. Em outras palavras, eles se concentram em percorrer uma lista de realizações em vez de buscar um sentido mais profundo. Por outro lado, para aqueles se dedicam a uma *missão*, o trabalho é intrinsecamente gratificante e não um mero meio para atingir um fim e também é uma fonte de realização pessoal. Muitas vezes, esse trabalho é gratificante porque você sente que está contribuindo para um propósito mais elevado ou se sente parte de uma comunidade mais ampla. Como Wrzesniewski observa, as origens da palavra "missão" são religiosas, mas o termo mantém seu significado no contexto secular do trabalho: o sentimento de que você está contribuindo para algo mais elevado ou maior que você mesmo.

O fato de você ver o seu trabalho como um emprego, uma carreira ou uma missão depende da sua percepção do trabalho e não necessariamente da natureza da ocupação. No início dos anos 1990, por exemplo, a esposa de Tom, Yumiko, trabalhava como uma comissária de bordo internacional na United Airlines. Tendo passado a maior parte de sua vida no Japão, Yumi cresceu acreditando se tratar de uma posição cosmopolita e de prestígio e nada do que ela passou na United abalou essa crença. Sim, o trabalho podia ser exaustivo e as condições podiam ser estressantes, mas ela se via como uma cuidadora nas alturas, ajudando os passageiros a ter uma boa experiência de voo. Tom só a viu em ação uma vez, em uma manhã de Natal, em um voo saindo de Seul. Ela recebeu todos os passageiros do longo voo com um grande sorriso e passou o voo todo indo de um lado ao outro da cabine com uma energia incansável, parando para brincar com bebês e bater papo com os passageiros da classe executiva. O que alguns poderiam considerar um mero *emprego*, cheio de rotinas e chateações, Yumi via como uma maneira de afetar positivamente a vida das pessoas.

Moral da história: o que mais importa na sua carreira ou posição não é o valor que os outros atribuem a ela, mas como *você* vê o seu trabalho. O que importa é o seu sonho, a sua paixão, a sua missão.

Jane Fulton, sócia da IDEO, encontrou sua missão quando passou de consertar problemas a preveni-los.[5] Jane era uma pesquisadora dedicada a identificar defeitos de design em produtos que levavam a lesões e acidentes fatais. Ela investigava os modos como os cortadores de grama podiam machucar os usuários. Ela explorava as razões pelas quais os motoristas deixam de ver a aproximação de motociclistas. Ela examinava as maneiras pelas quais ferramentas elétricas e serras elétricas podiam resultar em acidentes, apesar de todas as tentativas dos fabricantes de garantir a segurança durante a utilização.

Depois de muitos anos de análises forenses, ou análises "após o fato", Jane começou a se sentir frustrada com o fato de sempre chegar à "cena do crime" tarde demais para impedi-lo. Assim, usando as habilidades de pesquisa que desenvolveu observando produtos *ruins*, Jane resolveu encontrar um trabalho no qual ela pudesse ajudar a criar *bons* produtos. Em sua nova função, ela tem a chance de trabalhar com designers para criar equipamentos de pesca a prova de acidentes, carrinhos de bebês mais confortáveis e dispositivos médicos mais intuitivos. A empresa já tinha poderosas mentes técnicas capazes de resolver os problemas e Jane ajudou a manter as necessidades dos usuários no centro de todas as soluções. Embora o trabalho analítico tivesse constituído um desafio intelectual, o trabalho criativo se provou muito mais emocionalmente gratificante para ela. E suas criações centradas no ser humano foram uma verdadeira demonstração do valor da empatia, incorporando esse importante elemento ao DNA da empresa.

Ver a sua área de atuação de uma nova perspectiva pode fazer uma grande diferença, mas o simples fato de você ter paixão pelo que faz não significa que será fácil. Para redefinir o seu papel, você pode ter de arregaçar as mangas e suar a camisa.

Erik Moga, um pesquisador de design da Square, já quis ser um músico profissional de eufônio. Na infância, ele adorava se apresentar no palco com o instrumento de metal parecido com uma tuba, mas ele *odiava* a labuta da prática, de tocar uma peça várias vezes até dominá-la.[6] No ensino médio, ele viu o virtuoso violoncelista Yo-Yo

Ma se apresentar e teve a sorte de ser um dos poucos alunos a fazer uma pergunta ao lendário músico clássico. Erik dá um sorriso maroto quando lembra o que perguntou: "Não é maravilhoso, agora que você conseguiu ser um músico profissional, não precisar mais praticar?".

A pergunta pairou no ar por um momento até que Yo-Yo Ma revelou as más notícias a Erik. Muito tempo depois de atingir o topo de sua área, Yo-Yo Ma ainda pratica até seis horas por dia. Erik ficou arrasado. Mas a lição de Yo-Yo Ma serve de lembrete para todos nós: a paixão não exclui o empenho. Pelo contrário, a paixão requer empenho. Mas, no final, você vai ter mais chances de sentir que todo o esforço valeu a pena.

BUSQUE A SUA PAIXÃO

No começo, David imaginou que a d.school ajudaria estudantes de Direito a se tornarem advogados de cabeça mais aberta e estudantes de MBA a inovarem mais nas empresas. E foi o que aconteceu. Mas, às vezes, nos surpreendemos ao ver ex-alunos efetivamente transformando seus campos de atuação ao engajar a confiança criativa.

Um bom exemplo disso foi o que aconteceu com o candidato a doutorado em Biofísica Scott Woody.

Depois de quatro anos estudando proteínas motoras e mutações pontuais no DNA, Scott se cansou do laboratório. "Eu trabalhava sozinho em uma coisa e talvez, ocasionalmente, a cada um ou dois meses, saía para tomar um ar e conversar com alguém, e aí precisava voltar", ele nos conta.[7] "Eu era como um robô. Parecia que eu não tinha espaço para pensar fora do meu foco estreito e aquilo começou a me deprimir." Em busca de algo para ajudá-lo a escapar da situação deprimente, ele se afastou o máximo possível do laboratório na tentativa de encontrar uma inspiração, matriculando-se para uma variedade de cursos, como um seminário de literatura inglesa e até um curso de nado sincronizado. Em um workshop de negócios, ele ficou sabendo de um curso da d.school chamado Creative Gym, voltado a ajudar pessoas de diversas áreas a exercitar seus músculos criativos.[8]

Cada aula de duas horas é repleta de uma sucessão acelerada de exercícios práticos voltados a aperfeiçoar as habilidades básicas da criatividade: ver, sentir, começar, comunicar, construir, conectar-se, navegar, sintetizar e inspirar. As atividades variam do lúdico e aparentemente bobo (como fazer uma joia de fita crepe em apenas 60 segundos) ao extremamente desafiador (como expressar um momento de indignação usando apenas quadrados, círculos e triângulos). O objetivo do curso é alinhar os estudantes à sua intuição e desenvolver a conscientização do que se passa ao redor.

"Sou uma pessoa bastante reservada, mas achei o curso muito divertido", Scott conta. "Foi uma chance de ser meio esquisito, de perder a cabeça. Foi o ponto alto da minha semana, toda a semana. O curso abriu muitas portas criativas que eu tinha deixado um bom tempo fechadas, trancadas pelo meu treinamento analítico."

Depois daquele curso na d.school, ele percebeu que não tinha mais medo de explorar abordagens diferentes, despertando uma nova disposição de tentar coisas que não sabia ao certo se faria bem (experimentos que poderiam não dar certo). "Muita gente não tem coragem de ir atrás de uma nova ideia ou habilidade", Scott diz. "Com o simples fato de fazer alguma coisa, você já está à frente de 99% das pessoas." No laboratório, ele sugeriu um novo formato para as reuniões semanais da equipe. Para abrir uma discussão informal, ele pediu que todos preparassem um único slide sucinto para apresentar uma atualização, rompendo a tradição de uma pessoa sozinha fazendo uma apresentação de PowerPoint durante uma hora.

Ele também se matriculou no LaunchPad (o curso no qual Akshay e Ankit criaram o Pulse News) sem qualquer experiência prévia em empreendedorismo ou engenharia. Inspirado por amigos que estavam em busca de emprego, sua ideia empreendedora inicial foi uma ferramenta para ajudar as pessoas a criar versões customizadas do currículo para se candidatar a diferentes posições. Para aumentar suas chances de ser aceito no curso, ele se forçou a percorrer a principal rua comercial da cidade de Petaluma, na Califórnia, conversando com os lojistas e coletando insights sobre o processo de contratação deles para refinar sua ideia. "Foi horrível", Scott conta, rindo. "Primeiro porque a maioria deles não queria conversar comigo e depois porque eu estava muito nervoso." Quando foi aceito no curso, ele continuou a se forçar a fazer coisas que nunca teria feito antes: apresentar suas ideias a investidores de capital de risco convidados ao curso, entrevistar clientes potenciais e realizar rápidas iterações na sua criação.

A recém-descoberta confiança criativa de Scott, aliada à sensação cada vez mais intensa de que a pesquisa científica não era a sua verdadeira missão, lhe deu a coragem da qual precisava para adentrar em um novo e ousado caminho. Faltando apenas um ou dois anos para concluir seu doutorado em Biofísica, ele decidiu pedir a demissão do laboratório, abandonar seu programa de doutorado e abrir uma startup para ajudar as empresas a recrutarem talentos. Seus pais não se entusiasmaram muito quando ficaram sabendo da novidade. A mãe estava certa de que Scott tomou uma péssima decisão, o que foi muito difícil para Scott, porque ele sentia que precisava fazer aquilo, com ou sem a bênção dela. Um mês depois, quando ela o viu pessoalmente pela primeira vez desde que ele deu a notícia, a mãe de Scott mudou de ideia. Ela viu no rosto dele que ele nunca esteve mais feliz e lhe disse que ele estava fazendo a coisa certa. Dois anos mais tarde, Scott se tornou o CEO da própria startup, a Foundry Hiring, que ajuda empresas a administrar e gerenciar o processo de recrutamento. Scott diz que nunca olhou para trás: "Eu achava que o trabalho deveria ser uma coisa chata, mas agora adoro o meu trabalho e me divirto muito fazendo o que faço".

Quando pessoas como Jeremy e Scott dão uma virada e saltam ao estado de confiança criativa, seu rosto se ilumina com um novo otimismo e coragem ao falar sobre a nova vida. Algumas pessoas, como Scott, passam um bom tempo bastante infelizes no trabalho, mas a maioria das pessoas que conhecemos não está plenamente consciente de seu nível de insatisfação com o trabalho. Elas só sabem que poderiam contribuir mais se pudessem mudar alguma coisa no trabalho. Elas sabem que não mergulham de corpo e alma no trabalho.

Quando as pessoas se concentram no coração, quando buscam a paixão no trabalho, elas conseguem identificar e explorar suas reservas internas de energia e entusiasmo. Uma maneira de começar a acessar essa reserva interior é pensar em momentos na sua vida em que você realmente se sentiu vivo. O que você estava fazendo e com quem estava? Do que você mais gostou na experiência? Como poderia recriar esses elementos em outras situações? Uma vez que identificar algumas áreas que gostaria de explorar um pouco mais, comprometa-se a fazer alguma coisa, mesmo que seja uma única pequena ação, todos os dias, para ampliar seu portfólio de experiências criativas nessas áreas.

ENCONTRE SEU PONTO IDEAL

Uma das descrições mais eloquentes que já vimos do ponto ideal entre a paixão e a possibilidade foi elaborada por Jim Collins, autor dos best-sellers de negócios *Feitas para durar* e *Empresas feitas para vencer.* Tom se encontrou com ele por acaso em uma conferência muitos anos atrás, quando *Empresas feitas para vencer* tinha acabado de ser lançado. Em sua palestra, na qual ele não usou uma apresentação de PowerPoint nem mesmo um quadro branco, Jim começou traçando no ar um diagrama de Venn, composto de três círculos que se sobrepunham, desafiando a plateia a acompanhá-lo usando o "teatro da mente".[9]

Os três círculos representavam as três perguntas que você deve tentar responder: "O que você faz bem?", "O que as pessoas lhe pagariam para fazer?" e "O que você nasceu para fazer?". Se você se concentrar só no que faz bem, pode acabar em um emprego no qual você é competente, mas que não o satisfaz. Quanto ao segundo círculo, o velho ditado "Faça o que gosta e o dinheiro virá" não é necessariamente verdadeiro. Uma das atividades preferidas de David é desmontar e montar coisas em seu estúdio e um dos sonhos de Tom é viajar pelo mundo coletando histórias e experiências de diferentes culturas. Até agora ninguém se ofereceu para nos pagar para fazer essas coisas. O terceiro círculo (o que você nasceu para fazer) diz respeito a encontrar um trabalho intrinsecamente gratificante. O objetivo desse exercício é encontrar uma ocupação que você faz bem, que gosta e que alguém lhe pagará para fazer. E, naturalmente, é importante trabalhar com pessoas de quem você gosta e respeita.

Parecia que toda a plateia ficou com a mesma pergunta martelando na cabeça: mas como saber o que nasci para fazer? Acreditamos que a resposta tem a ver com o que Mihaly Csikszentmihalyi, expert no campo da psicologia positiva, chama de "fluxo", que é aquele estado criativo no qual o tempo parece voar e você fica completamente imerso em uma atividade.[10] Quando entra no estado de fluxo, o mundo ao seu redor se desfaz e você se vê completamente envolvido.

Para encontrar esses elementos capazes de criar um senso de fluxo, Jim Collins usou seu próprio estilo de autoanálise. Ele sempre foi um nerd e, já na infância, costumava sacar um bloco de notas e anotar suas observações científicas. Ele pegava um inseto, o colocava em um pote e o observava durante dias, registrando em seu bloco de notas o que o inseto fazia, o que comia e como se movimentava. Quando cresceu, conseguiu um bom emprego na Hewlett-Packard, mas não se sentiu satisfeito. Assim, ele recorreu à sua velha técnica: comprou um daqueles mesmos blocos de notas de sua infância e o chamou de "Um inseto chamado Jim". Ele passou mais de um ano observando meticulosamente o próprio comportamento e práticas de trabalho. No fim de cada dia, ele anotava não apenas o que aconteceu, mas o que o fez se sentir melhor consigo mesmo no decorrer do dia. Depois de mais de um ano de registros no bloco de notas, um padrão começou a surgir. Ele percebeu que ficava mais feliz quando trabalhava em sistemas complexos e quando ensinava os outros. Assim, ele decidiu ensinar as pessoas sobre sistemas, e saiu da HP para entrar em um caminho que acabou levando ao mundo acadêmico. Jim encontrou a fórmula mágica do próprio sucesso, mas o maior legado dele pode ser ajudar os outros a encontrar a fórmula deles.

AVALIE SEU DIA

Quando David venceu a batalha contra o câncer no final de 2007, percebeu que tinha recebido uma segunda chance na vida. Seguindo o conselho do psiquiatra C. Barr Taylor, David começou a usar um método bastante simples para analisar seus dias e encontrar maneiras de melhorá-los.

Todas as noites antes de dormir, ele passava um tempinho refletindo sobre os altos e baixos de seu dia. Depois, ele o pontuava em termos do quanto se divertiu, em uma escala de 1 a 10, e anotava o número em um calendário. Depois de algumas semanas, ele e Barr analisaram os dados do calendário para encontrar as atividades que diminuíam ou aumentavam a pontuação.

Eles encontraram alguns padrões surpreendentes. Os dias nos quais David passava uma ou duas horas sozinho em seu estúdio (um sótão rústico em um celeiro) eram mais gratificantes e felizes. A pontuação aumentava ainda mais quando ele ouvia música alta enquanto trabalhava no estúdio, seja fazendo um bracelete de metal, um móvel de madeira ou uma fantasia de Halloween. Ele identificou as atividades que lhe davam maior satisfação e senso de realização. Também notou quais atividades diminuíam a pontuação. Assim, David começou a se aproximar das atividades que aumentavam sua pontuação e se distanciar daquelas que as reduziam.

Era um processo bastante simples, mas levou David a momentos de epifania e mudanças de comportamento, articulando novos insights sobre si mesmo.

Então, tente identificar aquilo que dá a você mais felicidade e realização. Procure maneiras de incorporar mais dessas coisas na sua vida, seja ajudar os outros, exercitar-se mais, ler mais livros, ir a um show ou fazer aulas de culinária.

Uma designer da IDEO costumava colar adesivos coloridos em sua agenda de compromissos para registrar momentos em que ela estava feliz, ansiosa ou triste. Hoje isso pode ser facilmente encontrado em apps de monitoramento de humor que lhe permitem monitorar os altos e baixos do seu dia, identificando atividades nas quais você deve investir e aquelas que seria melhor evitar.

Esse simples exercício pode ajudá-lo a refletir tanto sobre o seu trabalho quanto sobre a sua vida pessoal e contribui para ter novos insights sobre si mesmo. Basta parar um pouco todos os dias e se perguntar: "Quando estive no meu melhor momento?" ou "Quando o trabalho foi mais gratificante?". Isso pode ajudá-lo a descobrir atividades que enriquecerão o seu trabalho e revelar o que lhe dá mais prazer ou senso de realização.

FAÇA EXPERIMENTOS COM PEQUENOS PROJETOS

Como descobrir o que você nasceu para fazer ou mesmo o que você faz bem? Uma maneira de fazer isso é usar seu tempo livre para se envolver com interesses ou hobbies. Um novo projeto de fim de semana pode lhe dar mais energia ao longo da semana, seja aprendendo a tocar piano ou construir robôs de Lego com os filhos.

Um projeto de fim de semana também pode inspirar os seus colegas. Em um número cada vez maior de empresas com as quais trabalhamos, é comum ver um grupo de empregados se encontrando para correr juntos, criando um clube do livro ou conversando no almoço sobre uma nova paixão ou hobby. Na IDEO, os interesses de fim de semana contagiam o ambiente de trabalho na forma de grupos dedicados a atividades como ciclismo e ioga. Também realizamos frequentes sessões improvisadas para compartilhar conhecimento, desde como fazer queijo camembert (um projeto liderado por um engenheiro que adora queijos fedidos) até a fabricação de joias (em minicursos ministrados por um membro do Toy Lab que estudou design de joias na Itália).[11]

> TODOS OS DIAS, PARE UM POUCO PARA SE PERGUNTAR: "QUANDO ESTIVE NO MEU MELHOR MOMENTO?"

Pequenos projetos podem ser gratificantes por si só, mas também podem ativar a nossa energia criativa no trabalho. Então, procure maneiras de sobrepor os seus projetos de fim de semana à sua vida no trabalho. Se o seu hobby for fazer álbuns de recortes ou editar vídeos, por exemplo, quem sabe você não pode usar essas habilidades para fazer apresentações mais interessantes no trabalho? Fazer essa ligação pode demandar um pouco de pensamento criativo e empenho, mas, se você for paciente, pode encontrar uma oportunidade.

Para identificar novas áreas de interesse e aptidões, experimente várias atividades diferentes, no seu tempo livre ou no trabalho. Os princípios da prototipagem também podem ser aplicados a testar novos papéis no trabalho: pequenos e rápidos experimentos são os que mais compensam. Faça o test drive de uma área ou posição diferente antes de se comprometer com uma mudança drástica. Experimente muitas atividades diferentes para ver qual você gosta mais. Converse com o seu chefe sobre a possibilidade de explorar novas responsabilidades ou ajude um colega de outro departamento. Nesses breves papéis, fique atento a momentos em que você se sente revigorado ou no seu melhor. Lembre-se de que você só está experimentando. Não se desanime se não adorar a primeira coisa que tentar. Reflita sobre o que você mais gostou em cada atividade e o que gostaria que fosse diferente. Com base nessas ponderações, decida o que quer tentar em seguida. Quando você começa a pensar na sua vida e na sua carreira como apenas mais um desafio criativo, muitas possibilidades diferentes podem se revelar.

Você pode se surpreender com as funções que o atrairão. Conhecemos muitas pessoas que adoram trabalhos que os outros poderiam considerar chatos ou estressantes: um gerente de hotel que adora deixar as pessoas felizes; um contador fiscal que se orgulha de pôr ordem no caos; um investidor que vê o mercado de ações como um complexo e fascinante quebra-cabeça. Eles poderiam nunca ter descoberto sua paixão oculta por essas ocupações se não as experimentassem.

Ao procurar novas funções, não tenha medo de se oferecer para um projeto interessante relacionado ao trabalho (ou até propor um projeto). Nunca se sabe aonde isso pode levar. Se seus superiores acharem que você não tem experiência comprovada em uma área, demonstre suas aptidões fora do trabalho primeiro. Poucas provas são mais convincentes do que demonstrar que você tem a energia e o comprometimento necessários para fazer bem o seu trabalho e ainda empreender um projeto adicional que o entusiasma. Por exemplo, Tom escreveu seu primeiro livro, *A arte da inovação*, praticamente em seu tempo livre, à noite e nos fins de semana, só porque adorava escrever e queria contar algumas histórias e compartilhar algumas lições sobre a inovação que tinha aprendido na época.

Não é raro encontrar aplicações mais amplas para as habilidades desenvolvidas em um projeto de trabalho individual. Com um pouco de sorte, e muita perseverança, um interessante projeto paralelo pode até se transformar no seu trabalho principal. Por exemplo, Doug Dietz começou a trabalhar na GE Adventure Series como um projeto secundário pelo qual ele tinha um enorme entusiasmo antes desse projeto ser formalmente incorporado ao seu trabalho.

No livro *As 10 faces da inovação*, Tom contou a história de Ron Volpe, gerente da cadeia de suprimentos da Kraft Foods Group. Ron lançou um projeto colaborativo de inovação para um cliente importante, a Safeway, a fim de encontrar novas maneiras de administrar o complexo fluxo de produtos da Kraft pelos depósitos e lojas da Safeway. O projeto não passava de uma pequena parte das funções de Ron na época e ele o via como uma oportunidade de experimentar um novo modo de colaboração. No entanto, o projeto levou a tantas revoluções operacionais e recebeu tantos elogios da Safeway e do setor de supermercados que Ron passou a próxima fase de sua carreira divulgando a inovação às equipes da Kraft ao redor do mundo. Ron logo se tornou o vice-presidente de inovação da cadeia de suprimento da Kraft, buscando novas maneiras de firmar parcerias com diversos clientes em seis continentes. Outro dia ele nos disse que sua nova função o levou ao trabalho mais envolvente, mais interessante e mais gratificante que já realizou. Ron diz que aplicar a confiança criativa aos relacionamentos com os varejistas permite a ele e a seus clientes irem além das transações de rotina e "nos concentrar na criação de algo maior e mais sustentável".[12]

Ron nem precisou sair da empresa para vivenciar uma transformação pessoal e profissional. Ele só precisou de energia, otimismo e determinação para transformar seu experimento no trabalho em uma nova e gratificante função.

A CORAGEM PARA SALTAR

Embora todo mundo tenha um enorme potencial criativo, nossa experiência sugere que a aplicação eficaz da criatividade na vida pessoal e profissional requer um fator a mais: a coragem de dar o salto. Toda essa energia potencial só se dissipará se você, repetidamente, não tomar coragem para liberá-la.

Para dar esse salto da inspiração à ação, os pequenos sucessos são fundamentais. Da mesma forma como o medo do primeiro passo nos limita no início de um projeto, o peso das tradições e convenções nos impede de realizar mudanças expressivas na carreira. Você pode até ter flertado com a ideia de "Eu poderia ter sido um escritor" ou "Que bom seria se eu tivesse entrado na área da saúde" e ter parado por aí. No entanto, se você fizer com que o primeiro passo seja pequeno o suficiente, isso pode atuar como um empurrãozinho na direção da sua meta. Mas você precisa, efetivamente, dar esse primeiro passo.

Monica Jerez é gestora corporativa da 3M, que começou com pequenos passos.[13] Conhecemos Monica alguns anos atrás em uma conferência sobre inovação na República Dominicana. Monica passou anos achando que precisava esconder sua criatividade para avançar na carreira. Entretanto, inspirada pelo *design thinking* e incentivada por um curso de liderança orientada ao crescimento da 3M, Monica se transformou em um verdadeiro turbilhão de ação. Como gerente de portfólio global da divisão de cuidados com pisos da 3M, ela leu avidamente para encontrar novas fontes de inspiração: livros sobre inovação, periódicos de negócio e vários jornais diários. Ia toda semana a uma loja da Target, percorrendo todos os corredores procurando novas ideias em categorias de produto distantes de bebidas e higiene bucal. Ela uniu forças com um gestor da área técnica da 3M para montar uma equipe multidisciplinar com conhecimentos técnicos, de design, marketing, administração, insight do consumidor e produção. Sua sala na 3M era tão abarrotada de produtos, protótipos e post-its que mais se parecia com um estúdio de design.

Inicialmente, Monica não tinha verba para fazer pesquisas em campo, mas não deixou que isso a impedisse. Mãe de quatro filhos, ela tinha muitas oportunidades de ver como as famílias lidam com a sujeira e a bagunça. Ela contratou uma equipe profissional de limpeza para limpar sua casa e fez um vídeo da equipe trabalhando, usando a câmera de seu celular. O vídeo resultante revelou tantas oportunidades potenciais que Monica pediu que outras equipes da 3M de 20 países fizessem os próprios vídeos. "Minha mente se expandiu muito", Monica conta rindo. "Aquilo me redefiniu."

Monica nunca se considerou o tipo de pessoa criativa que registraria alguma invenção para ser patenteada, mas, no último ano, ela registrou mais de uma dúzia de patentes. Uma importante métrica de inovação na 3M é o índice de vitalidade de novos produtos (IVNP), que monitora a porcentagem das vendas de produtos lançados pela empresa nos últimos cinco anos. O IVNP da unidade de negócio de Monica *dobrou* a média da empresa no ano passado. Ela foi promovida a líder do mercado latino do Consumer & Office Business da 3M e tem sido reconhecida como um exemplo a ser seguido pelos outros líderes emergentes da empresa. Com sua confiança recém-descoberta sobre suas contribuições criativas, ela está se divertindo mais no trabalho, contribuindo com mais valor na 3M e inspirando as pessoas ao seu redor a fazer o mesmo.

A inspiração de Monica só se transformou em um impacto real porque ela teve a coragem de começar e a persistência para continuar. Pela nossa experiência, uma boa maneira de se comprometer com um novo caminho é simplesmente revelar seus planos a alguém. Conte a um amigo as mudanças que planeja fazer na sua vida. Melhor ainda, conte a um grupo de pessoas que possam ajudá-lo continuamente e de maneira construtiva.

FAÇA UMA MUDANÇA

Se você quer transformar a sua vida de mero dever a uma verdadeira paixão, precisa começar entendendo que a sua situação atual não é a sua única opção. Você pode mudar o modo como vive e trabalha. Veja os contratempos e obstáculos como o custo de tentar coisas novas. Não tenha medo de tentar e fracassar. A pior coisa que você pode fazer é não correr riscos, ficar na zona de conforto das tradições e convenções e não fazer nada para tentar mudar.

Lauren Weinstein passou um bom tempo achando que não tinha nada a ver com os outros alunos de Direito de sua turma.[14] Eles só queriam tirar notas boas e aprender todos os precedentes judiciais. A cada passo, eles pareciam perguntar "O que os casos anteriores sugerem?". Lauren entendia a importância do primado da lei, mas não queria descartar outras perspectivas. Quem são as pessoas envolvidas no caso? Qual é a história pessoal delas? Isso poderia afetar o resultado do caso? Quando fazia esse tipo de pergunta em voz alta, os colegas a olhavam torto.

Na primeira vez que fez um curso na d.school, ela achou tudo muito diferente, mas também liberador. Em vez de ser pressionada a recitar a jurisprudência para obter a resposta "certa", ela podia experimentar e tentar de novo até chegar a uma solução melhor. Ela não precisava se censurar ou temer chegar a uma resposta "errada". Foi como se um peso tivesse sido tirado dos ombros dela.

Antes de fazer o curso, Lauren se achava "pouco criativa", mas também se considerava tímida e incapaz de defender suas ideias com veemência. Forçada a ter uma centena de ideias em sessões de idealização em grupo, trabalhando em questões como opções inovadoras de aposentadoria para a Geração Baby Boomer, ela provou a si mesma que era criativa, capaz de lidar com a incerteza e promover a mudança no mundo ao seu redor.

Essa confiança se revelou primeiro na sala de aula, mas acabou se estendendo ao tribunal. Enquanto fazia cursos na d.school, Lauren também se preparava para um julgamento simulado que seria conduzido no Tribunal de Palo Alto, diante de um juiz e de um júri. O caso dizia respeito a um operário de construção que fora atropelado por um trem. Lauren foi incumbida de defender a vítima e sabia que tinha poucas chances de vencer o caso: historicamente, o querelante nesse caso específico nunca tinha ganhado porque os fatos do caso favoreciam a companhia ferroviária. Em julgamentos simulados anteriormente, os mesmos detalhes foram apresentados basicamente da mesma forma e o resultado foi sempre o mesmo.

Diante disso, Lauren criou uma nova abordagem. Quando contou seu plano ao seu parceiro no caso, ele tentou dissuadi-la, mas ela estava decidida a tentar. Nas alegações finais, Lauren se aproximou do júri e pediu que os jurados fechassem os olhos. "Imaginem que vocês estão em um pesadelo. E nesse pesadelo, vocês estão presos em um trem que avança rapidamente pelos trilhos..." Com essa abordagem original, ela os levou a imaginar a situação do ponto de vista não apenas dos passageiros do trem, mas também do homem que foi atropelado. Assim, o caso deixou de ser uma mera recitação de fatos e precedentes, voltando-se à experiência do operário. O júri acabou votando a favor dela e o juiz afirmou que ela conduziu a melhor argumentação que ele já ouviu em um julgamento simulado.

Para explicar como conseguiu ter a coragem de tentar aquela abordagem radicalmente diferente, Lauren disse que foi em parte devido à sua recém-descoberta confiança criativa. "Agora parece que tudo está dentro da minha zona de conforto e nada mais é impossível", ela explica.

Essas possibilidades estão abertas a pessoas de todas as idades, em todas as áreas de atuação. Vejamos o caso de Marcy Barton, uma professora veterana da quinta série com quatro décadas de experiência na área.[15] Observando, impotente, como as crianças estavam cada vez menos criativas, Marcy mergulhou de cabeça em um workshop de *design thinking* na d.school e voltou à superfície pronta para tentar uma nova abordagem para preparar a próxima geração de líderes do século 21.

Marcy reestruturou todo seu programa de aulas, reorganizando os padrões acadêmicos exigidos pelo governo na forma de desafios de *design thinking*. No novo formato de aula de História de Marcy, as crianças não se limitavam a ler em silêncio sobre a colonização da América, mas viravam as mesas de ponta cabeça e embarcavam nos navios que os levariam ao Novo Mundo. Elas não se limitavam a resolver problemas abstratos de Matemática no quadro, mas usavam seu conhecimento matemático para calcular com precisão o tamanho dos modelos necessários para criar uma colônia americana em miniatura. Os alunos não só demonstraram um desempenho bem melhor em testes padronizados, como os pais notaram que os filhos estavam fazendo perguntas mais profundas em casa e passaram a se envolver mais com o mundo ao redor.

> COMECE A ESCREVER A NOVA HISTÓRIA DA SUA VIDA NO TRABALHO.

É claro que a oportunidade de aplicar a confiança criativa não se restringe aos professores. Vendedores, enfermeiros, engenheiros... todos podem resolver problemas de novas maneiras quando deixam de ter medo de ser criativos.

Se você está encurralado em um emprego do tipo "parece bom, mas a sensação é ruim", pense na possível sobreposição entre suas paixões pessoais e suas atividades no trabalho. Aprenda novas habilidades. Comece a escrever a nova história da sua vida no trabalho. Continue procurando e se aproximando de um trabalho que parece bom e a sensação é ótima. Você pode perceber que descobriu a sua missão na vida.

CAPÍTULO 6

A EQUIPE:
GRUPOS CRIATIVAMENTE CONFIANTES

EMBORA DESPERTAR SEU POTENCIAL CRIATIVO individual possa afetar o mundo de maneira positiva, algumas mudanças requerem um esforço coletivo. O trabalho em equipe (a combinação certa de liderança e ativismo popular) é necessário para atingir a inovação em grande escala, e promover a mudança em organizações e instituições raramente é uma atividade solitária. Se você quiser que a sua equipe incorpore a inovação à sua rotina, precisará cultivar uma cultura criativa.

Vejamos, por exemplo, a transição cultural realizada na Intuit, conduzida por Kaaren Hanson, vice-presidente de inovação em design da empresa.[1] Lá nos anos 1980, Scott Cook fundou a Intuit com base na simplicidade, começando com seu carro-chefe, o software de administração de finanças pessoais Quicken, e expandindo-se a outros aplicativos de sucesso, como o QuickBooks e o TurboTax. No entanto, o crescimento da empresa acabou se acelerando e a liderança executiva percebeu que a Intuit precisaria ir além de meras melhorias incrementais para criar inovações revolucionárias. Assim, Scott pediu que Kaaren, uma jovem diretora de design na época, o ajudasse a revigorar o ciclo de crescimento e inovação que impulsionara a acelerada ascensão da empresa no início de sua história.

Em busca de novas ferramentas, ela fez um curso de inovação focada no cliente na d.school e aprendeu os princípios descritos neste livro. Kaaren também incorporou ideias de influentes pensadores de negócio como Geoffrey Moore, Fred Reichheld e Clayton Christensen. O resultado foi um novo caminho que a empresa batizou de

"Design for Delight" (algo como design para encantar), chamado internamente de D4D. Para os empregados da Intuit, criar designs para encantar significa "evocar emoções positivas transcendendo as expectativas dos clientes e proporcionando facilidades e benefícios para que as pessoas comprem mais e divulguem a experiência". Entre os princípios estão: 1) desenvolver uma profunda empatia pelo cliente; 2) expandir para estreitar (por exemplo, procurando muitas ideias antes de convergir a uma solução); e 3) realizar experimentos rápidos com os clientes.

O D4D, concebido em um retiro executivo em 2007, contou com o apoio de grande parte da administração sênior. No entanto, Kaaren não demorou a descobrir que a adesão do topo, embora necessária, não é uma garantia de sucesso. A empresa se viu atolada no que Kaaren chama de "fase do discurso vazio", na qual muitas pessoas expressam seu apoio com veemência, mas nada é feito e nenhum progresso é realizado. "Caímos nessa armadilha... duas vezes", ela conta, referindo-se a um segundo retiro realizado mais de um ano depois. Todos os principais executivos concordaram que o Design for Delight era importante para o futuro da empresa e queriam incorporá-lo em seus grupos mas, mesmo assim, o D4D permanecia sendo mais uma visão do que uma realidade.

Assim, em agosto de 2008, Kaaren recrutou nove dos melhores design thinkers da empresa para participar de uma equipe chamada Innovation Catalysts, ou Catalisadores da Inovação, voltada a incitar iniciativas criativas e atuar como coaches para ajudar os gestores a transformar as ideias do D4D em ação. Os Catalisadores vinham das áreas de design, pesquisa e gestão de produto e atuavam em posições próximas às operações cotidianas da empresa. Só dois deles se reportavam diretamente a Kaaren, mas ela conseguiu um acesso a cerca de 10% do tempo dos outros Catalisadores (dois dias por mês) e, provavelmente, uma porcentagem muito maior do comprometimento deles. Dessa forma, eles saíram em busca de oportunidades de encantar os clientes e instigar práticas inovadoras por toda a organização.

Em um projeto inicial, uma equipe de cinco pessoas da Intuit (incluindo três Catalisadores) criou um app de celular de fácil utilização chamado SnapTax para ajudar os usuários a preparar e submeter rapidamente suas declarações de imposto de renda. A equipe observou dezenas de jovens (seu público-alvo) em lugares que eles costumam frequentar, como o Starbucks.[2] Os Catalisadores e seus colaboradores percorreram rapidamente oito rodadas de prototipagem do software em oito semanas, coletando opiniões e sugestões dos clientes e realizando modificações no design a cada rodada para chegar a um aplicativo mais robusto e de utilização mais fácil.

Para usar o app, basta tirar uma foto do informe de rendimento enviado pelo empregador e responder algumas perguntas no app. Em poucos momentos, sua declaração está pronta para ser enviada. Mas até que ponto o SnapTax se adequa à definição da Intuit de criar designs para encantar? Ele provoca emoções positivas? Sim. Supera as expectativas do cliente? Sim. Proporciona facilidade de utilização e um benefício claro para os consumidores? Sim e sim.

Quando a Intuit começou a criar designs para encantar os consumidores, a empresa se viu naturalmente revitalizando sua cultura de inovação. Em outras palavras, o processo criativo utilizado era contagiante. Nas palavras de Kaaren, "A diversão é contagiante. A meta de encantar os clientes se disseminou pela nossa empresa e engajou nossos empregados".

Hoje, o grupo de Catalisadores possui quase 200 membros espalhados por toda a empresa, orientando centenas de outros empregados e trabalhando em colaboração com eles. Além de trabalhar nos próprios projetos, eles também orientam os gestores no processo de inovação, atuando como facilitadores em sessões de brainstorming, ajudando a conduzir entrevistas com usuários e a construir protótipos.

O grupo de Catalisadores da Inovação ainda está em fase de implementação, mas a Intuit já sente os efeitos. Indicadores de fidelidade do client —, como o net promoter score — subiram, bem como o faturamento, os lucros e a capitalização de mercado. Roger Martin, reitor da Faculdade de Administração Rotman da University of Toronto, que vem estudando o desempenho da empresa nos últimos anos, constatou que a Intuit passou a se beneficiar mais rapidamente das oportunidades além de aumentar o número de apps de zero a dezoito em apenas dois anos.[3] Em 2011, a Intuit foi incluída na lista anual da *Forbes* das 100 empresas mais inovadoras do mundo. Kaaren quer "incorporar o D4D no DNA da Intuit até 2015", quando os Catalisadores não precisarão mais existir como um grupo diferenciado.

Como Kaaren e seus colegas conseguiram montar um grupo criativamente confiante e orientado a novas ideias? Eles acertaram na mosca em pelo menos seis pontos:

- Eles angariaram um amplo apoio executivo, o que ajudou o programa Catalisadores da Inovação a cruzar fronteiras organizacionais.

- Eles lançaram uma iniciativa "popular", que só exigiu um modesto comprometimento da média gestão, utilizando pequenas parcelas do tempo dos empregados.

- Eles alavancaram um dos princípios essenciais da empresa (a simplicidade) e lhe deram nova vida com o conceito tangível da criação de designs para encantar.

- Eles selecionaram meticulosamente os primeiros Catalisadores para ajudar a dar o pontapé inicial no programa, sabendo que ele poderia ser expandido mais adiante quando o grupo ganhasse ímpeto.

- Eles evitaram grandes e complexos produtos de outros departamentos e divisões da empresa, lançando pequenos experimentos para atingir algumas vitórias iniciais em novos mercados.

- Eles definiram um prazo de vários anos, reconhecendo que uma verdadeira mudança cultural se dissemina lentamente em uma grande organização.

O programa Catalisadores da Inovação tem sido um estrondoso sucesso na Intuit, mas foi necessário muito esforço, experimentação e resiliência a cada passo do caminho. Organizações criativamente confiantes não são criadas da noite para o dia. Até iniciativas criativas de sucesso, como o programa Catalisadores da Inovação, percorrem uma série de fases antes de "cruzar o abismo" de serem incorporadas à cultura geral de uma organização.

Mauro Porcini, chefe oficial de design da PepsiCo, nos deu um exemplo das fases pelas quais as empresas passam para reforçar sua capacidade de inovar.[4]

Conhecemos Mauro quando ele era diretor de design estratégico global da 3M, levando um pouco do charme milanês ao estado americano de Minnesota. Tendo passado uma década observando a evolução da inovação e do *design thinking* na 3M, Mauro acredita que as empresas percorrem cinco fases no desenvolvimento da confiança criativa.

A primeira fase, de acordo com Mauro, é a pura negação: tanto executivos quanto colaboradores afirmam: "Isso não é para nós. Não somos criativos", em uma atitude que costumava permear as empresas tradicionais, mas que hoje está mudando. Por exemplo, nos primeiros anos da IDEO, nossos clientes normalmente se interessavam só pelos resultados finais de um projeto. Atualmente eles trabalham lado a lado conosco e quase todos se mostram ávidos e ver como trabalhamos para aprender como incorporar a confiança criativa na própria cultura.

Mauro chama a segunda fase de "rejeição oculta", na qual um executivo recomenda intensamente e patrocina ostensivamente um novo programa de inovação enquanto os outros gestores só falam da boca para fora e nunca se comprometem com a iniciativa. É similar à "fase do discurso vazio" pela qual a Intuit passou. Em incontáveis ocasiões, o apoio executivo não se traduz em um verdadeiro progresso. Em outras palavras, a organização cai na famosa "lacuna entre o saber e o fazer", onde a ação é substituída pelo mero discurso.

Não é fácil mudar o comportamento, e o processo de mudança pode morrer na praia por várias razões. As pessoas podem não estar convencidas de que o novo método dará certo ou podem resistir à mudança. Elas podem não entender direito a ideia e, em consequência, deixam de implementá-la. Os gestores podem dar início a um projeto porque o chefe mandou, mas não conseguem manter o foco. Ou, como nos contaram, quando o CEO da empresa encorajou a inovação centrada no ser humano, todo mundo soube que deveria incluir um slide sobre o usuário em todas as apresentações ao CEO. As pessoas não viam o valor de conversar com os usuários finais, elas só queriam agradar o CEO.

Para superar a fase de rejeição oculta, os empregados de linha de frente precisam sentir na pele os princípios da confiança criativa. Depois de concluírem um ciclo de *design thinking* pela primeira vez, eles podem começar a ver como poderia ser interessante incorporar os métodos da inovação ao próprio trabalho. A importância da experiência direta reflete nos resultados das pesquisas sobre a autoeficácia conduzidas pelo psicólogo Albert Bandura. O simples fato de os executivos seniores solicitarem aos gestores que fomentem a inovação pode não surtir muito efeito. O método mais poderoso de impulsionar a confiança criativa é o "domínio guiado" de Bandura. Da mesma forma como aprender a chutar e acertar uma bola no ângulo do gol, o jeito mais eficaz de aprender a incorporar a inovação à sua rotina é pela prática e pelo coaching.

Para criar uma organização criativa, é necessário desenvolver a confiança criativa dos seus principais colaboradores, uma pessoa de cada vez. A diretora de inovação Claudia Kotchka ajudou a implementar o *design thinking* na Procter & Gamble. Para ela, a chave era fazer com que as pessoas experimentassem a metodologia em primeira mão. "Sempre digo: 'É melhor mostrar do que contar'", ela explica.[5] "No fim das contas, basta levar o maior número possível de pessoas a passar pelo processo. Porque, quando elas têm essa vivência, elas mudam para sempre". Muitos clientes mencionaram a importância de ter coaches de inovação treinados na empresa para orientar os outros no desenvolvimento da confiança criativa. Enquanto a Intuit teve seus "Catalisadores da Inovação", outras empresas têm as próprias versões, com títulos que variam de "facilitadores" a "aliados da inovação".

Mauro chama a terceira fase do caminho para a confiança criativa organizacional de um "salto de fé", que ocorre quando uma pessoa em posição de poder e influência percebe o valor do *design thinking* orientado ao consumidor e resolve bancar um projeto, dando-lhe apoio e recursos. Dedicar espaço e verba a uma iniciativa indica com clareza que você quer que as pessoas corram riscos e se forcem a inovar, mesmo se fracassarem.

> PARA CRIAR UMA ORGANIZAÇÃO CRIATIVA, É NECESSÁRIO DESENVOLVER A CONFIANÇA CRIATIVA DOS SEUS PRINCIPAIS COLABORADORES.

Mauro chama a quarta fase de a "busca pela confiança". Nesse estágio, uma organização acolhe a inovação e busca as melhores maneiras de alavancar os recursos criativos para ajudar a empresa a atingir suas metas. Muitos clientes com os quais trabalhamos estão nessa fase, convertendo seus sucessos iniciais na inovação em metodologias que podem ser aplicadas por toda a empresa.

A quinta fase é o que Mauro chama de "integração e conscientização holística". Nesse ponto, a inovação, a iteração constante e a criação de designs tendo em mente a experiência do cliente são incorporadas ao DNA da empresa. Nessa fase, as equipes desenvolvem a rotina de aplicar as ferramentas criativas aos desafios que enfrentam. É a confiança criativa no nível organizacional.

Para começar a desenvolver uma cultura de inovação, você precisa do respaldo tanto de cima quanto de baixo, no que Jeremy Utley, da d.school, descreve como "infantaria em solo e cobertura aérea".[6] Uma iniciativa concebida nos níveis inferiores tem poucas chances de sobreviver sem o apoio executivo, mas um decreto que veio de cima, como vimos, também não levará a uma ação engajada. As pessoas de todos os níveis precisam saber como influenciar a cultura e cultivar a mudança.

Continuaremos este capítulo abordando a liderança e a cultura de inovação, dois fatores estreitamente relacionados e essenciais para qualquer grupo criativamente confiante.

A "CONFIANÇA DO KARAOKÊ" NA CULTURA ORGANIZACIONAL

Como fazer com que seja seguro participar da ação criativa e se envolver nela? Como criar coragem de tentar algo novo, sabendo que pode fracassar muito no começo? Quando éramos bebês, todos nós caímos muito antes de aprender a andar, mas ninguém nos disse que a melhor opção era desistir. Quando crianças, não foi fácil para a maioria de nós aprender a andar de bicicleta, mas fomos encorajados a continuar tentando. Na juventude, descobrimos que dirigir um carro não era tão fácil quanto parecia, mas tínhamos toda a motivação do mundo para melhorar e tirar a carteira de motorista. Então por que desenvolver a nossa confiança criativa no trabalho nos parece um território tão repleto de perigos? Por que tendemos a abandonar uma empreitada criativa assim que encontramos as primeiras dificuldades?

A maioria das pessoas reluta em cantar sozinha em público, mas, nas condições certas, elas não pensam duas vezes antes de pegar o microfone. Tom conheceu o karaokê nos bares esfumaçados da Tóquio urbana mais ou menos em 1985, ouvindo bêbados engravatados berrando versões desafinadas de músicas do Sinatra. Um novato no mundo do karaokê pode achar que as pessoas só têm coragem de cantar depois de beber muito, já que o irrefreado consumo de álcool parece ser quase um pré-requisito essencial para o sucesso do karaokê. No entanto, existem muitos bares e restaurantes onde bebidas alcoólicas são disponibilizadas em abundância, mas ninguém se arrisca a subir no palco para cantar. Foi por isso que apelidamos de "confiança do karaokê" a diversão descontraída de um encontro musical e o fenômeno cultural que resulta disso.

A confiança do karaokê, assim como a confiança criativa, depende da ausência de medo do fracasso e da crítica sem necessariamente exigir um talento musical nato nem um sucesso imediato. Na verdade, como qualquer frequentador veterano de karaokê saberia lhe dizer, apesar de a plateia notar (e até comentar) o talento musical dos bons cantores, o público também valoriza e aplaude fervorosamente um novato desafinado, porém entusiasmado. Sentindo o encorajamento sincero da plateia, o cantor de karaokê se anima a continuar subindo no palco, melhorando um pouco a cada vez.

A confiança do karaokê parece depender de alguns ingredientes fundamentais e notamos que esses mesmos ingredientes são essenciais para encorajar culturas de inovação por toda parte. Veja cinco orientações que podem melhorar a sua próxima experiência no karaokê... e a cultura de inovação da sua empresa:

- nunca perca o senso de humor;
- beneficie-se da energia das pessoas;
- minimize a hierarquia;
- valorize a confiança e o espírito de camaradagem da equipe;
- adie as críticas (pelo menos por enquanto).

Hoje em dia, aplicamos esses princípios e modos de pensar em quase tudo o que fazemos. Para cultivar a confiança criativa em um grupo, reflita sobre a ecologia social da sua equipe. As pessoas se sentem à vontade correndo riscos e testando novas ideias? O grupo encoraja os membros a falar abertamente, mesmo quando todos preferem não ouvir o que eles têm a dizer? As ideias fluem acima e abaixo da hierarquia ou a organização encoraja as pessoas a "ater-se aos canais oficiais"?

Na IDEO e na d.school, raramente dizemos "É uma péssima ideia", "Isso não vai dar certo" ou "Já tentamos isso antes". Quando discordamos de alguma ideia, tendemos a perguntar "Como poderíamos melhorar essa ideia?", "O que poderíamos acrescentar para transformá-la em uma excelente ideia?" ou "Quais outras ideias essa ideia pode gerar?". Com isso, mantemos o ímpeto criativo em vez de interromper o fluxo de ideias. Jogar um balde de água fria na contribuição de uma pessoa pode deter o diálogo e é a troca de ideias que pode levá-los a lugares novos e inesperados.

Quando um grupo adota a prática de expandir as ideias alheias, todo tipo de energia criativa pode ser liberado. E o resultado é algo assim:

Quatro membros da equipe da IDEO voltavam de carro ao hotel depois de um longo dia observando usuários em campo. De repente, eles perceberam que os post-its estavam acabando.[7] Se você já viu uma foto ou vídeo do nosso escritório, sabe que os post-its são ferramentas quase essenciais para anotarmos observações de entrevistas, fazermos o brainstorming de ideias, registrarmos passos de um processo e assim por diante. Quase qualquer coisa pode ser anotada em um post-it, que depois é colado em uma parede ou quadro. Praticamente, nosso escritório inteiro está coberto deles. Então, a equipe precisava decidir rapidamente como conseguir mais post-its, apesar de já ser tarde da noite.

Misturando o senso de humor nonsense a uma dose de ceticismo, um membro da equipe se perguntou em voz alta se eles não deveriam simplesmente reciclar os post-its usados, usando os mesmos post-its a cada vez que tinham a mesma ideia. Quando eles finalmente pararam de rir, a ideia levou a uma enxurrada de outras sugestões. Todo mundo quis participar, pegando o gancho das ideias anteriores: um porta cartões de visita de post-its, um jogo de bingo de post-its, mapas de post-it... Já existem umas quatro mil ideias de produtos feitos de post-it no mercado[8], mas, brincando com as ideias, eles acabaram inventando um novo produto: um bloco de post-its com papel carbono. Você anota uma ideia em um post-it e, mesmo depois que ele é colado no quadro, você continua com uma cópia da ideia em carbono no bloco. Assim, sem qualquer esforço adicional, o fluxo de ideias fica registrado no bloco. Eles imediatamente apelidaram o novo conceito de "Flowst-its" (rimando com post-its). O membro da equipe da IDEO que dirigia o carro quase teve de parar no acostamento de tanto rir.

Os "Flowst-its" provavelmente não se tornarão um produto de verdade (apesar de um designer ter começado a criar um protótipo), mas o modo como ele foi gerado exemplifica a colaboração criativa em sua melhor forma. É muito energizante trocar ideias em um grupo de pessoas de confiança, sem medo de fracassar ou ser criticado. Uma ideia leva à outra e seria muito difícil chegar sozinho às ideias resultantes, além de provavelmente levar muito mais tempo. E o processo sem dúvida não seria tão divertido. Pela nossa experiência trabalhando em milhares de projetos de inovação para muitas das empresas mais exigentes do mundo, o todo é muito maior que a soma das partes.

Para que esse tipo de equipe de inovação seja eficaz, as pessoas devem receber de braços abertos a ideia de trabalhar juntas para chegar a uma solução colaborativa. Nenhuma pessoa sozinha é responsável pela solução final, que é o resultado da contribuição de todos. Em vez de pessoas protegendo e promovendo "a minha ideia", o grupo não se importa de compartilhar os créditos. Quando um cliente recentemente pediu que os membros de uma das nossas equipes de projeto anotassem seus nomes em post-its numa sessão de idealização (na tentativa de dar os créditos às pessoas certas), tivemos muita dificuldade de fazer isso. Estamos tão acostumados com expandir as ideias uns dos outros que foi muito estranho dizer "Essa ideia é minha".

A colaboração é especialmente eficaz quando os membros da equipe são diversificados, vindos de áreas diferentes e levando variadas perspectivas à equipe. É por isso que misturamos engenheiros, antropólogos e designers de negócios nas equipes de projeto com cirurgiões, cientistas da alimentação e economistas comportamentais.

Trabalhando em equipes multidisciplinares diversificadas, podemos chegar a soluções que seriam impossíveis para cada um de nós chegar sozinho. Reunir variadas experiências de vida e perspectivas contrastantes em uma sala resulta uma tensão criativa que, muitas vezes, leva a ideias mais inovadoras e interessantes.

COLABORAÇÃO RADICAL NA D.SCHOOL

Na d.school, costumamos ministrar os cursos em colaboração como uma maneira de instigar discussões multidisciplinares e melhorar a experiência em sala de aula. Na abordagem de ensino tradicional, um professor dá uma aula expositiva, provavelmente a mesma do ano passado e do ano retrasado, enquanto os alunos tentam anotar tudo o que é dito. Pode até ter um tempo para discussão depois, mas provavelmente nem os alunos nem o professor-assistente levantarão qualquer tipo de crítica ou questionamento. Feito isso, os professores entram no carro e vão para casa satisfeitos com a crença de que fizeram um bom trabalho.

Contudo, juntando professores de outros departamentos e profissionais do setor na sala de aula, cria-se de repente uma dinâmica de grupo. Quando David lançou a ideia das aulas ministradas em equipe na d.school, os professores imaginaram miniaulas expositivas, uma após a outra, talvez com uma breve sessão de discussão ao final, mas o que realmente acontece é bem diferente disso: os professores da d.school questionam as ideias uns dos outros, o que gera animados debates nos quais todos acabam aprendendo muito. Diferentes pontos de vista são expressos e, em vez de ouvir a resposta "certa" de um professor discorrendo na frente da sala, os alunos precisam desenvolver o pensamento crítico e fazer perguntas para decidir o que pensar. Enquanto os membros da equipe de ensino discutem as ideias e questionam uns aos outros, eles e os alunos obtêm com novas soluções e novos modos de pensar. Com esse modelo de ensino, os alunos são levados a exercitar o próprio pensamento criativo, constatando, pela experiência própria, que normalmente há várias soluções possíveis para inovar.

Reunir mentes diversificadas pode ser particularmente interessante para resolver desafios complexos e multidimensionais. A JetBlue Airways aprendeu essa lição após um verdadeiro pesadelo de atendimento ao cliente em 2007.[9] Quando uma tempestade de gelo fechou o Aeroporto Internacional JFK, em Nova York, por seis horas, os elos mais fracos das operações da companhia aérea provocaram um caos nos voos que levou seis dias para ser resolvido. Alguns passageiros ficaram esperando, por dez horas, dentro do avião na pista de decolagem. O desastre custou à JetBlue um valor estimado de US$ 30 milhões e levou o conselho de administração da companhia aérea a forçar a saída do fundador/CEO David Neeleman.[10]

As causas da lenta recuperação da JetBlue eram sutis e multifacetadas. Para diagnosticar e resolver o problema, a companhia aérea começou contratando uma consultoria, gastando mais de um milhão de dólares em extensos relatórios. Como nenhuma melhoria resultou dessa medida, Bonny Simi, então diretora de Aeroportos e Planejamento de Pessoas, propôs uma estratégia diferente ao chefe. Em vez de uma abordagem top-down, Bonny sugeriu uma abordagem bottom-up, montando uma equipe multidisciplinar. Essa proposta original pode ter sido um resultado, em parte, da formação eclética e incomum de Bonny, que incluiu atuações como atleta olímpica (ela participou de competições de luge em Sarajevo, Calgary e Albertville), locutora esportiva e piloto da United Airlines.

Bonny recebeu autorização para usar um dia do tempo das pessoas que representariam todas as facetas das operações de linha de frente: pilotos, comissários de bordo, pessoal de despache, agendadores de tripulação, entre outros. O plano foi reuni-los para mapear a complexa interação de eventos que é acionada em "operações irregulares", como na eventualidade de condições climáticas severas. Muitos duvidaram da abordagem naquele primeiro dia. "Três quartos do grupo era composto de céticos e o outro quarto era de pessimistas", Bonny conta.

Mesmo assim, eles deram uma chance à ideia. Eles imaginaram uma tempestade de trovões que cancelaria 40 voos e anotaram cada passo de suas ações de recuperação em post-its amarelos. Sempre que um problema era identificado, eles o anotavam em um post-it cor-de-rosa. Por exemplo, eles identificaram que os gerentes usavam planilhas diferentes para controlar os voos a ser cancelados. As variações na apresentação dos dados levava a erros de comunicação, confusão e até ao cancelamento dos voos errados.

Eles terminaram o dia com mais de mil post-its cor-de-rosa e Bonny recebeu permissão para montar uma força-tarefa voltada a resolver os problemas mais urgentes. Ela passou os próximos meses trabalhando com 120 empregados da JetBlue, em sua maioria horistas que se ofereceram para ajudar. Quando perceberam que tinham o poder de influenciar o fluxo de operações, as pessoas se tornaram "incríveis evangelizadoras" da iniciativa, de acordo com Bonny.

Voltando-se à coletividade para encontrar soluções, Bonny realizou muito mais do que conseguiria fazer sozinha. Pelo que consta, a JetBlue passou a se recuperar de grandes desestabilizações 40% mais rápido que antes. "A gente percebe que não dá para resolver o problema sentada em uma sala", Bonny explica. "É preciso sair do escritório e conversar com as pessoas que lidam com o problema, não importa se é um problema dos clientes ou do seu pessoal de linha de frente."

Em qualquer organização, grupos multidisciplinares podem cruzar barreiras hierárquicas e estruturais para gerar um mix inovador de novas ideias. As oportunidades desse tipo de fusão surgem até fora das fronteiras da sua empresa, ao utilizar a inovação aberta. Em vez de trabalhar unicamente com recursos internos, você descreve um problema ou missão em um site de inovação aberta e deixa que mentes criativas do mundo inteiro o ajudem a encontrar uma solução. Você pode abrir a própria plataforma de inovação aberta para hospedar as conversas ou usar sites de terceiros, como a InnoCentive.

Depois de décadas contando com a capacidade criativa apenas da IDEO e de equipes dos clientes, fundamos a OpenIDEO para nos beneficiar das ideias alheias em uma escala muito mais ampla, usando o poder de uma plataforma de inovação aberta.[11] Desde o lançamento da comunidade digital em 2010, ela atraiu todo tipo de gente, desde designers veteranos a amadores interessados, representando uma ampla variedade de formações e setores. Hoje, a comunidade inclui cerca de 45 mil pessoas praticamente de todos os países do mundo. Pode ser que eles nunca se conheçam pessoalmente, mas juntos já fizeram uma diferença em dezenas de iniciativas, desde ajudar a revitalizar cidades em declínio econômico até a prototipagem de serviços de ultrassom para mulheres grávidas na Colômbia.

COMO CUIDAR DE UMA EQUIPE DE INOVAÇÃO[12]

Trabalhar com pessoas de formações diversas tem um valor inestimável, mas não significa que seja fácil, podendo levar ao "atrito criativo". No entanto, à medida que vocês vão resolvendo opiniões e pontos de vista conflitantes, novas ideias podem surgir.

Para maximizar a criatividade da sua equipe, mantenha em mente os princípios que Julian Gorodsky, nossa psicóloga residente e ex-aluna de Peter Rubin, desenvolveu na d.school para ajudar os membros da equipe a serem mais positivos, francos, empáticos, abertos e para que eles se sintam à vontade uns com os outros, a fim de encorajar as ideias criativas.

1. **CONHEÇA OS PONTOS FORTES UNS DOS OUTROS.** Imagine que a sua equipe seja um grupo de super-heróis, cada um com os próprios poderes e pontos fracos especiais (como a criptonita). Divida o trabalho para maximizar a eficácia da equipe e se beneficiar dos pontos fortes de cada um.

2. **ALAVANQUE A DIVERSIDADE.** A tensão dinâmica entre diferentes pontos de vista é o que faz das equipes diversificadas um terreno fértil para a criatividade, mas também pode ser uma fonte de conflitos e erros de comunicação. As equipes que realmente valorizam a diversidade se mostram dispostas a encarar esses problemas e falar a respeito, em vez de tapar o sol com a peneira.

3. **ENTRE NO PROJETO DE CORPO E ALMA.** Deixar a vida pessoal do lado de fora do escritório prejudica o pensamento criativo. Mergulhe no trabalho de corpo e alma. Inicie as reuniões da equipe perguntando a cada um "Como vai você, de verdade?" ou simplesmente propondo "Conte alguma coisa pessoal sobre você". Cada membro da sua equipe pode trazer experiências de vida sem igual para a discussão.

4. **RECONHEÇA O VALOR DOS RELACIONAMENTOS NO TRABALHO.** Quando perguntamos aos membros das equipes da d.school o que mais importará quando eles olharem para trás daqui a cinco anos, a resposta normalmente é "meu relacionamento com meus colegas de equipe" e não apenas os resultados do projeto. Não perca de vista o que mais importa.

5. **MODELE ANTECIPADAMENTE A EXPERIÊNCIA DA SUA EQUIPE.** Como vocês se ajudarão nos próximos dias? Por quais princípios vocês querem se orientar? O que vocês esperam realizar, tanto pessoal quanto profissionalmente, com o projeto?

6. **DIVIRTAM-SE!** Priorize a confraternização. Divertir-se juntos pode melhorar a colaboração do grupo. Saia com a equipe para uma caminhada, um jantar, para praticar um esporte ou se exercitar.

UMA INCUBADORA DE INOVAÇÃO

Quando acredita firmemente na criatividade, você deve incorporá-la por toda a empresa, incluindo-a em todas as suas comunicações, refletindo essa crença no seu processo de contratação e avaliações de desempenho e fazendo com que a inovação faça parte da sua marca.

Uma oportunidade muitas vezes negligenciada de reforçar uma cultura de inovação é incluí-la no seu espaço físico, nos ambientes de trabalho, onde a sua equipe passa a maior parte do tempo durante a semana. Um ambiente de escritório pode ser entorpecedor ou energizante. As equipes, e especialmente os líderes de equipe, podem encontrar oportunidades de transformar espaços meramente ordinários em espaços extraordinários. No livro *As 10 faces da inovação*,

Tom contou como um "designer de cenário" otimiza o ambiente de trabalho para dar suporte à energia criativa e como estamos sempre em busca de novas maneiras de fazer isso.[13]

Em um recente projeto da IDEO, trabalhamos com uma marca americana clássica do mundo do rock para desenvolver uma espécie de objeto colecionável que seria ambicionado pelos fãs.[14] Os designers europeus Joerg Student e Elger Oberwelz se inspiraram na Airstream, fabricante de trailers de alumínio cuja herança remonta do mesmo designer que criou o famoso monoplano *Spirit of St. Louis*, pilotado por Charles Lindbergh. Isso lhes deu uma ideia: eles poderiam pegar um trailer Airstream, um clássico da cultura americana, para servir como um espaço do projeto e ajudá-los a mergulhar no espírito daquela época.

A equipe encontrou um Airstream modelo "Streamline Prince" de 1969 e arranjou um lugar no campus para estacioná-lo. Com os clássicos flamingos cor-de-rosa na frente e fotos vintage afixadas nas paredes internas, o trailer os dois designers se sentiram em casa, apesar do aperto (Elger tem 1,90 m de altura e Joerg tem 1,95 m). Mas isso não restringiu a criatividade da equipe. "Em virtude do nosso espaço especial", Joerg conta, "nunca ficamos mais inspirados nem nos divertimos mais em um projeto. O trailer nos deu muita energia e foco". Você pode não ter espaço para um trailer vintage Airstream (nem precisar de um), mas será que não pode acrescentar ou mudar alguma coisa no seu ambiente de trabalho para transformá-lo em uma fonte de inspiração para o seu projeto atual?

Outro experimento em espaço criativo que estamos realizando, que tomamos emprestado dos nossos amigos da Steelcase, é algo que chamamos de Tenda Digital. Não dá para deixar de ver a tenda ao entrar no lobby do nosso estúdio de design em Palo Alto. Toda em branco, a Tenda Digital é um cilindro afunilado de cerca de três metros e meio de diâmetro que lembra uma pequena espaçonave flutuando um pouco acima do chão. É um divertido espaço de reunião semiprivado para um pequeno grupo, inspirado pelas pitorescas iurtes usadas na Mongólia há séculos.

A Tenda Digital é um convite para se sentar e pegar um giz de cera colorido.

A tenda instigou inúmeros bate-papos informais, mas nossa fonte preferida de reforço cultural provém não da tenda em si, mas da mesa redonda branca que ela abriga. Você lembra quando a sua mãe ensinou a regra de "Não escrever nos móveis"? Essa é uma das milhares de regras que internalizamos como membros "bem-comportados" da sociedade moderna. No entanto, quando você se senta na tenda, fica claro que entrou em um espaço onde é encorajado a agir de outra forma. Quase todo mundo começa a rabiscar na mesa branca circular sem nem pensar em perguntar se pode.

O que instiga esse comportamento fora do comum? Para início de conversa, a superfície da mesa é feita completamente de papel (folhas brancas no formato de rosquinhas empilhadas até quase 30 centímetros de altura). Mais ou menos no diâmetro de pneus de carro, elas podem ser rasgadas e descartadas depois de estarem repletas de rabiscos de palavras ou desenhos. Encaixada no centro da mesa circular vê-se uma grande vasilha cheia de gizes de cera coloridos. Em outras palavras, o ambiente da tenda envia claros sinais não verbais: o papel proporciona a famosa *tabula rasa* (um espaço em branco esperando para ser customizado) e os gizes coloridos já bem gastos claramente não estão lá só como decoração. É comum chegar lá e ver os rabiscos alheios, imediatamente percebendo que se trata de um lugar onde você pode descartar as velhas regras e começar a criar algo novo.

Esse é um bom exemplo de até que ponto o espaço pode nos afetar. Da mesma forma como o clima certo de uma festa pode trazer à tona o seu "animal interior", o ambiente de trabalho certo pode despertar a sua capacidade criativa latente. Um espaço aberto facilita a comunicação e a transparência. Amplas escadarias encorajam conversas informais entre pessoas de diferentes departamentos. Superfícies para escrever espalhadas por toda parte instigam sessões espontâneas de idealização. Espaços especiais para um projeto podem reforçar a coesão da equipe.

Sendo assim, *seja deliberado na criação do seu ambiente de trabalho*. Para a maioria das organizações, o espaço de trabalho representa o segundo maior gasto (perdendo apenas para a remuneração das pessoas que trabalham nesse espaço). As empresas se beneficiariam de prestar mais atenção ao modo como gastam a verba alocada ao espaço de trabalho. Se você quiser que uma equipe de pessoas talentosas e criativas faça coisas extraordinárias, não a coloque em um espaço banal e insípido.

Quando a d.school foi fundada, não pudemos nos mudar imediatamente para o nosso "lar" permanente e, durante quatro anos, nos transferimos quatro vezes para espaços diferentes. A ideia foi intimidadora no início, mas, olhando para trás, aprendemos lições preciosas com a experiência.

A d.school começou em uma casa móvel caindo aos pedaços nas proximidades do campus. A equipe derrubou as paredes originais e construiu novas paredes usando madeira e policarbonato transparente. Fizemos mesas com portas apoiadas em cavaletes. Os alunos podiam fazer o que quisessem, incluindo perfurar qualquer superfície que lhes apetecesse. Depois, a faculdade se mudou para um escritório repleto de fileiras e mais fileiras de terminais de computador e um carpete institucional barato, que removemos para revelar o piso de concreto. Em seguida, nos mudamos para um laboratório de hidrodinâmica, rodeado de salas antes alocadas aos estudantes de

> SE VOCÊ QUISER QUE UMA EQUIPE DE PESSOAS TALENTOSAS E CRIATIVAS FAÇA COISAS EXTRAORDINÁRIAS, NÃO A COLOQUE EM UM ESPAÇO BANAL E INSÍPIDO.

doutorado. O último — e atual — lar da d.school costumava ser um estúdio de desenho industrial.

Como a d.school teve de se mudar com tanta frequência, fomos forçados a prototipar o espaço várias vezes, adaptando-o e testando-o com centenas de estudantes por ano. Depois de termos passado um tempo usando intensamente o espaço, uma lista do que deu certo e do que não deu certo surgia naturalmente, orientando a equipe a criar o design do próximo espaço. Apesar de cada mudança ter sido difícil e estressante, foi também uma oportunidade catártica de recomeçar do zero e melhorar a cada iteração. Assim, o atual espaço da d.school incorpora insights de todas as versões anteriores.

Veja alguns exemplos das lições que aprendemos ao longo do caminho (algumas dessas lições são relatadas no livro *Make Space*, de Scott Doorley e Scott Witthoft, codiretores da Environments Collaborative da d.school):[15]

- **MANTENHA AS PESSOAS JUNTAS, MAS NÃO PERTO DEMAIS.** Queríamos incentivar uma estreita colaboração, mas, quando reunimos todo o corpo docente em uma única mesa, ficou apertado demais. Agora cada um tem uma mesa, mas todas as mesas ficam agrupadas em um espaço aberto, sem divisórias.

- **NÃO SE ESQUEÇA DO BARULHO.** A ideia do espaço com divisórias de madeira e policarbonato era proporcionar uma sensação de abertura e colaboração, mas, na prática, percebemos a importância da privacidade acústica. Apesar de as paredes improvisadas separarem as diferentes áreas, elas não impediam a propagação do som, o que dificultava a concentração de alguns.

- **INCLUA A FLEXIBILIDADE... NOS LUGARES CERTOS.** A equipe pôs rodinhas em tudo: sofás, mesas, divisórias, quadros brancos e armários de material. Essa flexibilidade possibilitou uma fácil transição entre variadas utilizações, mas podia ser mais confusa do que liberadora (como quando a fotocopiadora não parava no lugar).

- **CUSTOMIZE OS ESPAÇOS PARA AS EXPERIÊNCIAS.** Os colaboradores também criou alguns "microambientes" na d.school. Esses pequenos espaços, do tamanho de um closet, variando de uma "sala branca" para a idealização até um exuberante lounge, sugerem modos de trabalho diferente e dão às equipes uma opção customizada para a atividade em mãos.

- **CRIE UMA ATMOSFERA QUE DÊ ÀS PESSOAS PERMISSÃO DE EXPERIMENTAR.** Na d.school, a maioria das superfícies é feita de compensado, espuma, concreto ou quadro branco, com acabamento mínimo e nada de preciosismo. Materiais rudimentares transmitem a mensagem "fique à vontade para experimentar" em vez de "cuidado, frágil". Pode parecer óbvio, mas não é tão comum ver essa ideia na prática no mundo corporativo. Anos atrás, Tom conduziu um workshop em um belo centro de aprendizado corporativo, novinho em folha, para uma respeitada empresa da Fortune 500. Quando ele começou a colar alguns pôsteres para usar no workshop, alguém o interrompeu, insistindo que era proibido usar "fita adesiva nas superfícies pintadas". Quando as superfícies de um centro de aprendizagem inibem parte do processo de aprendizado, pode ser a hora de repensar os conceitos.

- **NÃO TENHA MEDO DE OUSAR NOS PROTÓTIPOS PARA A CRIAÇÃO DOS ESPAÇOS.** É possível fazer um protótipo em tamanho real com pouca verba. Marque com giz o layout do novo espaço, use barbante e grandes folhas de papel para simular paredes. Mesmo com materiais baratos, já dá para começar a visualizar o novo espaço de modo a ajudar os futuros ocupantes a testar alternativas e sentir o novo espaço.

- **USE A DIPLOMACIA.** Comece com um pequeno experimento antes do grande lançamento. Permita que as pessoas testem o protótipo rudimentar em tamanho real para irem se acostumando com a ideia. Reúna as pessoas para celebrar a transição ao novo espaço, seja batizando um novo prédio com uma garrafa de champanhe ou entregando uma chave simbólica ao grupo que estiver se mudando.

Criar uma restrição autoimposta — como mudar-se todos os anos — pode parecer loucura, mas também pode ser o empurrãozinho do qual o seu grupo precisa para continuar se reinventando e não se deixar acomodar. Fique de olho em oportunidades de dar uma chacoalhada nas coisas. Se vocês estiverem planejando uma reforma, prototipem ideias para o novo espaço no local de trabalho atual ou em um local intermediário. Se estão para começar um novo projeto, aproveitem a oportunidade para customizar o ambiente para esse projeto específico. Se vocês criarem o hábito de mudar o ambiente de trabalho, ele naturalmente se tornará mais reconfigurável e dinâmico. Assim, projete o espaço tendo em vista a flexibilidade e não a inércia e as convenções.

USE A LINGUAGEM PARA INFLUENCIAR A CULTURA

A linguagem é a cristalização do pensamento, mas as palavras que escolhemos fazem mais do que apenas refletir nossos padrões de pensamento: elas os influenciam. O que dizemos (e como dizemos) pode afetar profundamente a cultura de uma empresa. Qualquer pessoa que já tenha enfrentado o racismo ou o machismo sabe que as palavras fazem uma grande diferença. Para mudar atitudes e comportamentos, é interessante mudar primeiro o vocabulário, e o mesmo se aplica à inovação. Ao alterar o diálogo sobre novas ideias, padrões mais amplos de comportamento também serão afetados. Atitudes negativas ou pessimistas levam a palavras negativas ou passimistas, e o contrário também acontece.

Vários anos atrás, recebemos a visita de Jim Wiltens, um aventureiro, autor, viajante e palestrante que também ministra um programa que ele mesmo criou para crianças especiais e talentosas em escolas da Califórnia. Em seus programas, Jim enfatiza o poder de um vocabulário positivo.[16] E ele dá o exemplo. Você jamais o ouvirá dizendo "Não consigo". Ele evita

> PARA MUDAR ATITUDES E COMPORTAMENTOS, É INTERESSANTE MUDAR PRIMEIRO O VOCABULÁRIO.

proferir essas terríveis palavras, usando versões mais construtivas que enfatizam as possibilidades, como "Eu conseguiria, se...". Ele chega a prometer pagar 100 dólares a seus pequenos alunos se eles um dia o pegarem dizendo "Não consigo" ou "Não posso".

Você acha que a abordagem de Jim é um pouco simplista demais para ser adotada por adultos? Não esteja tão certo disso. Quando Cathie Black assumiu o cargo de presidente da Hearst Magazines, ela notou que padrões discursivos negativos criavam um ambiente hostil a novas ideias.[17] Um observador da empresa relatou que o negativismo tinha se transformado no mantra cético dos executivos. Desse modo, Black informou à sua equipe sênior que, a cada vez que eles dissessem "Já tentei isso" ou "Isso nunca vai dar certo", eles teriam de pagar dez dólares de multa. (Observe que a diferença entre executivos e professores é que os executivos impõem a multa *aos outros* e não a si mesmos.) Dez dólares não eram nada para eles, mas ninguém gosta de passar vergonha diante dos colegas.

Depois de aplicar a multa apenas algumas vezes, Black conseguiu varrer aquelas expressões do vocabulário do escritório. Será que o vocabulário mais positivo dos executivos teve um efeito mais amplo na organização? Durante a gestão de Black na Hearst, ela conseguiu manter saudáveis carros-chefe da editora, como a *Cosmopolitan*, em um dos períodos mais difíceis do setor editorial e ainda conseguiu lançar novos megassucessos como a revista *O*, da Oprah. Enquanto isso, ela também se tornou uma das mulheres mais poderosas do mundo dos negócios nos Estados Unidos.

A nossa versão de um substituto para padrões discursivos negativos é dizer "Como nós poderíamos...", como nos sugeriu, vários anos atrás, Charles Warren, hoje vice-presidente sênior de design de produtos da salesforce.com.[18] "Como nós poderíamos... ?" é um jeito otimista de se abrir a novas possibilidades. Em questão de semanas, a expressão "pegou" na IDEO e é usada até hoje. Em três simples palavras, a expressão destila grande parte da nossa perspectiva para o trabalho criativo. O "como" sugere que sempre é possível melhorar, só falta saber *como*. A palavra "poderíamos" reduz um pouco as expectativas, permitindo-nos levar em consideração ideias malucas ou improváveis em vez de editar as ideias desde o começo, nos dando mais chances de revolucionar. E o "nós" indica que todos são responsáveis por resolver a questão, deixando claro que a solução será encontrada em grupo, mas não qualquer grupo: o *nosso* grupo. Qualquer pessoa que trabalhou com a IDEO na última década ou participou de desafios de inovação social da OpenIDEO sem dúvida já ouviu essa pergunta.

No entanto, usar essa expressão não é só uma questão de semântica. Os pensamentos se transformam em palavras e as palavras se transformam em ações. Com uma linguagem correta, o comportamento é afetado. Os defensores das tradições e convenções costumam dizer "Sempre fizemos assim" ou "Ninguém faz desse jeito". Com uma sequência de perguntas do tipo "por que?", um menino de 8 anos é capaz de derrubar essas defesas. Infelizmente, os adultos às vezes esquecem esse simples poder das palavras. Tente ajustar o vocabulário do seu grupo e veja o efeito positivo que isso causará na cultura da sua organização.

LIDERANÇA EM INOVAÇÃO

As várias maneiras de criar uma cultura de inovação que apresentamos até agora são em grande parte influenciadas pelos líderes do topo da organização. Os líderes não têm como impor uma cultura, mas podem cultivá-la, podendo gerar as condições certas para fomentar a criatividade e a inovação. Metaforicamente, eles podem proporcionar o calor, a luz, a terra e os nutrientes para que uma cultura criativa cresça e dê frutos. Eles podem alocar seus melhores talentos ao desenvolvimento de grupos inovadores e de sucesso.

Na IDEO, temos o privilégio de trabalhar com CEOs e líderes visionários tanto do setor público quanto privado. Cada um tem o próprio estilo, é claro, mas os melhores são capazes de identificar e estimular as competências de seu pessoal. Essa capacidade vai muito além do mero carisma ou até da inteligência, e alguns líderes têm o dom de cultivar as pessoas ao seu redor, lhes possibilitando atingir seu máximo potencial.

Uma maneira de descrever esses líderes é dizer que eles são "multiplicadores", um termo que aprendemos em uma conversa com a autora e conselheira executiva Liz Wiseman. Com base em sua formação em comportamento organizacional e anos de experiência como executiva global de recursos humanos na Oracle Corporation, Liz entrevistou mais de 150 líderes em quatro continentes para escrever seu livro *Multiplicadores: como os bons líderes valorizam você*.[19] Liz observa que todos os líderes se posicionam em algum ponto da escala entre os *diminuidores*, controladores a ponto de subutilizar os talentos criativos da equipe, e os *multiplicadores*, que estabelecem metas desafiadoras e ajudam os empregados a atingir o tipo de resultados extraordinários que os próprios empregados podiam não saber que eram capazes de atingir. Em seu auge, Steve Jobs foi um multiplicador com seu "campo de distorção da realidade", convencendo as pessoas ao redor que elas eram capazes de fazer o impossível e, como num passe de mágica, capacitando-as a realizar esses feitos. E todos nós provavelmente nos lembramos de pelo menos um diminuidor para o qual trabalhamos, que nos fez sentir que, não importa o que fizéssemos, jamais poderíamos fazer qualquer diferença.

MULTIPLIQUE O IMPACTO DA SUA EQUIPE

Liz sugere que os líderes multiplicadores podem *dobrar* a produção de uma equipe ou empresa e ainda elevar o moral no processo. Veja como você também pode se tornar um multiplicador:

Seja um "ímã de talentos", atraindo e retendo as melhores e mais criativas pessoas e ajudando-as a atingir seu máximo potencial.

Encontre um desafio ou missão que motive as pessoas a expandir a mentalidade.

Encoraje um diálogo vigoroso que permita que diferentes pontos de vista sejam expressos e levados em consideração.

Permita que os membros da equipe sintam-se donos dos resultados e invista no sucesso deles.

Dessa forma, use as estratégias de um multiplicador para ajudar os membros da sua equipe a atingir seu melhor potencial criativo e mantenha-se sempre em busca dos líderes criativos de amanhã. Se você ainda não tiver esse tipo de autoridade na sua organização, seja um líder intelectual, atuando como um "mentor reverso" para os poderosos da sua empresa.

Warren Bennis, um dos mais proeminentes pensadores da arte da liderança da atualidade, passou anos estudando grupos revolucionários como o pessoal da Walt Disney Studios (enquanto Walt ainda era vivo), do Xerox PARC e da Skunk Works, da Lockheed. Veja algumas lições que ele aprendeu estudando esse pessoal:[20]

- Os excelentes grupos acreditam que sua missão fará uma enorme diferença. Transcendendo o mero sucesso financeiro, eles verdadeiramente acreditam que farão do mundo um lugar melhor.

- Os excelentes grupos são mais otimistas que realistas. Eles acreditam que são capazes de fazer o que ninguém conseguiu fazer antes. "E os otimistas, mesmo quando não estão em seu melhor, costumam realizar mais", Warren afirma.

- Os excelentes grupos *fazem*. "Eles se voltam à ação e não são meras usinas de ideias ou centros de retiro dedicados unicamente à geração de ideias." Warren caracterizou as colaborações eficazes que estudou como "sonhos com prazo".

Parte da razão pela qual todos nós entendemos a paixão e a performance dos excelentes grupos de Warren é que a maioria de nós já participou de um grupo como esse, seja fazendo um trabalho escolar ou trabalhando em uma nova iniciativa da empresa. Participar de uma equipe criativa pode ser um dos aspectos mais gratificantes da vida profissional. E tendo vivenciando a sensação inebriante de pertencer a uma excelente equipe, não vemos a hora de voltar a participar de um grupo como esse.

LEVANDO A INOVAÇÃO À P&G

Mesmo com uma liderança forte, é difícil realizar uma mudança cultural dentro de uma grande organização. Para lhe dar uma ideia melhor de como uma organização pode desenvolver do zero a confiança criativa, gostaríamos de contar a história de como a Procter & Gamble se transformou durante o primeiro mandato de A. G. Lafley como CEO.[21] Um dos líderes fortes por trás da drástica mudança da P&G foi Claudia Kotchka, vice-presidente de estratégia e inovação em design.

Chamada por alguns de "alquimista cultural",[22] Claudia apresentava o mix certo de paciência, perseverança e personalidade para disseminar a confiança criativa em uma enorme corporação. Uma de suas realizações na maior empresa de bens de consumo não duráveis do mundo foi, nas palavras da *Fast Company*, "transformar a empresa de um lugar voltado a vender 'quanto mais grude melhor' em uma empresa cujos produtos levam o encantamento à vida dos clientes".[23] E ela é uma prova de que não é necessário ser formado em design para aplicar essas metodologias. Antes de entrar na P&G, ela começou sua carreira como uma contadora pública certificada.

Quando A. G. assumiu o cargo de CEO pela primeira vez, ele pediu a Claudia para incorporar o design no coração da empresa. A maior parte da carreira de Claudia na P&G até então envolvia marketing e administração geral, incluindo liderar um bem-sucedido negócio de serviço dentro da empresa, onde explorou a utilização de metodologias de design. Lafley lhe disse que a P&G era "apenas uma empresa de tecnologia", mas que só a tecnologia não era mais suficiente. Ele queria proporcionar uma experiência completa para o cliente. Ela sabia que não seria fácil transformar 100 mil empregados em design thinkers inspirados pela confiança criativa. Quando leu sobre o *design thinking* pela primeira vez, sua reação foi: "Uau, isso está tão longe do que fazemos. Como chegaremos lá? Como posso aprender isso?".

Mas ela estava disposta a tentar. Ela enviou e-mails aos líderes de negócio da P&G pedindo que eles contassem seus problemas mais cabeludos, se oferecendo para ajudar a resolvê-los. A caixa de entrada dela recebeu uma enxurrada de respostas. Em seguida, ela criou um fundo de inovação para enviar um grupo de executivos engravatados da P&G à IDEO para trabalhar lado a lado com designers em alguns de seus problemas mais complicados.

Foi uma dura transição cultural: a maioria dos empregados da P&G se viu mergulhada em um ciclo de design diferente de tudo o que eles já viram. Claudia se lembra de uma executiva de marketing que ligou para ela em pânico do estúdio de design exclamando: "Essa gente não tem processo algum! Temos de ensiná-los o estilo da P&G!". Claudia a tranquilizou e pediu que ela aguentasse mais um pouco... e a executiva acabou se tornando uma fervorosa paladina dos novos métodos de inovação.

Depois, Claudia contratou profissionais da área de inovação para conduzir workshops na P&G. Mais adiante, alguns empregados foram treinados como facilitadores do processo para poderem conduzir eles mesmos os workshops. Em um desses workshops, a equipe da Olay se digladiava com o problema de consumidores com dificuldade de distinguir os diferentes produtos da linha Olay. A equipe planejara mudar a embalagem, mas abandonou a ideia quando percebeu no workshop que, quando o consumidor chegasse às prateleiras da loja, já seria tarde demais: se já não soubessem o que queriam, eles não se decidiriam na loja. Então a equipe reestruturou a questão, o que os levou a criar um site chamado "Olay para Você". O site ajudava os consumidores a descobrir o melhor produto para eles e lhes dava recomendações personalizadas antes de eles irem à loja.

A P&G criou um fluxo estável de produtos dessa maneira. Mas o mais importante para Claudia foi a confiança criativa que os executivos da P&G desenvolveram percorrendo os ciclos de design.

Os workshops foram um agitado turbilhão de três dias, no qual os empregados eram orientados na aplicação do processo de brainstorming, pesquisa de usuários finais, construção de protótipos e detalhamento de conceitos para encontrar a solução de um problema.

Os altos executivos muitas vezes chegavam a esses workshops esperando uma apresentação de PowerPoint. "E começávamos jogando-os em uma sala cheia de consumidores. Eles piravam, eles queriam ver uma programação e nós dizíamos 'Nada disso, pode esquecer'", Claudia conta. "O workshop é tão frenético que eles nem têm tempo de questionar o processo. E eles se envolvem imediatamente." Um dos vice-presidentes do conselho da P&G disse a Claudia que foi o melhor treinamento que ele já fez, primeiro porque não parecia um treinamento e depois porque ele estava resolvendo um problema de verdade, importante para seu grupo. "Todos os workshops foram um sucesso porque os participantes saíam com insights que jamais teriam esperado", Claudia explica. A. G. Lafley chegou a procurar Claudia com um problema: como podemos convencer as unidades de negócio a trabalharem juntas em vez de se isolarem nos próprios centros de lucro?

Obtendo a carta branca para fazer alguns testes, Claudia e a P&G aprenderam várias lições nesse período de mudança organizacional:

- **DEPOIMENTOS E TESTEMUNHOS (E NÃO APENAS MÉTRICAS E RESULTADOS) SÃO EXTREMANENTE CONVINCENTES.** Histórias e votos de confiança de pessoas que experimentaram a nova metodologia de inovação foram fundamentais para convencer os outros. "As pessoas precisavam acreditar que valeria a pena fazer os workshops", Claudia explica.

- **A PROTOTIPAGEM É UMA FERRAMENTA DE INOVAÇÃO E UM VALOR CULTURAL EXTREMAMENTE EFICAZES.** "Tudo é um protótipo", afirma Claudia. "Então, quando promovemos uma mudança organizacional, digo para todos: 'É só um protótipo', o que significa que (a) tudo bem seu eu me enganar e (b) quero que me digam se não estiver dando certo". Desse forma, as ideias deixam de ser sagradas. Se a sua ideia for rejeitada, você não se sente mal nem pessoalmente desprezado. "Foi mágico, foi incrível. Porque, quando as pessoas se agarram a uma ideia, elas tendem a não querer largá-la e podem sair magoadas", Claudia diz.

■ **O TREINAMENTO DE TODAS AS ÁREAS AJUDA A ESPA-LHAR A MUDANÇA.** Treinar pessoas de *todas* as áreas ajudou a imbuir a confiança criativa na organização toda: compras, cadeia de suprimento, pesquisa de mercado, marketing, P&D... e até as finanças. "O pessoal das finanças é incrivelmente criativo", conta Claudia. "A primeira vez que eles conversaram com os consumidores foi nos workshops, e eles adoraram. Sabe o que eles diziam? Que passaram a mergulhar no trabalho de corpo e alma." Dessa forma, a iniciativa contou com facilitadores em toda a organização: "O RH dizia 'O que podemos fazer para aumentar a retenção das mulheres?'", Claudia conta. "E o facilitador dizia: 'Posso ajudar a resolver esse problema'."

Claudia ajudou a incorporar a confiança criativa na P&G dando ao maior número de pessoas possível a chance de sentir na pele a sensação de vitória dos pequenos sucessos. Atualmente, a P&G tem trezentos facilitadores espalhados por toda a empresa que continuam a treinar pessoas, ensinando-as a imbuir o pensamento inovador em todos os aspectos da organização.[24]

Como Lafley disse sobre Claudia quando ela se aposentou da P&G, "Sob a liderança de Claudia, conseguimos desenvolver, em apenas sete anos, uma competência de design de classe mundial na P&G.[25] Ela ajudou a integrar o design e o *design thinking* ao modo como inovamos e como operamos. A paixão dela pelo poder do design deu uma enorme força às nossas marcas e ao nosso negócio".

DESPERTANDO A CRIATIVIDADE QUE RESIDE EM TODOS NÓS

Em um mundo repleto de potencial criativo, é perigoso presumir que todas as boas ideias são encontradas no topo. No entanto, temos visto essa atitude sendo expressa em várias corporações globais: a diretoria concebe um plano mestre e cabe ao resto da organização implementá-lo. Se o CEO tem um número suficiente de boas ideias para atingir eternamente os objetivos de crescimento da empresa, talvez você não precise explorar o reservatório de talentos em outros níveis da organização, mas as empresas mais inovadoras do século 21 passaram do comando e controle a uma abordagem participativa envolvendo a colaboração e o trabalho em equipe.

Elas se valem de todos os cérebros da empresa, colhendo as melhores ideias e insights onde puderem encontrá-los, dão ouvidos ao pessoal das linhas de frente das operações e cultivam o espírito inovador de todos os membros da equipe para que as ideias se infiltrem de baixo para cima na organização.

Frank Gehry é um dos maiores arquitetos vivos, famoso por projetar prédios icônicos, como o Museu Guggenheim em Bilbau, na Espanha, com suas dramáticas superfícies de titânio curvado. No início de sua carreira, ele trabalhou lavando aviões em um pequeno aeroporto no Sul da Califórnia.[26] Frank diz que gostava daquele trabalho simples e, se alguém o tivesse ensinado a pilotar, ele poderia ter passado a vida inteira lá. Dá para imaginar? O gerente daquela pequena empresa de aviação tinha um dos arquitetos mais criativos dos últimos 100 anos lavando aviões para ele. Mas nem o gerente nem seu empregado tinham conhecimento de toda a energia potencial que poderia ser encontrada naquele pequeno aeroporto, esperando para ser liberada.

> EM UM MUNDO REPLETO DE POTENCIAL CRIATIVO, É PERIGOSO PRESUMIR QUE TODAS AS BOAS IDEIAS SÃO ENCONTRADAS NO TOPO.

Será que você não tem algum gênio criativo criando planilhas eletrônicas no seu departamento de contabilidade? Você não teria um futuro CEO de uma corporação da Fortune 500 na sua equipe de vendas? Não haverá um empregado esperando pela chance de criar bilhões de dólares para sua organização? Por que não montar um processo ou sistema de participação para permitir que esses inovadores latentes expressem suas ideias? Por que não dar às pessoas da sua equipe ou organização uma maior licença criativa e mais chances de atingir seu pleno potencial? Quando você encontra inovadores entre os membros da sua equipe, a empresa toda sai ganhando. Dê às pessoas a chance de desenvolver suas aptidões.

Você pode descobrir que alguém que não tinha notado antes está pronto para a grandeza. A Toyota se mantém entre as mais importantes empresas automobilísticas do mundo qualificando todos os empregados a propor inovações como uma parte intrínseca do trabalho. As empresas mais criativas que conhecemos construíram uma estrutura para encorajar a energia criativa em todos os níveis da empresa.

Para desenvolver a confiança criativa na sua organização, crie uma cultura de inovação. Beneficie-se do poder das equipes multidisciplinares, encoraje as pessoas ao seu redor para se basear nas ideias alheias e lidere de forma a multiplicar as competências de todas as pessoas da sua organização. Como diz George Kembel, diretor executivo da d.school, um bom jeito de instigar mais inovação é apoiar os inovadores.

CAPÍTULO 7

A MUDANÇA:
CONFIANÇA CRIATIVA PARA VIAGEM

No Capítulo 4, falamos sobre a importância da ação. E, se isto fosse um workshop, já estaríamos em campo, observando necessidades humanas não satisfeitas, prototipando uma nova ideia, coletando histórias ou pelo menos reorganizando a sala para se adequar aos nossos fins. Então, por que não deixar este livro de lado por um tempo e sair pelo mundo para tentar colocar uma das suas ideias preferidas em ação? Vá em frente. Nós esperamos...

E então, como foi? Sabemos que é difícil começar, mas despertar a sua criatividade interior é como tantas outras coisas que tentamos: quanto mais praticamos, mais fácil vai ficando. As ferramentas que apresentaremos neste capítulo vão ajudá-lo a acessar o seu pensamento criativo para atingir a confiança criativa.

Cada exercício corresponde a uma questão ou desafio de inovação. Não se sinta obrigado a fazer todos. Se um tema específico não tiver muita relação com as dificuldades que você está enfrentando agora, provavelmente a ferramenta não será de muita utilidade.

Começaremos com alguns exercícios que você pode fazer exato momento, sozinho. Outros exercícios você poderá aplicar da próxima vez que trabalhar em grupo ou equipe. Experimente alguns deles e veja se eles o ajudam a exercitar os seus músculos criativos.

Algumas das técnicas parecerão incrivelmente simples. Isso é bom, porque significa que será mais fácil de entender. Esperamos que você teste pelo menos uma ideia (e a ensine aos seus colegas, se for o caso). No entanto, o valor não está na ideia, está na *ação*.

DESAFIO CRIATIVO Nº 1:

FORCE-SE A PENSAR DE MANEIRAS DIVERGENTES E CRIATIVAS

Envolver-se ativamente em exercícios que fomentam o pensamento divergente ou não convencional pode estimular a criação de ideias. Quando você estiver procurando soluções inovadoras por conta própria, os mapas mentais podem ser uma maneira bastante eficaz de gerar ideias ou esclarecer um tema de exploração. Eles são extremamente versáteis e nós os usamos o tempo todo. Desde gerar ideias para férias com a família até encontrar hobbies para fazer no fim de semana, os mapas mentais podem ser utilizados para resolver todo tipo de problema, ajudando-o a mapear os recessos da sua mente em torno de uma ideia central. Quanto mais você se distancia do centro do mapa, mais ideias ocultas poderá trazer à tona.

Um jantar memorável para os amigos

- A FESTA CONTINUA NUM ÔNIBUS QUE LEVA TODO MUNDO PARA CASA
- TÁXIS
- MOTORISTA DA VEZ
- AS CRIANÇAS LEVAM OS CONVIDADOS PARA CASA
- APRENDER A FAZER COQUETÉIS ESQUISITOS
- FAÇA VOCÊ MESMO (COM AJUDA)
- PIQUENIQUE DENTRO DE CASA
- SENTAR-SE NO CHÃO
- EXPERIÊNCIA MEMORÁVEL
- SOBREMESA PRIMEIRO
- VASOS DE ERVAS OU VEGETAIS SOBRE A MESA
- PINTURA FACIAL ARTÍSTICA
- TATUAGENS LAVÁVEIS PARA TODOS
- TODO MUNDO FAZ UM CHAPÉU AO CHEGAR
- TODO MUNDO USANDO CHAPÉU
- CAIXA DE ROUPAS VELHAS PARA VESTIR OS CONVIDADOS
- MELHORE OS MOMENTOS EMBARAÇOSOS
- DESPEDIDA
- TODO MUNDO SE DESPEDE GRITANDO
- AS DESPEDIDAS SÃO ESCRITAS E MOSTRADAS EM UM GRANDE MONITOR
- FOTOS DA FESTA ENVIADAS A TODOS
- LEMBRANCINHAS NA SAÍDA
- MUITAS BEBIDAS DIFERENTES
- OLHE PARA A MESA
- FAÇA O PRÓPRIO SUNDAE
- OU PURÊ DE BATATAS
- SAIR DA ZONA DE CONFORTO
- CONVITES DIVERTIDOS
- ENTREGUE EM MÃOS
- PLANEJE A EXPERIÊNCIA
- TODOS OS DETALHES PLANEJADOS
- OS CONVIDADOS TROCAM DE LUGAR A CADA PRATO
- BALAS DE MENTA NO TRAVESSEIRO
- APRESENTAÇÕES
- CRIE UM MOMENTO ESPECIAL
- UM CONVIDADO-SURPRESA
- EXIBA UM CURTA-METRAGEM
- PRODUZIR UM CURTA-METRAGEM
- AS LUZES SÃO APAGADAS
- MESA PEQUENA DEMAIS
- POUCAS CADEIRAS
- QUANTO MAIS GENTE MELHOR
- COMER LÁ
- TODO MUNDO NA COZINHA
- DANÇA DAS CADEIRAS
- PULA-PULA
- PISCINA DE BOLINHAS
- BRINCADEIRAS NO QUINTAL
- COMER NO QUINTAL
- O QUE FAZER NO QUINTAL
- MANTER TODO MUNDO AQUECIDO (OU FRESCO)
- CONVIDAR UM CHEF
- MINIGOLFE
- ESCONDE-ESCONDE
- JEITO DIFERENTE
- MALABARISMO
- ENSINAR ALGO
- APRENDER ALGO
- SEM QUALQUER PLANEJAMENTO
- OS CONVIDADOS FAZEM TUDO QUANDO CHEGAM
- AS PESSOAS GOSTAM DE SE OCUPAR
- CADA CONVIDADO É ENCARREGADO DE APRESENTAR OUTRO CONVIDADO AO GRUPO
- DEIXAR TODO MUNDO À VONTADE
- PLANEJAR A RECEPÇÃO
- ÁLBUM DE FOTOS
- TIRE FOTOS COM TODO MUNDO SE DIVERTINDO
- ENCONTRO ÀS CEGAS
- CADA UM TRAZ UMA FOTO DE QUANDO ERA BEBÊ
- ADIVINHA QUEM É?
- CRACHÁ COM FOTOS
- APRESENTAÇÕES DIVERTIDAS
- SPEED DATING
- PALAVRAS INTERESSANTES EM OUTRA LÍNGUA
- FORÇAR AS APRESENTAÇÕES
- TRUQUES DE MÁGICA
- CONVIDAR UM EXPERT
- PSICÓLOGO
- VINHO
- GASTRONOMIA
- MUITOS COBERTORES
- CAÇA AO TESOURO PARA ENCONTRAR A COMIDA
- APARECER NA CASA DOS AMIGOS SEM SER CONVIDADO
- PREPARAR O JANTAR NA CASA DOS AMIGOS
- IR A 3 RESTAURANTES DIFERENTES PARA A SOBREMESA

FERRAMENTA: Mapas mentais

PARTICIPANTES: Normalmente sozinho

TEMPO: 15 a 60 minutos

MATERIAIS: Papel (quanto maior, melhor) e caneta

INSTRUÇÕES

1. Em uma grande folha de papel, anote o seu tema ou desafio central no meio e circule-o. Por exemplo, você pode estar querendo organizar "Um jantar memorável para os amigos".

2. Faça algumas conexões com esse tema principal e anote-os, criando divisões a partir do centro à medida que vai avançando. Pergunte a si mesmo: "O que mais eu poderia incluir no mapa que se relaciona a esse tema?". No exemplo do jantar, você pode escrever "Todo mundo na cozinha" e "Faça o próprio sundae" como duas linhas de pensamento. Se você acha que uma das suas novas ideias levará a todo um novo grupo de ideias, trace um retângulo ou círculo ao redor dela para indicar isso.

3. Use cada conexão para inspirar novas ideias. Por exemplo, em "Faça o próprio sundae", você poderia escrever "Sobremesa primeiro" ou "Cozinhar à mesa".

4. Continue anotando as ideias. Você saberá que acabou quando a página estiver cheia ou você não tiver mais ideias. Se você sentir que mais ideias estão surgindo, tente reestruturar o tema central e faça outro mapa mental para gerar novas perspectivas. Se você achar que já deu, pense nas ideias que gostaria de evoluir. Depois de fazer o mapa mental mostrado aqui, David organizou um grande jantar no qual os convidados trocaram de lugar depois de cada prato, o que os possibilitou conversar com todas as pessoas na sala. Cada desafio apresenta uma oportunidade de inovação.

DICAS PRÁTICAS

Geralmente, o primeiro conjunto de ideias parecerá clichê ou óbvio. Isso acontece com todo mundo. Essas ideias já estavam na sua cabeça e só estavam esperando para serem registradas no papel. À medida que o mapa vai sendo criado, contudo, a sua cabeça se abrirá e você provavelmente encontrará algumas ideias malucas, imprevisíveis e originais.

É possível aplicar os mapas mentais a todo tipo de empreitada criativa.[1] Como Rolf Faste, antigo colega de David, costumava dizer, os mapas mentais podem:

1. Dar o empurrãozinho que faltava para começar e ajudá-lo a superar o medo da página em branco.

2. Ajudá-lo a encontrar padrões.

3. Revelar a estrutura de um tema.

4. Mapear seus processos mentais e registrar a evolução de uma ideia. (Mais tarde, você pode voltar pela linha de pensamento em busca de novos insights.)

5. Comunicar tanto as ideias e o processo aos outros, para conduzi-los pela mesma jornada mental.

Você pode estar se perguntando por que usar um mapa mental e não uma lista comum. As listas são excelentes para nos lembrar das coisas, mas uma lista de afazeres presume que sabemos o que incluir, ao passo que, ao começar por um mapa mental, ainda não sabemos aonde o exercício poderá nos levar. Os mapas mentais são bons para facilitar um pensamento original, não convencional, enquanto as listas são boas para registrar as melhores respostas das ideias que você já tem. Os mapas mentais ajudam a *gerar* ideias. Desse modo, os mapas mentais são particularmente proveitosos no início do processo criativo. As listas são mais úteis mais adiante, quando você quer registrar as ideias que teve e está em busca da melhor solução. Cada um dos capítulos deste livro começou como um mapa mental. Posteriormente, eles evoluíram para se transformar em listas de histórias e ideias. Quando você tentar criar algo novo, use mapas mentais para ter ideias e use listas para registrar as melhores. Juntos, eles podem ser muito eficazes.

DESAFIO CRIATIVO Nº 2:

AUMENTE SUA PRODUÇÃO CRIATIVA

Qualquer pessoa que goste de analisar sonhos lhe dirá que, para lembrar os seus sonhos, você precisa manter um diário *bem ao lado da cama*. Assim que acordar, seja no meio da noite ou de manhã, você deve registrar os sonhos antes de se esquecer deles. O mesmo se aplica aos seus "sonhos acordados", aquelas ideias meio formadas, vislumbres de futuros possíveis. Para maximizar sua produção criativa, não confie apenas na memória de curto prazo.

Mesmo se nunca puder vivenciar os 15 minutos de fama prometidos por Andy Warhol, você provavelmente terá seus próprios momentos de brilhantismo de vez em quando. Quando isso acontecer, tente registrar suas ideias imediatamente porque a memória de curto prazo só retém um pensamento por uns 15 a 30 segundos. Um jeito simples de ter mais ideias no seu arsenal é começar a registrá-las assim que elas lhe ocorrerem.

> **FERRAMENTA:** 15 segundos de brilhantismo
> **PARTICIPANTES:** Sozinho
> **TEMPO:** 10 minutos por dia
> **MATERIAIS:** Caneta e papel ou algum recurso digital para fazer anotações

INSTRUÇÕES

Assim que você tiver uma ideia ou vir alguma coisa intrigante, anote. Não importa muito o recurso usado para registrar as ideias e observações, o importante é levá-lo sempre consigo. Escolha um método ou uma tecnologia que se adeque ao seu estilo de vida e à sua personalidade:

- As ferramentas digitais são excelentes, mas o papel também é uma excelente maneira de fazer anotações rápidas. Tom leva sempre consigo uma caneta e uma folha de papel dobrada no bolso da calça. Ele também deixa um bloco de notas na mesinha de cabeceira, com uma caneta luminosa que pode usar para rabiscar uma ideia enquanto lê ou no meio da noite sem acordar a esposa.

- Como já mencionamos, David deixa pincel atômico no chuveiro, para anotar uma ideia antes de ela sumir.

- Brendan Boyle, sócio da IDEO, testou várias formas de "carteira de ideias" criadas especificamente para registrar seus pensamentos.[2]

- No iPhone, o Siri permite ditar uma rápida nota mental. Outras plataformas também disponibilizam um número crescente de opções.

- O seu laptop ou tablet também tem todo tipo de aplicativos de bloco de notas, mas achamos que programas específicos para armazenar ideias rápidas, como o Evernote, são os mais funcionais.

Então, aumente as suas chances na guerra contra as ideias perdidas. Você se surpreenderá ao ver quantas boas ideias tem ao longo do dia quando decide anotar aqueles súbitos momentos de insight. O nosso cérebro está eternamente fazendo conexões e associações com pessoas, coisas e ideias com as quais entramos em contato. Não desperdice esses valiosos, porém efêmeros, insights.

DESAFIO CRIATIVO Nº 3:

TOME UMA INJEÇÃO DE ENERGIA EM UMA SESSÃO DE IDEALIZAÇÃO

Eis um exercício rápido e simples para aquecer seus músculos criativos. Quem nos ensinou essa técnica foi Bob McKim, mentor de David, na época em que David era um estudante de design. A técnica se chama Trinta Círculos e é possível aplicá-la sozinho ou em grupo. A meta é forçar as pessoas a testar sua criatividade.

FERRAMENTA: Exercício dos Trinta Círculos
PARTICIPANTES: Sozinho ou em grupos de qualquer tamanho
TEMPO: 3 minutos seguidos de discussão
MATERIAIS: Caneta e uma folha de papel (por pessoa) com trinta círculos em branco desenhados na folha, mais ou menos do mesmo tamanho. (Normalmente imprimimos círculos idênticos em grandes folhas de papel, mas você pode pedir que todos desenhem os próprios trinta círculos num papel em branco.)

INSTRUÇÕES

1. Dê a cada participante uma folha dos Trinta Círculos e uma caneta.
2. Peça para eles transformarem o maior número possível de círculos em branco em objetos reconhecíveis em três minutos (como relógios, bolas de bilhar etc.).
3. Compare os resultados, analisando a quantidade ou a fluência de ideias. Pergunte quantas pessoas preencheram dez, quinze, vinte ou mais círculos (normalmente a maioria das pessoas não termina). Depois, procure a diversidade ou a flexibilidade das

ideias. Veja se as ideias são derivativas (uma bola de basquete, uma bola de beisebol, uma bola de vôlei) ou distintas (um planeta, uma bolacha, um rosto sorridente). Alguém "quebrou as regras" e combinou círculos (um boneco de neve ou um semáforo)? As regras foram explícitas ou só presumidas?

DICAS PRÁTICAS

Além de ser um excelente exercício de aquecimento, os Trinta Círculos nos oferecem uma rápida lição de idealização. Quando geramos ideias, equilibramos duas metas: fluência (a velocidade e a quantidade de ideias) e flexibilidade (ideias muito diferentes e distintas). Sabemos por experiência própria que é mais fácil ter uma grande ideia quando se tem um grande número de ideias para escolher. Mas, se você tiver muitas ideias que não passam de variações de um tema, pode só ter uma única ideia com 29 versões. Combinando fluência e flexibilidade, você gerará uma rica variedade de conceitos dos quais poderá escolher.

DESAFIO CRIATIVO Nº 4:

APRENDA OBSERVANDO O COMPORTAMENTO HUMANO

Um princípio fundamental da inovação ou do pensamento criativo é começar com a empatia. No caminho percorrido de uma página em branco ao insight, as pessoas podem precisar de uma ferramenta para ajudar no próximo passo: a síntese. Você foi a campo em busca de conhecimento, observando as pessoas em casa ou no trabalho, vendo e ouvindo atentamente. No entanto, a tarefa de sintetizar todos esses dados pode ser um pouco intimidadora.

Assuma o controle das suas observações em campo organizando-as com um "mapa de empatia", uma ferramenta concebida na IDEO e desenvolvida na d.school.[3]

FERRAMENTA: Mapas de Empatia
PARTICIPANTES: Sozinho ou em grupos de duas a oito pessoas
TEMPO: 30 a 90 minutos
MATERIAIS: quadro branco ou um flipchart grande, post-its e canetas

INSTRUÇÕES

1. Em um quadro branco ou flipchart grande, trace um mapa de quatro quadrantes (veja o diagrama). Rotule cada seção com "dizer", "fazer", "pensar" e "sentir", respectivamente.

2. Cole, nos quadrantes à esquerda, post-its com suas observações individuais, usando um post-it por ideia. Cole observações sobre o que as pessoas FAZEM no quadrante inferior esquerdo e as observações sobre o que as pessoas DIZEM no quadrante superior esquerdo. Tente codificar suas observações com cores, usando post-its verdes para observações positivas, post-its amarelos para observações neutras e vermelhos ou cor-de-rosa para frustrações, confusão ou irritação. O segredo não é registrar tudo, mas só o que se destaca.

3. Quando acabarem as observações (ou o espaço) do lado esquerdo, comece a preencher o lado direito com post-its, inferindo o que as pessoas PENSAM no quadrante superior direito e o que elas SENTEM no quadrante inferior direito. Preste atenção à linguagem corporal das pessoas, seu tom de voz e a escolha das palavras.

4. Distancie-se e veja o mapa como um todo. Tente extrair alguns insights ou conclusões de tudo o que vocês anotaram, compartilharam e conversaram. Essas questões servem como um bom ponto de partida para falar sobre os insights. O que parece novo ou surpreendente? Dá para ver contradições ou desconexões nos quadrantes ou entre eles? Quais padrões inesperados se tornam visíveis? Quais necessidades humanas latentes, se for o caso, vêm à tona?

DICAS PRÁTICAS

A chave para extrair valor da observação do comportamento humano é obter verdadeiros insights. Pode ser difícil, mas vale a pena dedicar tempo e esforço ao exercício. À medida que vai ganhando confiança, pergunte-se: "Esse é um verdadeiro insight?". Recomendamos procurar maneiras de ver o seu tema ou assunto de um novo ponto de vista. Tente começar com várias perspectivas diferentes ou originais. Enquanto vocês exploram o tema ou assunto em grupo, será possível ver novos padrões surgindo, sendo que alguns insights se provarão mais essenciais que outros.

DESAFIO CRIATIVO Nº 5:

ENCORAJE E ACEITE O FEEDBACK CONSTRUTIVO

Para praticar a confiança criativa em equipe, os membros precisam se sentir livres para realizar experimentos, até mesmo no início do processo, quando os resultados estarão longe de perfeitos. Para transformar essa experimentação em aprendizado, contudo, em algum ponto vocês precisarão de feedback para identificar pontos fracos e fazer ajustes na próxima vez. Todos nós sabemos instintivamente que a crítica construtiva é essencial, mas pode ser difícil ouvir e aceitar o feedback sem que o nosso ego e a atitude defensiva nos impeçam de ouvir o que pode ser uma preciosa mensagem.

Consideramos a ferramenta "Foi bom que/Seria bom se" extremamente eficaz para incorporar as críticas construtivas ao processo de inovação. Essa ferramenta pode ser usada sempre que o feedback se fizer necessário, aplicada em um pequeno grupo para rever conceitos ou em um grande grupo para receber feedback sobre um curso ou experiência de workshop. O feedback começa com um elogio sincero, na forma de frases positivas que começam com "Foi bom que...", seguido de sugestões de melhoria começando com "Seria bom se...".

FERRAMENTA: Foi bom que/Seria bom se

PARTICIPANTES: Grupos de qualquer tamanho

TEMPO: 10 a 30 minutos

MATERIAIS: Alguma maneira de registrar o feedback. Por exemplo, eum grande grupo, costumamos digitar as observações na hora, em um documento do Word. Já em um grupo menor, usamos post-its ou fichas pautadas.

INSTRUÇÕES

1. Presente diretrizes para uma conversa construtiva e explique o método "Foi bom que/Seria bom se". Por exemplo, você poderia dizer: "Queria ouvir como foi a experiência do workshop para vocês. Peço que vocês deem o feedback começando a frase com 'Eu gostei/Eu gostaria' ou 'Foi bom

que/Seria bom se'. Por exemplo, vocês podem dizer: 'Foi bom que começamos na hora toda manhã. Seria bom se tivéssemos 30 minutos à tarde para esticar as pernas'". É sempre interessante dar alguns exemplos de um bom feedback do tipo "Foi bom que/Seria bom se".

2. Os participantes se revezam dizendo afirmações do tipo "Foi bom que/Seria bom se", enquanto o facilitador anota as afirmações. Por exemplo, se vocês estiverem avaliando o desenvolvimento de um novo aplicativo de finanças pessoais, podem começar com os pontos fortes, como "Foi bom que vocês incorporaram cinco jeitos diferentes para os clientes visualizarem a situação financeira deles". Depois de descrever outras vantagens, vocês podem passar para afirmações do tipo "Seria bom", como "Seria bom se pudéssemos facilitar a navegação do site para usuários de primeira viagem" ou "Seria bom se pudéssemos ajudar as pessoas a analisar sua situação financeira em termos de anos e não apenas de meses". As pessoas que recebem o feedback só devem escutar, evitando defender decisões ou questionar as críticas. Peça que todos ouçam e aceitem o feedback como uma ajuda bem-intencionada. Você podem pedir esclarecimentos e conversar sobre o que foi dito em outro momento.

3. Pare quando os participantes não tiverem mais nada a dizer nas categorias "Foi bom que" e "Seria bom se".

DICAS PRÁTICAS

Pode ser interessante coletar só os comentários "Foi bom que" primeiro e só depois pedir o feedback do tipo "Seria bom se". Em outros grupos, pode fazer mais sentido permitir que as pessoas falem na ordem que quiserem. Fique à vontade para brincar com o formato.

Falar em termos de "Foi bom que/Seria bom se" transmite a mensagem de que você só está expressando a sua opinião e não proferindo um fato absoluto e indiscutível. Em vez de apontar culpados, você só está expressando seu ponto de vista. O objetivo é distanciar o ouvinte de uma atitude defensiva para que ele possa ouvir ideias alternativas com mais objetividade e aceitá-las quando for o caso. Todos nós tendemos a nos envolver demais com as nossas ideias e partir em sua defesa se sentimos que elas estão sendo atacadas. No entanto, em uma cultura criativa, o feedback honesto expresso com sensibilidade é um sinal de que os colegas se importam o suficiente para se manifestarem. A mensagem pode ser transmitida com clareza sem recorrer a afirmações negativas do tipo "Isso nunca vai dar certo" ou "Já tentamos isso e não funcionou".

DESAFIO CRIATIVO Nº 6:

AQUECIMENTO EM GRUPO

O ambiente mais propício para a criatividade é um contexto discursivo livre e aberto. Se quiser que uma sala cheia de desconhecidos comece a inovar, seria interessante começar derrubando algumas barreiras sociais. Se esse exercício for bem feito, a sala ganhará vida com uma conversa animada e risos e os participantes estarão mais abertos para o que vier.

FERRAMENTA: "Speed Dating"

PARTICIPANTES: Duplas em grupos de qualquer tamanho

TEMPO: 15 a 20 minutos no total, 3 minutos por rodada

MATERIAIS: Folhas de papel com um conjunto de perguntas para cada participante. Serão necessários vários conjuntos diferentes de perguntas para o grupo todo.

INSTRUÇÕES

1. Dê a cada pessoa uma lista de perguntas abertas. Distribua vários conjuntos diferentes de perguntas pelas mesas para que as pessoas não tenham de responder repetidamente às mesmas questões.

   Veja alguns exemplos de perguntas possíveis:

   Como a sua família o descreveria?

   Se tivesse um milhão de dólares para ajudar a humanidade, o que você faria?

   O que você gostaria que os seus pais tivessem dito ou contado?

   Qual foi um show ou apresentação que você adorou e por quê?

2. Peça para as pessoas formarem duplas com alguém que não conhecem bem ou que nunca viram. Isso pode envolver levantar-se e mudar de lugar.

3. Peça que uma pessoa da dupla faça uma pergunta da lista ao outro participante. Dê três minutos para a resposta.

4. Agora, a pessoa que respondeu faz uma pergunta diferente da outra.

5. Depois, cada um encontra um novo parceiro e repete o processo por mais algumas rodadas.

DICAS PRÁTICAS

É interessante manter as pessoas circulando para criar uma brincadeira do tipo "todos contra todos". Seja proativo no controle do tempo. Designe uma pessoa para atuar como um facilitador ou controlador do tempo. Use uma campainha ou gongo para anunciar que o tempo acabou de um jeito divertido.

Dependendo da natureza da sessão que se seguirá ao exercício do "Speed Dating", é possível incluir algumas perguntas abertas vagamente relacionadas ao tema. Por exemplo, se o objetivo da reunião for conversar sobre o novo layout do escritório, uma possível pergunta poderia ser "Descreva um espaço inspirador no qual você já trabalhou".

Nem todos os tipos de perguntas são apropriados para o exercício. Questões do tipo "Qual é o sentido da vida" e perguntas "superlativas" (o mais, o melhor, o pior) podem dar um branco nas pessoas. O objetivo do exercício é estimular a interação, de modo que, se a pergunta paralisa as pessoas mesmo que por alguns segundos, ela poderia ser melhorada. Teste as perguntas com um colega antes de aplicá-las ao grupo.

Se o grupo não se sentir à vontade com uma atividade que inclua a palavra "namoro" (dating) no título, chame-a de Speed Meeting (que, como descobrimos, funciona bem com um grupo de ganhadores do Prêmio Nobel).[4]

DESAFIO CRIATIVO Nº 7:

ELIMINE A HIERARQUIA PARA MELHORAR O FLUXO DE IDEIAS

Embora o Speed Dating seja interessante em situações nas quais as pessoas não se conhecem bem, é possível encontrar o problema oposto em alguns grupos nos quais as pessoas se conhecem bem *demais*. Também pode acontecer de ter um grupo no qual a hierarquia é tão consolidada que os membros de posições inferiores se policiam e se submetem às opiniões dos superiores em vez de expressar suas ideias.

Para reduzir a hierarquia (que inibe o diálogo) e a autocensura (que também restringe a conversa), a d.school está testando uma técnica que chamamos de "Aquecimento dos Apelidos".[5] Usando crachás com nomes pitorescos que os instrutores já deixaram preparados, a atividade é uma maneira de remover temporariamente as diferenças na organização durante uma sessão de trabalho criativo. Cada participante ganha um personagem para lhes permitir experimentar novos comportamentos.

FERRAMENTA: Aquecimento dos Apelidos

PARTICIPANTES: Grupos de seis a doze pessoas por facilitador

TEMPO: Alguns minutos por pessoa

MATERIAIS: Crachás para todos os participantes com nomes falsos escritos. Um chapéu e uma bola para cada facilitador

INSTRUÇÕES

1. Cada participante fecha os olhos e tira um crachá do chapéu. Use apelidos divertidos e sugestivos. As equipes tendem a produzir mais quando o grupo está se divertido. Alguns apelidos podem sugerir características pessoais, enquanto outros podem evocar personalidades peculiares, como, por exemplo, Espertinho, Arrogante, Coração Mole, Trapalhão ou Bom de Briga.

2. O facilitador organiza o grupo em um círculo e joga a bola. Quem a pegar se apresenta usando o novo apelido e conta

uma breve história (criada na hora) sobre como ganhou o apelido na infância.

3. Feita a apresentação, ele passa a bola para outra pessoa até que todos tenham a chance de se apresentar e contar a história.

4. A regra para o resto do workshop (que deve ser rigorosamente respeitada) é que todos devem usar só os apelidos ao se referirem a si mesmos e aos outros.

DICAS PRÁTICAS

Os apelidos funcionam? Apesar de ser um exercício relativamente novo, até agora nossa experiência sugere que a resposta para pergunta é afirmativa. Em um recente evento de gestão, o CEO de uma rede global de hotéis tirou o apelido "Arrogante". Todo mundo congelou esperando para ver como ele reagiria, mas ele entrou na brincadeira e os organizadores viram que o exercício contribuiu para um ambiente aberto, no qual as pessoas ficaram à vontade para se expressar livremente.

O objetivo é derrubar as barreiras hierárquicas, de modo que é importante incluir o pessoal mais sênior. Se eles derem o exemplo, será mais fácil atingir uma colaboração livre e aberta.

DESAFIO CRIATIVO Nº 8:

DESENVOLVA A EMPATIA PELOS CLIENTES, EMPREGADOS E OUTROS USUÁRIOS FINAIS

Um bom jeito de desenvolver mais empatia pelos seus clientes (e ganhar novos insights sobre eles) é ir além da definição estreita da sua oferta e observar toda a experiência do cliente. Quanto mais ampla for a sua definição da experiência do cliente, mais oportunidades você terá de identificar melhorias.

Digamos, por exemplo, que vocês fabriquem tintas de parede. Vocês poderiam se concentrar apenas nas características do produto em si, procurando maneiras de como fazer uma tinta que escorra menos ou capaz de cobrir uma superfície com uma única demão. Mas vocês encontrarão muito mais oportunidades de inovação se pensarem na experiência do cliente como um todo. Uma tarefa tão simples quanto repintar um quarto provavelmente envolve uma dúzia de passos (sendo que cada um representa uma chance de inovar): desde levar os clientes a perceberem que é hora de repintar, ajudá-los a escolher a cor, reduzir o tempo de preparação e limpeza, registrar os códigos das cores para futuros retoques etc.

Um mapa da jornada pode ajudá-lo a ponderar sistematicamente os passos que seus clientes (internos ou externos) devem percorrer ao interagir com seu produto ou serviço. Nós usamos os mapas para sintetizar o que aprendemos com as entrevistas e as observações. (Ou, em uma pesquisa de campo, você também pode tentar pedir que o usuário final mapeie a própria jornada.)

FERRAMENTA: Mapa da Jornada do Cliente

PARTICIPANTES: Sozinho ou em grupos de duas a seis pessoas

TEMPO: 1 a 4 horas

MATERIAIS: Quadro branco ou post-its

INSTRUÇÕES

1. Escolha um processo ou jornada para mapear.

2. Anote os passos, certificando-se de incluir até pequenos passos que possam parecer triviais. A meta é forçá-lo a levar em consideração detalhes e nuances da experiência que normalmente deixaria de ver.

3. Organize os passos em um mapa. Nós normalmente os organizamos sequencialmente em uma linha do tempo. O seu mapa pode incluir ramificações para mostrar caminhos alternativos na jornada do cliente e você também pode usar uma série de fotos ou qualquer outro método que se adeque aos seus dados.

4. Procure insights. Quais padrões começam a surgir? Algo surpreendente ou estranho? Questione por que alguns passos ocorrem, a ordem na qual eles ocorrem e assim por diante. Pergunte-se como seria possível inovar cada passo.

5. Se possível, mostre o mapa a alguém que conheça bem a jornada e verifique se você deixou passar alguma coisa ou se se equivocou na sequência das etapas.

DICAS PRÁTICAS

Veja um exemplo da utilização desse método:

Pense numa ida a um pronto-socorro de um hospital. Naturalmente, o momento mais importante é o atendimento pelo médico que diagnostica o problema e prescreve um tratamento. No entanto, quando as pessoas reclamam de sua experiência no pronto-socorro (ou, em casos mais raros, a elogiam entusiasticamente), elas normalmente não se referem à competência do médico. Uma versão simples da jornada do paciente pode incluir momentos como:

- Sentir dor ou perceber os sintomas.
- Decidir se tratar em casa ou ir ao hospital: a decisão entre ir e não ir.
- Escolher como ir ao hospital (modo de transporte).
- Chegar e estacionar (ou pagar o táxi etc.).
- Entrar no hospital e chegar no pronto-socorro.
- Falar com o enfermeiro de triagem.
- Preencher os formulários da assistência médica.
- Esperar. Esperar mais.
- Ser conduzido às pressas a uma sala de atendimento.
- Vestir uma desconfortável camisola hospitalar e esperar mais.
- Falar com vários enfermeiros e técnicos.
- Fazer a consulta com o médico para uma avaliação e talvez um diagnóstico preliminar.
- Fazer exames de sangue, raios X etc.
- Receber um diagnóstico mais seguro, que pode levar a: instruções para o tratamento em casa, um procedimento ambulatorial, uma prescrição de algum remédio, uma consulta de acompanhamento com um clínico geral ou especialista ou uma internação no hospital.

Enquanto percorre cada passo, pergunte como poderia incorporar inovações baratas e transformar a experiência em algo extraordinário.

Como o atendimento médico de emergência costuma envolver muita ansiedade, descobrimos que os pacientes ficam mais tranquilos quando são informados de antemão sobre a espera, a jornada que será. Às vezes, chamamos esse exercício de "jornificar" a jornada, transformando um processo amedrontador e sem forma definida ao dividi-lo em passos tangíveis e previsíveis. Descobrimos que a "jornificação" ajuda as pessoas não só no pronto-socorro, mas em várias outras situações de saúde, como levar o bebê-recém nascido do hospital para casa pela primeira vez, internar-se para uma cirurgia ou começar um novo tratamento.

DESAFIO CRIATIVO Nº 9:

ESCOLHER UM PROBLEMA PARA RESOLVER

Os inovadores se veem com frequência diante da tarefa de decidir em que desafio se concentrar ou como enquadrar um desafio que receberam. Na IDEO, usamos o termo "Fase 0" para descrever todas as atividades que ocorrem antes do problema ser completamente estruturado, ou "enquadrado".

Conversar sobre os problemas não necessariamente inspira ideias ou os energiza para colocar essas ideias em prática. E ficar sonhando acordado também não. A Sessão de Sonhos/Reclamações ajuda a traduzir essas conversas em desafios de pensamento criativo que vocês poderão começar a solucionar.[6] Essa ferramenta foi adaptada de um exercício apresentado no *Design Thinking for Educators Toolkit*, desenvolvido pela IDEO em parceria com o Riverdale Country School.

FERRAMENTA: Sessão de Sonhos/Reclamações
PARTICIPANTES: Duplas em grupos de qualquer tamanho
TEMPO: 15 a 30 minutos
MATERIAIS: Caneta e papel

INSTRUÇÕES

1. Defina um tema para a discussão. Os sonhos e reclamações podem se relacionar a questões internas, como a cultura da organização, ou externas, como interações com os clientes.

2. Cada dupla escolhe uma pessoa para começar (Parceiro 1).

3. O Parceiro 1 discorre sobre seus sonhos e reclamações por 5 a 7 minutos enquanto o Parceiro 2 ouve e faz anotações. Por exemplo:

SONHO: Seria tão bom se pudéssemos convencer nossos clientes a ler as instruções".

RECLAMAÇÃO: "O escritório é tão barulhento que não consigo me concentrar".

4. O Parceiro 2 reestrutura os sonhos e reclamações na forma de perguntas abertas que constituem bons desafios de inovação. Normalmente, começamos com a expressão "Como poderíamos... ?". Uma boa pergunta do tipo "Como poderíamos" não deve ser restrita demais para sugerir uma solução (mesmo se a ideia for boa). No começo, vocês só estão tentando registrar o problema e não pensam em possíveis soluções. A pergunta também não pode ser aberta demais a ponto de conter o fluxo de ideias (em vez de estimular a geração de ideias). Uma boa pergunta do tipo "Como poderíamos..." permite que alguém tenha dez ideias diferentes com facilidade.

O Parceiro 2 deve procurar criar cinco desafios de inovação bem estruturados — utilizando perguntas do tipo "Como poderíamos..." — e mostrá-los ao Parceiro 1. Por exemplo:

RECLAMAÇÃO: "O escritório é tão barulhento que não consigo me concentrar".

Desafio similar demais: "Como poderíamos reduzir o barulho para que você não tenha mais dificuldade para se concentrar?"

Desafio restrito demais: "Como poderíamos criar salas mais privativas para que os empregados possam se concentrar melhor?"

Desafio aberto demais: "Como poderíamos ajudar as pessoas a se concentrar?"

Um bom desafio: "Como poderíamos projetar o layout do espaço para conciliar uma variedade de estilos de trabalho?"

SONHO: "Que bom seria se o nosso pessoal submetesse os relatórios de despesa no prazo".

Desafio similar demais: "Como poderíamos convencer as pessoas a cumprir os prazos de entrega dos relatórios de despesas?"

Desafio restrito demais: "Como poderíamos usar um app de smartphone para acelerar a elaboração dos relatórios de despesa?"

Desafio aberto demais: "Como poderíamos convencer as pessoas a respeitar os prazos?"

Um bom desafio (mostrando empatia pelo empregado): "Como poderíamos simplificar o processo para que as pessoas possam submeter os relatórios de despesas no prazo?"

5. A dupla troca os papéis e o Parceiro 2 fala sobre seus sonhos e reclamações enquanto o Parceiro 1 ouve e os transforma em desafios de inovação do tipo "Como poderíamos...".

6. (Opcional) Se o exercício for realizado em grupo, proponha que as duplas comparem listas de todos os desafios de inovação. Procurem padrões, temas e questões em comum. Isso deve ajudar a focar a discussão e sugerir o próximo desafio de inovação a ser solucionado.

DESAFIO CRIATIVO Nº 10:

AJUDE O SEU GRUPO A ENTENDER O PENSAMENTO INOVADOR

Se você fizer um curso ou um programa executivo na d.school, o primeiro dia provavelmente incluirá uma acelerada atividade prática que chamamos de Design Project Zero, ou DP0, para resumir. Em vez de tentar explicar nosso processo, a ideia é dar às pessoas uma visão geral e prática, levando-as a vivenciar o processo em um microcosmo. Diante de um simples desafio de inovação, você tem a chance de começar desenvolvendo a empatia, criar novas ideias e construir alguns protótipos rápidos, tudo em mais ou menos 90 minutos. Os projetos DP0 podem ser tão variados quanto uma experiência de presentear ou de comer lámen. O DP0 original, que explicamos muito resumidamente aqui, é chamado de "Exercício da Carteira".

O exercício usa um objeto simples que a maioria das pessoas carrega consigo, como um recurso para identificar necessidades, conceber e construir protótipos e coletar o feedback dos usuários, dando a todos a chance de percorrer rapidamente os ciclos do processo de criação centrada no ser humano.

FERRAMENTA: O Exercício da Carteira

PARTICIPANTES: Duplas em grupos de qualquer tamanho

TEMPO: 90 minutos mais preparativos

MATERIAIS: O guia do facilitador – disponível no site dschool. stanford.edu – inclui uma lista completa de instruções, folhas de trabalho e materiais de prototipagem.[7] As instruções e folhas de trabalho podem ser impressas para cada participante ou projetadas na parede. Disponibilize materiais de prototipagem (como pincéis atômicos, papel colorido, papel alumínio, fitas adesivas etc.).

INSTRUÇÕES

1. O grupo se divide em duplas, com um participante começando no papel de entrevistador/antropólogo enquanto o outro

faz o papel do cliente potencial. O entrevistador passa alguns minutos ouvindo e desenvolvendo empatia pelo cliente. O entrevistado/cliente saca a carteira e eles começam a conversar sobre os objetos na carteira e o que eles significam para o entrevistado. O entrevistador faz perguntas para entender o papel que a carteira exerce na vida do cliente, procurando especificamente problemas ou pontos de atrito associados à carteira. Por exemplo: "Você já perdeu sua carteira?", "Você usa a carteira de um jeito diferente quando viaja para o exterior?", "Quais objetos você tira da carteira com mais frequência?". Depois de alguns minutos, o facilitador anuncia que o tempo acabou e os participantes trocam de papel, com o entrevistador da primeira rodada passando a atuar como o cliente da segunda rodada.

2. Depois que os participantes tiveram a chance de entender melhor os clientes e suas carteiras, o próximo passo é elaborar um ponto de vista sobre suas necessidades latentes e oportunidades perdidas. Esses pontos de vista baseados em necessidades podem ser traduzidos em frases como "Meu cliente precisa de um jeito de... [necessidades do usuário]... para que se sinta... [sentido/emoção]... porque... [insight]". Por exemplo, "Meu cliente precisa de um jeito de monitorar o conteúdo da carteira para que se sinta seguro, porque, se perder carteira, a ansiedade de não saber o que está faltando pode ser pior do que perder o dinheiro que ela contém". Conduzindo um pequeno brainstorming, cada participante começa com alguns conceitos de novos objetos (que nem precisam ser carteiras físicas) que satisfaçam as necessidades salientadas na perspectiva desenvolvida no passo 2.

3. Na fase mais "jardim da infância" do Exercício da Carteira, os participantes constroem protótipos rudimentares para dar forma à ideia. Usando um mix eclético de materiais como cartolina, fita adesiva e prendedores de papel, os participantes constroem protótipos grosseiros, só para concretizar a ideia a ponto de poder receber feedback do cliente potencial.

4. Usando suas habilidades de storytelling, alguns participantes "vendem" o novo conceito de carteira ao cliente e/ou ao grupo todo.

DICAS PRÁTICAS

O Exercício da Carteira se concentra na jornada, não no destino. Ninguém aprende tanto lendo sobre o Exercício da Carteira, já que o valor está em fazer.

A maior parte do aprendizado das pessoas ocorre no momento de discutir as considerações finais do Exercício da Carteira com o grupo. Peça para algumas duplas apresentarem o protótipo ao grupo. Você pode perguntar: "O parceiro de alguém obteve uma solução tão boa que você sente que precisa dela imediatamente?", "Alguém teve uma ideia tão boa a ponto de poder ser financiada por um investidor de capital de risco?" ou "Alguém criou alguma coisa incrivelmente pessoal?" Peça para cada dupla descrever a necessidade identificada e o protótipo criado. Use essas histórias para demonstrar lições sobre empatia, prototipagem, a importância de coletar feedback logo de cara e com frequência e assim por diante.

Esse formato acelerado é eficaz para muitos tipos de desafios. Uma vez que dominar o Exercício da Carteira, pense em outros desafios de inovação que você pode resolver, como recriar a experiência do transporte diário para o trabalho ou seu programa de exercícios.

CRIE NOVOS HÁBITOS

Alguns psicólogos afirmam que é necessário praticar um novo comportamento por 21 dias antes de ele começar a se transformar em um hábito. A palavra-chave aqui é "praticar", e as semanas, meses ou anos gastos *pensando* sobre novos comportamentos não contam. Então, escolha seus exercícios favoritos ou crie alguns novos experimentos. Comece a acelerar pela pista de decolagem agora, se quiser desenvolver novas aptidões para sair voando.

CAPÍTULO 8

O PRÓXIMO PASSO:
RECEBENDO A CONFIANÇA
CRIATIVA DE BRAÇOS ABERTOS

Pouca gente pensa a respeito ou se dá conta disso, mas não há nada feito por seres humanos que não envolva alguma decisão sobre design.

— Bill Moggridge[1]

NOSSO GRANDE AMIGO E COFUNDADOR da IDEO, Bill Moggridge, acreditava firmemente que a maioria das pessoas era muito mais criativa e capaz do que acreditava. Nós também sempre acreditamos nisso. Pressões sociais e normas corporativas podem nos condicionar a ideias e comportamentos considerados "apropriados" ou esperados, mas as recompensas pela criatividade e originalidade valem muito a pena. Steve Jobs estimulou as pessoas a fazer algo "insanamente grandioso" e, ao longo de sua vida, essa abordagem lhe possibilitou abrir e liderar uma das empresas mais valiosas do mundo. A normalidade não é tudo isso que pensam que é. Mobilizando a sua criatividade natural, todo mundo tem a chance de ser extraordinário.

Esperamos que algumas das ideias apresentadas neste livro fomentem uma nova forma de pensar. No entanto, a confiança criativa não pode ser atingida só lendo, pensando ou falando a respeito. Pela nossa experiência, a melhor maneira de ganhar confiança na sua capacidade criativa é pela ação (dando um passo de cada vez), vivenciando em primeira mão uma série de pequenos sucessos. Foi isso que o psicólogo Albert Bandura descobriu em suas pesquisas sobre a autoeficácia e o domínio guiado.

Lembra como aquela primeira vez descendo por um escorregador pode ser tão aterrorizante para as crianças, mas como o medo se transforma imediatamente em alegria depois da primeira tentativa? Podemos tentar encorajá-lo a entrar na jornada na direção da confiança criativa, mas, no fim das contas, é você que terá de encarar as incertezas que lhe aguardam no caminho e cabe a você tentar para ver o que acontece. Pergunte a si mesmo: você está disposto a começar a mudar seu comportamento? O que você pode fazer hoje? Você está preparado para fazer o que agora?

> A MELHOR MANEIRA DE GANHAR CONFIANÇA NA SUA CAPACIDADE CRIATIVA É PELA AÇÃO, DANDO UM PASSO DE CADA VEZ.

Uma maneira de pensar em começar é encarar o desenvolvimento da sua confiança criativa como sendo o seu primeiro desafio criativo. Pense nos inovadores sobre os quais você leu neste livro. Todos eles encontraram o próprio caminho para a confiança criativa:

- Doug Dietz, da GE, começou com a empatia e, quando descobriu que as crianças temiam seus sofisticados equipamentos, reuniu um grupo de voluntários para criar um novo e inteligente design que levou a pelo menos uma pequena paciente a dizer: "Mamãe, posso voltar amanhã?".

- Scott Woody, o candidato a doutorado em Biofísica encontrou a paixão no trabalho, se interessando tanto pela inovação orientada pelo *design thinking* que abandonou o doutorado para mergulhar em uma empreitada.

- Os engenheiros Ankit Gupta e Akshay Kothari, embora intimidados pelo desafio de abrir uma empresa em dez semanas, encararam o desafio com um passo de cada vez. Enfiando-se em um café, eles adotaram uma predisposição à ação e realizaram rápidas iterações por meio de protótipos e ciclos de testes com os usuários.[2] O resultado foi o Pulse News, um app para iPad com um design elegante que já foi baixado por mais de 20 milhões de pessoas.

- A equipe criadora do Embrace Infant Warmer precisou sair da zona de conforto e viajar até o Nepal para saber mais sobre bebês abaixo do peso. Desenvolver a empatia por todos os stakeholders envolvidos, inclusive as mães e a família dos bebês, gerou insights que os levaram a mudar a perspectiva do projeto, de uma incubadora de baixo custo a um aquecedor de bebês.

- Claudia Kotchka organizou workshops na P&G para conduzir as pessoas pelo processo de *design thinking* e, com isso, proporcionou às pessoas uma metodologia e um pouco de experiência para elas desenvolverem a confiança necessária para tentarem por conta própria.

Cada caso é um caso e você precisará descobrir qual é a estratégia mais eficaz para o seu contexto. Como reduzir o medo de ser criticado? Como identificar os fatores que impedem o seu progresso? Como testar abordagens diferentes?

Dessa forma, estabeleça uma meta criativa, como registrar pelo menos uma nova ideia ou inspiração por dia em um diário no próximo mês. Não se restrinja. Essa é uma chance de praticar o adiamento da crítica, ter ideias malucas, focar-se na quantidade e mergulhar no que você mais valoriza. Lembre que este é só o primeiro passo. Não importa qual meta você escolher, é importante desenvolver a experiência e não permitir que o medo e a inércia o detenham. Registrar as ideias em um papel e superar esse primeiro obstáculo já é um grande avanço. Feito isso, você está pronto para dar o próximo passo. Pense em termos de "um pássaro por vez" e logo você começará a sentir uma maior confiança criativa.

Adote uma predisposição à ação. Se você tiver uma ideia ou projeto, tente fazer experimentos com os materiais que tem disponíveis na sua mesa, agora mesmo, para tornar essa ideia ou projeto mais tangível. Ou estabeleça a meta de construir três protótipos para o seu projeto nesta semana. Você não precisa mostrá-lo a ninguém por enquanto e pode

> ESTABELEÇA UMA META CRIATIVA, COMO REGISTRAR PELO MENOS UMA NOVA IDEIA OU INSPIRAÇÃO POR DIA EM UM DIÁRIO NO PRÓXIMO MÊS.

começar mostrando-o a amigos e parentes antes de revelá-lo ao seu chefe ou cliente. Em uma reunião, enquanto os outros apresentam uma longa apresentação de PowerPoint, tente usar uma única imagem e contar uma história interessante. Melhor ainda, leve um protótipo ou crie um vídeo simples para dar vida à sua ideia. Você também pode simplesmente rabiscar um desenho no quadro branco na sua próxima reunião. Ou pode tentar passar um dia inteiro sem dizer "Não" e, em vez disso, dizer "Sim e..." ou "Eu poderia se..."

Os executivos costumam dizer que "não têm verba nem tempo" para testar métodos de inovação, mas você não precisa esperar um saco de dinheiro cair no seu colo ou tirar férias para começar. Em vez de permitir que a falta de recursos restrinja o seu progresso, use essas restrições para ser criativo e obter soluções que demandem o mínimo de tempo ou dinheiro. Você pode se surpreender ao ver como essas limitações podem estimulá-lo a avançar.

Olhe ao seu redor e analise o que já faz ou precisa fazer de qualquer maneira. Transforme isso numa oportunidade de testar uma nova abordagem e reforçar a sua confiança criativa. Por que não usar o tempo do café da manhã para elaborar uma lista de defeitos? Tente fazer mais perguntas abertas aos seus filhos. Em vez de perguntar "Foi legal hoje na escola?" tente perguntar "Se você quisesse contar à vovó sobre o seu último projeto na escola, como contaria?".

Da mesma forma como pode se tornar fluente em um idioma praticando-a todos os dias (um pouco mal no início, mas melhorando a cada vez), desenvolver a confiança criativa fica cada vez mais fácil com a prática regular. Neste livro, incluímos ferramentas e táticas para ajudá-lo a começar a progredir. Experimente-as para ver quais delas funcionam melhor para você.

O melhor jeito de começar é com você. Mesmo se o objetivo final for inserir a confiança criativa no seu grupo ou organização, comece se concentrando em si mesmo. Se você conseguir despertar a sua criatividade e dar o exemplo, será muito mais persuasivo do que simplesmente tentar convencer os outros a mudar o comportamento.

Veja algumas estratégias para começar:

PROCURE OS DESAFIOS MAIS FÁCEIS. Desafios difíceis e intimidadores tendem a impedir em vez de acionar a ação criativa. Então, comece com uma vitória fácil ou segmente aquele desafio maior em partes mais executáveis. Esquematize os passos individuais necessários e procure maneiras de inovar em cada um deles. Tente concentrar sua energia criativa em uma tarefa que permita um rápido progresso para garantir boas chances de sucesso. Qual projeto criativo você poderia avançar concentrando-se nele durante meia hora do seu dia antes do trabalho?

FAÇA EXPERIMENTOS COM EXPERIÊNCIAS. Procure ativamente novas experiências. Obtenha mais um carimbo no seu passaporte, procure conversar com colegas de outras empresas ou visite um bairro diferente da sua cidade. Tente sentar-se na primeira fila no próximo grande evento da sua empresa (a ideia pode soar aterrorizante, mas você pode até se divertir). Pegue uma revista que nunca leu antes ou navegue em alguns sites criativos. Faça um curso à noite, presencial ou pela internet. Almoce ou tome café com um colega que não conhece muito bem. Veja o mundo com os olhos de uma criança e encontre novas ideias para explorar.

CRIE UMA REDE DE APOIO. A cultura e o ambiente exercem um grande impacto na sua confiança criativa. Dessa forma, busque a companhia de inovadores com ideias afins. Encontre um grupo para participar, pela internet ou pessoalmente.

Stephanie Rowe, que foi uma cliente nossa, usou uma rede de organização de comunidades locais chamada Meetup para abrir o próprio grupo.[3] Depois de fazer um workshop de design *thinking*, ela vinha se sentindo isolada em Washington, D.C., e jurou que, se não conseguisse encontrar pessoas com interesses afins na região, ela se mudaria para a Califórnia. O que começou como um único encontro se transformou em um grupo ativo com mais de mil membros, dedicado a divulgar os conceitos e ferramentas do *design thinking*. Depois de duas décadas de experiência em uma posição executiva, essa "mulher analítica e inflexível", como ela mesma se descreve, começou a ouvir das pessoas "Uau, você é tão criativa!". Para Stephanie, "É incrível, mas ainda é estranho ouvir esse tipo de coisa". Ela diz que a confiança criativa "mudou o que eu pensava da comunidade e do que eu *faço* na minha comunidade".

Pense nos seus colegas de trabalho. Eles tendem a reforçar a sua criatividade ou são céticos, relutando em ponderar ideias que se desviam da norma? Ao buscar colaboradores, ou apenas ao coletar feedback, procure pessoas que tendem a apoiar a criatividade e evite aquelas pessoas cujo padrão é a negatividade. Ter parceiros ou colegas que também se interessam em despertar a confiança criativa pode ser extremamente útil nesse estágio.

EXPLORE COMUNIDADES DE INOVAÇÃO ABERTA. Não importa onde você mora, qualquer pessoa pode participar de plataformas de inovação aberta. Por exemplo, na OpenIDEO, a plataforma de inovação aberta que melhor conhecemos, você tem a chance de contribuir nas fases de inspiração, conceitualização e avaliação de um desafio no nível de participação que preferir.[4] Você pode aplaudir as ideias alheias (com apenas um clique de mouse) ou contribuir com os próprios conceitos. Você pode desenvolver as ideias alheias deixando um comentário ou fazendo o upload de um novo conceito baseado na ideia inicial de outra pessoa. Cada ação ajuda a reforçar a sua confiança criativa e tanto grandes quanto pequenas contribuições ao site o ajudam a aumentar seu capital social na forma de um "Design Quotient". A ideia do DQ é ajudá-lo a identificar e explorar áreas nas quais a sua criatividade pode brilhar, seja no início nebuloso de um desafio ou na revisão e avaliação de alternativas concretas mais adiante. A inovação aberta lhe dá a chance de alongar e aquecer seus músculos criativos fora do trabalho, proporcionando experiências que podem ser aplicadas aos seus próprios projetos.

NUNCA PARE DE APRENDER. Para ajudar a desenvolver suas aptidões, um coach ou guia pode ser de enorme valor. Será que você teria como participar de algum workshop de *design thinking*? Procure informações na internet.[5] Por exemplo, o *Human-Centered Design Toolkit* (kit de ferramentas para a criação centrada no ser humano) da IDEO é um guia de inovação grátis para ONGs e empreendimentos sociais. O *Design Thinking for Educators* (*design thinking* para educadores) é outro kit de ferramentas apresentando o processo e os métodos de design adaptados especificamente para o contexto da educação primária e secundária. A d.school disponibiliza, em seu site, um *Virtual Crash Course* (intensivão virtual) que o conduz por um workshop de inovação de uma hora no qual você recria o design de uma experiência como o ritual de presentear. O site também oferece uma coletânea de métodos criativos, chamada *Bootcamp Bootleg* (campo de treinamento de novos piratas), que inclui algumas das ferramentas apresentadas neste livro.

CRIE O DESIGN DA SUA VIDA. Trate o próximo mês da sua vida como se fosse um projeto de design. Faça uma pesquisa de campo em si mesmo, em busca de necessidades não satisfeitas na sua própria rotina diária. Quais mudanças no seu comportamento podem ser viáveis, factíveis e desejáveis? Quais melhorias você poderia prototipar, testar e iterar rapidamente? Seja deliberado na escolha das ações que você poderia realizar agora mesmo para levar mais sentido e alegria à própria vida e das pessoas ao seu redor. Como você poderia trabalhar com restrições? Continue fazendo iterações. Tente o exercício por um mês e pergunte-se o que está funcionando e o que não está dando certo. Como você pode continuar a criar um impacto mais positivo? Como escreve Tim Brown, nosso amigo e colega da IDEO, "Veja o dia de hoje como um protótipo. O que você mudaria?".

EMPRESAS CRIATIVAS

A primeira pergunta que nos fazem quando falamos com pessoas criativas de grandes empresas é "Como posso convencer o meu chefe a usar essas ferramentas?". (Lembre-se que, se você é o chefe, essas pessoas estão falando de você.) No contexto das restrições do trabalho, práticas corporativas, gestores céticos e a pressão do desempenho trimestral, todos nós precisamos encontrar maneiras de promover a inovação. O desafio é cultivar um comportamento criativo em si mesmo e nos outros membros da equipe, que levará a avanços revolucionários no futuro. Encontramos várias técnicas eficazes para navegar pelas culturas corporativas:

BASEIE-SE NOS PROCESSOS EXISTENTES. Uma mudança mais gradativa pode ter mais chances de sucesso do que uma abordagem radical e revolucionária.

Conversamos com uma pessoa criativamente confiante cuja primeira tentativa de implementar métodos de pensamento inovador em sua empresa do setor aeroespacial constituiu um verdadeiro motim, envolvendo o que ela descreveu de workshops de "desobediência civil".[6] Não lhe faltava entusiasmo, porém, as mudanças que ela propôs foram consideradas radicais e abruptas demais, de forma que o chefe dela descontinuou rapidamente o processo.

Atualmente, ela usa uma abordagem diferente com muito mais sucesso. Ela está reforçando o processo atual de produção enxuta da empresa incorporando métodos de *design thinking* na pesquisa em campo, geração de ideias e prototipagem na fase inicial de novos projetos. Essa nova abordagem lhe permitiu ajudar muitos projetos, desde novos designs de linha de montagem até novas maneiras de conduzir análises de engenharia. "Parei de tratar o *design thinking* como algo distinto que as pessoas precisavam aprender e simplesmente comecei a incluir a metodologia na vida cotidiana", ela explica. "É como esconder verduras na comida das crianças." Apesar de não soar tão empolgante quanto uma revolução, a nova abordagem já está começando a render frutos.

ENTREGUE EM DOBRO. Se você não está conseguindo convencer as pessoas a adotar sua abordagem criativa, lembre que até os céticos mais ferrenhos reagem bem ao sucesso. Da próxima vez que receber uma tarefa, faça-a como de costume, mas também tente uma alternativa orientada pelo pensamento criativo. Se você acabar com uma boa solução criativa, entregue as duas ao seu chefe, explicando como o novo processo o guiou ao resultado melhor. A solução criativa nem sempre será eficaz, mas, se você conseguir algumas vitórias diretas, isso pode ajudar a convencer os seus chefes. E o seu entusiasmo também pode ser contagiante. Uma vez que conquistar algumas vitórias, espere o seu chefe começar a dizer que apoiou a abordagem criativa desde o começo. É assim que você sabe que venceu a batalha.

Uma variação da ideia de entregar em dobro é aplicar a sua abordagem criativa a um projeto *alheio* (sem negligenciar seu próprio trabalho, é claro). Se você usar seu tempo livre para ajudar no projeto de um colega, ninguém pode acusá-lo de nutrir interesses velados. Se você fracassar, ninguém sai perdendo, nem a sua empresa nem seus colegas. E, se tiver sucesso, você pode até se tornar um herói.

MERGULHE EM ATIVIDADES EXTRACURRICULARES DE UM JEITO MEMORÁVEL. Ofereça-se para realizar atividades extracurriculares e as faça de maneira extraordinária. Alguns ex-alunos de

David que hoje atuam no mundo dos negócios dizem que usaram essa abordagem para brilhar na empresa. Por exemplo, ofereça-se para organizar o encontro anual da empresa ou o próximo retiro executivo. Abra um clube do livro para ler sobre a inovação. Organize uma série de palestras no almoço com especialistas convidados. Transforme essas atividades em uma experiência notável e isso chamará a atenção de todo mundo. Depois de alguns sucessos de alta visibilidade, não demorará muito para você ficar conhecido como um especialista no pensamento criativo. E, mais cedo ou mais tarde, você será solicitado a aplicar seus conhecimentos ao seu trabalho ou a um novo projeto ou iniciativa. Com essa abordagem, você desenvolverá a credibilidade e o respeito necessários para receber novas atribuições e responsabilidades.

CRIE UM LABORATÓRIO DE INOVAÇÃO. Se você for um gestor ou líder, já está numa excelente posição de cultivar e desenvolver a confiança criativa na sua empresa. Reserve um espaço separado para a inovação e ajude um pequeno grupo de inovadores a transcender as rotinas e as restrições e gerar inovações originais. Foi o que a Apple fez com a equipe do Macintosh. Foi o que a Lockheed fez com o programa Skunk Works, no qual eles desenvolveram aeronaves exóticas, incluindo o avião espião U-2 e o Blackbird SR-71. A Nordstrom, varejista orientada a serviços, tem um laboratório de inovação que, às vezes, surge no piso de vendas de suas lojas.[7] Em apenas uma semana eles criaram o design, testaram e prototiparam do zero um produto completamente novo: um app para iPad que ajuda os clientes a escolher os óculos perfeitos para eles. Toda empresa precisa agir de vez em quando como uma startup enxuta, e um laboratório de inovação pode ajudar a reforçar essa atitude.

Tudo isso parece que dá muito trabalho? E dá mesmo. Mas as pessoas nos contam que funcionam. E elas estão se divertindo muito mais, apesar da trabalheira toda. Ou talvez *por causa* de todo o trabalho. Esse é o potencial da confiança criativa. Se você conseguir despertar o talento criativo que leva consigo desde a infância... pode desenvolver novas habilidades e aprender algumas técnicas para aplicar essa criatividade... Se tomar coragem de se manifestar e experimentar, de arriscar o fracasso e seguir seus impulsos criativos... pode descobrir, parafraseando Noël Coward, que o *trabalho* pode ser mais divertido que a *diversão*.

Agora largue este livro ou desligue seu computador. Escolha um ou dois experimentos para começar, sabendo que nem todos terão sucesso, e comece a projetar o design da sua nova vida. Com esforço, prática e aprendizado contínuo, você também pode reimaginar a sua vida pessoal e profissional com a confiança criativa.

davidkelley@ideo.com

tomkelley@ideo.com

AGRADECIMENTOS

QUANDO UM FILME TERMINA E vemos os créditos rolando pela tela sempre nos surpreendemos ao ver quantas pessoas trabalharam numa grande produção cinematográfica. E, apesar de não termos usado nenhum supervisor de efeitos especiais ou dublês, a produção deste livro foi um projeto extremamente colaborativo, com literalmente centenas de pessoas ajudando ao longo do caminho. Tentaremos reconhecer algumas das pessoas notáveis que nos ajudaram com seu tempo e talento nos últimos anos, sabendo de antemão que não temos como mencionar todas...

Gostaríamos de começar reconhecendo nossa dívida de gratidão a Corina Yen, a jovem jornalista/engenheira que entrou na nossa equipe em 2011 para uma função que, na época, imaginávamos que seria pequena e provisória. Ela acabou fazendo praticamente *tudo*, por quase dois anos: pesquisando, entrevistando, editando, escrevendo, administrando os coautores e mantendo e organizando o projeto inteiro em sua mente. Durante esse tempo todo, ela conseguiu manter um senso de urgência otimista (mesmo quando nós não estávamos conseguindo) e nos manteve na linha até a entrega do manuscrito. Não teríamos conseguido sem ela.

Laura McClure se uniu a nós na fase final e mais intensa do projeto, nos ajudando a dar vida às histórias e a traduzir pensamentos em palavras, tudo isso enquanto se mantinha aparentemente calma diante do prazo final que se aproximava a cada dia.

Trabalhamos no cruzamento entre o mundo dos negócios e o mundo acadêmico e somos extremamente gratos à ajuda especializada que obtivemos desses dois mundos que se sobrepõem.

Na IDEO, contamos com a ajuda de pessoas como Chris Flink, que nos deu muitas ideias, leu os capítulos iniciais do livro e nos ajudou a articular algumas das metodologias da IDEO. Nicole Kahn nos ajudou a reunir as atividades apresentadas no capítulo "A mudança: confiança criativa para viagem". Também pudemos contar com o apoio contínuo do CEO Tim Brown, e de todos os sócios da IDEO. Diego Rodriguez se ofereceu para ler o manuscrito todo e contribuiu com profundas opiniões e sugestões. Gabe Kleinman, Colin Raney e Iain Roberts, da IDEO, também nos ajudaram lendo e comentando capítulos do livro. Nossa assistente Kathleen Bomze passou mais de dois anos nos ajudando no projeto, muitas vezes nos cobrindo para abrir espaço na nossa agenda para podermos trabalhar no livro.

Martin Kay criou o design da capa da edição americana, começando com muitos protótipos e se concentrando em um que comunicava a mensagem e a energia que esperávamos transmitir com o livro. Beau Bergeron nos ajudou fazendo ilustrações no seu "tempo livre", sem ao menos fazer uma pausa para respirar. Fabian Herrmann nos ajudou com o projeto gráfico da edição americana e Alana Zawojski e Katie Clark nos ajudaram a providenciar as fotos e outras imagens. Brendan Boyle atuou como uma excelente fonte de opiniões e sugestões para as nossas ideias e um frequente colaborador quando estávamos atrás de uma ideia divertida ou um exemplo relevante. Whitney Mortimer, Debbe Stern e toda a equipe da Marcom nos ajudaram a concluir o manuscrito e a promover o livro.

E também somos gratos às 600 pessoas da empresa que praticam o *design thinking* e acolhem a confiança criativa todos os dias. Elas nos contaram histórias, compartilharam insights e responderam perguntas que fizemos, por e-mail, para a empresa toda, com respostas maravilhosamente prolíficas. Gostaríamos de agradecer especialmente ao pessoal da IDEO que passou pela sala do nosso projeto nas últimas semanas para ajudar com ideias originais para algumas partes específicas do livro: Dennis Boyle, Brian Mason, Jonah Houston, Grace Hwang, e os fundadores da IDEO.org Patrice Martin e Jocelyn Wyatt. Outros, numerosos demais para mencionar, incluem colaboradores como Tom Hulme, Joerg Student, David Haygood, Coe Leta Stafford, Mark Jones, Joe Wilcox e Stacey Chang.

Ao mesmo tempo, também recebemos muita ajuda e apoio dos nossos amigos da d.school. A diretora geral Sarah Stein Greenberg e o diretor executivo George Kembel não apenas nos deram ideias para o livro, como também cobriram David de mil maneiras diferentes durante este projeto. Bob Sutton, que sempre trocou ideias conosco, foi a primeira pessoa que entrevistamos e nos deu muitas outras ideias. Bernie Roth apoiou a d.school desde o início e nos contou mais histórias sobre a confiança criativa do que pudemos incluir no livro. Perry Klebahn e Jeremy Utley se encarregaram de traduzir as ideias da d.school ao público executivo e nos ajudaram a pensar tanto em termos do mundo acadêmico quanto do mundo dos negócios. Scott Doorley sabe tudo sobre como o espaço afeta a cultura, e nós usamos de muitas das ideias dele sobre os grupos criativos. Nossos agradecimentos especiais também a Bill Burnett, diretor executivo do Stanford Design Program, pela excelente liderança, livrando o tempo do David para trabalhar neste livro. E somos gratos às outras incontáveis pessoas que contribuíram com histórias, ideias e inspiração.

Fora da IDEO e da d.school, dezenas de outras pessoas nos ajudaram com ideias, palavras e ações. Albert Bandura foi uma importante inspiração e temos embasado muitas das nossas ideias em suas profundas pesquisas. Carol Dweck mudou nossa visão de mundo por meio de suas obras e em conversas pessoais. Catherine Fredman foi uma boa amiga em tempos de necessidade, oferecendo conselhos editoriais quando o projeto ameaçava chegar a um beco sem saída. Nancy Martin, da GE, Carl Roetter, da 3M, Bill Leigh, do Leigh Bureau, e nosso velho amigo Jim Manzi nos deram feedbacks objetivos sobre o manuscrito, inclusive algumas duras críticas quando eles acharam que precisávamos elaborar melhor algum tema.

E devemos agradecimentos às mais de 100 pessoas que entrevistamos sobre sua jornada de confiança criativa (inclusive Marcy Barton, Claudia Kotchka e Bonny Simi), cujas histórias foram grandes fontes de inspiração. Somos muito gratos pela sua generosidade em compartilhar suas experiências e insights.

No mundo editorial, gostaríamos de agradecer à agente literária Christy Fletcher por nos possibilitar chegar até aqui, e ao nosso editor Roger Scholl, da Crown Business, por acreditar em nós mais uma vez.

Nossos agradecimentos especiais ao doutor Dimitrios Colevas, ao doutor Michael J. Kaplan e à equipe do Stanford Hospital, que ajudou David a vencer o câncer em 2007 para que este livro pudesse existir.

E, acima de tudo, somos gratos às nossas esposas, Yumi e Kc, e aos nossos filhos pelo apoio e paciência ao longo de um projeto que levou muito mais tempo do que esperávamos.

Obrigado a todos! Esperamos que vocês tenham gostado do livro que ajudaram a criar.

NOTAS

INTRODUÇÃO

1. As estatísticas são da Organização Mundial de Saúde, Deafness and Hearing Loss, fev. 2013. Disponível em: <http://www.who.int/mediacentre/factsheets/fs300/en>. Acesso em: 13 out. 2013.

2. Recomendamos vivamente assistir à inspiradora palestra de Sir Ken Robinson no TED. Do Schools Kill Creativity, fev. 2006. Disponível em: <http://www.ted.com/talks/ken_robinson_says_schools_kill_creativity.html>. Acesso em: 13 out. 2013. Em novembro de 2012, este era o TED Talk mais visto até o momento. Essa informação está disponível em: <http://blog.ted.com/2012/08/21/the-20-most-watched-ted-talks-to-date>. Acesso em: 13 out. 2013.

3. IBM, comunicado à imprensa, 18 maio 2010. Disponível em: <http://www-03.ibm.com/press/us/en/pressrelease/31670.wss>. Acesso em: 13 out. 2013.

4. Adobe Systems, comunicado à imprensa, 23 abr. 2012. Disponível em: <http://www.adobe.com/aboutadobe/pressroom/pressreleases/201204/042312AdobeGlobalCreativityStudy.html>. Acesso em: 13 out. 2013.

5. Conversamos várias vezes com Geshe Thupten Jinpa sobre empatia e compaixão. Nossa conversa sobre a confiança criativa e o estado "natural" da criatividade ocorreu em setembro de 2010, durante uma estadia de Jinpa na casa de campo de David.

6. Pelo que sabemos, uma das primeiras pessoas a usar o *design thinking* no mundo do recrutamento executivo foi Ben Anderson, da Renaissance Leadership. Acesse o site: <http://www.ren-lead.com>. Acesso em: 13 out. 2013.

7. Veja, por exemplo, a história de Phil Ansell, um diretor do Department of Public Social Services do Los Angeles County, relatada no blog da d.school. *Design + Bureaucracy = Delight*, 13 nov. 2012. Disponível em: <http://dschool.stanford.edu/blog/2012/11/13/design-bureaucracy-delight>. Acesso em: 13 out. 2013.

8. Essas histórias resumidas se referem a Bonny Simi, David Hughes, Lauren Weinstein, Stephanie Rowe e Marcy Barton. As histórias foram coletadas em entrevistas conduzidas por Corina Yen e Tom Kelley (veja as notas das histórias completas relatadas nos capítulos subsequentes). O tempo de recuperação 40% mais rápido da JetBlue foi relatado por Dan Heath e Chip Heath em: Team Coordination Is Key in Businesses, *Fast Company*, jul./ago. 2010. Disponível em: <http://www.fastcompany.com/1659112/team-coordination-key-businesses>. Acesso em: 13 out. 2013. Mais de 1.700 pessoas assinaram a petição da equipe de Hughes ou entraram no grupo do Facebook, como relatado em um post do blog da *Harvard Business Review*. (Veja Julia Kirby, *Starting a Movement, Learning to Lead*, 1 jun. 2009. Disponível em: <http://blogs.hbr.org/hbr/hbreditors/2009/06/starting_a_movement_learning_t.html>. Acesso em: 13 out. 2013.

9. BANDURA, Albert *Self-Efficacy: The Exercise of Control*. Nova York: W. H. Freeman, 1997.

CAPÍTULO 1

1. LINEBAUGH, Kate. GE Feels Its Own Cuts, 17 set. 2012, *Wall Street Journal*. Disponível em: <http://online.wsj.com/article/SB100008723963904437202045780022702243 5846.html>. Acesso em: 13 out. 2013.

2. Ficamos sabendo da história de Doug Dietz em um vídeo feito num curso Executive Education Bootcamp da d.school em julho de 2011. Você pode ouvir Doug contando a própria história em sua palestra no TEDx Talk. Veja: Transforming Healthcare for Children and Their Families, abr. 2012. Disponível em: <http://tedxtalks.ted.com/video/ TEDxSanJoseCA-2012-Doug-Dietz-T>. Acesso em: 13 out. 2013. Outros detalhes foram retirados de uma entrevista com Doug conduzida por Corina Yen e Tom Kelley em novembro de 2011.

3. Somos gratos a Chris Flink, sócio da IDEO e professor associado convidado da d.school, por nos ajudar a articular o processo do *design thinking*. Para saber mais sobre o design thinking, recomendamos o livro *Design thinking: uma metodologia poderosa para decretar o fim das velhas ideias*, de Tim Brown, o CEO da IDEO. Para conhecer algumas ferramentas e técnicas, você pode consultar materiais disponibilizados gratuitamente pela IDEO na internet, como o *Human-Centered Design Toolkit* (http:// www.hcdconnect.org/toolkit/en) e o *Design Thinking for Educators Toolkit* (http:// designthinkingforeducators.com/toolkit). A d.school também disponibiliza seus métodos na internet em formatos que incluem o kit de ferramentas *Bootcamp Bootleg* (veja o link na página http://dschool.stanford.edu/use-our-methods).

4. O primeiro livro de Tom conta a história das origens da IDEO e oferece uma visão do nosso processo na época. KELLEY, Tom; LITTMAN, Jonathan. *A arte da inovação: lições de criatividade da IDEO, a maior empresa norte-americana de design*. São Paulo: Futura, 2001.

5. Veja Carol Dweck, *Mindset: The New Psychology of Success*. Nova York: Random House, 2006. No Brasil, há a tradução desse trabalho: *Por que algumas pessoas fazem sucesso e outras não: saiba como você pode ter êxito entendendo o código da sua mente*. Rio de Janeiro: Fontanar, 2008. O trabalho de Dweck nos chamou a atenção pela primeira vez ao ser apresentado num artigo de Marina Krakovsky, The Effort Effect, *Stanford Magazine*, mar./abr. 2007. Disponível em: <http://alumni.stanford. edu/get/page/magazine/article/?article_id=32124>. Acesso em: 13 out. 2013. As informações aqui apresentadas foram coletadas do livro dela e de uma entrevista com Carol Dweck conduzida por Corina Yen e David e Tom Kelley em setembro de 2011. As pesquisas de Dweck têm sido muito importantes para nós, afetando tudo, desde o modo como pensamos sobre a criatividade até como conversamos com nossos filhos.

6. Veja Dweck, *Mindset*, p. 17-18.

7. É possível encontrar o clipe inspirador de Steve Jobs sendo entrevistado em 1994 pela Silicon Valley Historical Association em: <http://www.youtube.com/watch?v=kYfNvm-F0Bqw>. Acesso em: 23 out. 2013. Parte das outras informações relacionadas a Steve se basearam na amizade de 25 anos entre ele e David.

CAPÍTULO 2

1. A história da cura da fobia foi contada a David por Albert Bandura em uma entrevista conduzida em setembro de 2010. Outros detalhes foram retirados de um relato do experimento em: PATTERSON, Kerry et al. *Influencer*: The Power to Change Anything. Nova York: McGraw-Hill, 2007. p. 47-48. [No Brasil, *As leis da influência*: descubra o poder de mudar tudo. Rio de Janeiro: Campus, 2008.] Para saber mais sobre a autoeficácia e o domínio guiado, veja:BANDURA, Albert. *Self-Efficacy*: The Exercise of Control. Nova York: W. H. Freeman, 1997.

2. FOSTER, Christine. Confidence Man. *Stanford Magazine*, set./out. 2006. Disponível em: <http://alumni.stanford.edu/get/page/magazine/article/?article_id=33332>.

3. Bandura foi classificado em quarto lugar na lista elaborada por Steven J. Haggbloom e publicada em: The 100 Most Eminent Psychologists of the 20th Century. *Review of General Psychology*. v. 6, n. 2, p. 139-512, 2002.

4. Bandura, *Self-Efficacy*, p. 150.

5. Bandura, *Self-Efficacy*, p. 53.

6. SIMONTON, Dean Keith. *A origem do gênio*: perspectivas darwinianas sobre a criatividade. Rio de Janeiro: Record, 2005. Somos gratos a Bob Sutton, professor de ciência da administração e engenharia da Stanford, por chamar a nossa atenção às pesquisas de Simonton sobre o gênio criativo.

7. Os irmãos Wright eram apresentados como personagens exuberantes nas aulas de História na nossa infância em Ohio. A ideia de que eles escolheram o Kitty Hawk em parte para evitar chamar a atenção da imprensa foi retirada da Wikipedia. Disponível em: <http://en.wikipedia.org/wiki/Wright_brothers>. Acesso em: 22 out. 2013.

8. A carteira Node foi um projeto da Steelcase/IDEO concluído em 2010. Detalhes sobre o protótipo foram fornecidos por Joerg Student, designer da IDEO, e Sean Corcorran, diretor geral da Education Solutions, em e-mails e conversas em abril de 2013. O número de instituições que utilizavam as carteiras na primavera de 2013 são da Steelcase. Para saber mais sobre o projeto Node, visite o site <http://www.ideo.com/work/node-chair>.

9. É possível realizar o projeto de 90 minutos da experiência de presentear seguindo as instruções apresentadas no site da d.school: <https://dschool.stanford.edu/groups/designresources/wiki/ed894/The_GiftGiving_Project.html>. O projeto da experiência de presentear constitui um bom exemplo da aplicação do ciclo de design a uma experiência (em vez de um produto físico).

10. Melhorar a experiência de transporte diário para o trabalho (especificamente o trajeto de trem entre Palo Alto e São Francisco) é um projeto popular na d.school. Os alunos analisam toda a jornada do cliente: esperar na plataforma, embarcar no trem, orientar-se ao sair da estação, conversar com outros passageiros no trem, apreciar a viagem, comprar comida etc.

11. Bob Sutton e Diego Rodriguez, sócio da IDEO e professor associado convidado da d.school começaram a usar essa expressão depois de ministrar seu primeiro curso na d.school, Creating Infectious Action (Criando Ações Contagiantes). Como Bob escreveu em seu blog, *Work Matters*, "Discursamos sobre fracassar para avançar, fracas-

sar logo e fracassar com frequência e usamos uma série de outros termos de impacto para falar sobre as vantagens do fracasso... Então, quando os alunos (sob a nossa orientação) tiveram um estrondoso fracasso na promoção de um show de hip-hop... percebemos que seria mais honesto... falar sobre como era chato ter um resultado tão ruim. Assim, falamos sobre o fracasso só depois nos voltamos ao aprendizado". Veja o artigo "Failure Sucks but Instructs", publicado em 29 out. 2007. Disponível em: <http://bobsutton.typepad.com/my_weblog/2007/10/failure-sucks-b.html>. Diego incluiu a frase na 14ª posição em uma série de 21 princípios de inovação que postou em seu blog: "14: Failure sucks, but instructs", publicado em 20 maio 2009. Disponível em: <http://metacool.com/?p=324>.

12. Essa citação de Chris Flink foi retirada de um documento interno da d.school, parte de um "point-of-view statement" para refletir sobre o futuro da d.school.

13. John "Cass" Cassidy é um visitante frequente na IDEO nas duas últimas décadas e tem atuado como um verdadeiro exemplo de como encorajar a confiança criativa nos outros. Veja CASSIDY, Joh; RIMBEAUX, B. C. *Juggling for the Complete Klutz*. Palo Alto, CA: Klutz, 2007. Veja também *The Klutz Book of Invention*, de Cass e Brendan Boyle, um compêndio de ideias de produto ridículas, porém brilhantes.

14. Nossos agradecimentos a Caroline O'Connor, palestrante da d.school, e à diretora geral Sarah Stein Greenberg pela ajuda com este quadro. As informações apresentadas foram adaptadas de ideias publicadas em um quadro similar que elas elaboraram para um artigo que escrevemos para a *Harvard Business Review*, "Reclaim Your Creative Confidence", p. 116-117, dez. 2012,.

15. Veja McGONIGAL, Jane. *Reality Is Broken*: Why Games Make Us Better and How They Can Change the World. Nova York: Penguin Press, 2011. O capítulo mais pertinente à confiança coletiva, "Fun Failure and Better Odds of Success" (algo como "Divertir-se com o fracasso aumenta as chances de sucesso"), explica como a perspectiva do fracasso é transformada no contexto de um jogo. A definição do otimismo urgente foi retirada da primeira palestra de Jane no TED Talk, "Gaming can make a better world", fev. 2010. Disponível em: <http://www.ted.com/talks/jane_mcgonigal_gaming_can_make_a_better_world.html>. Acesso em: 23 out. 2013. Detalhes adicionais são de duas conversas entre Jane e Tom em novembro de 2012.

16. Trata-se de um dos princípios de inovação de Diego Rodriguez descritos em seu blog: "It's not the years, it's the mileage", publicado em 12 ago. 2009. Disponível em: <http://metacool.com/?p=297>.

17. Randy Komisar discorreu sobre o fracasso construtivo em uma palestra na Stanford em abril de 2004, disponibilizada na internet pelo Stanford Technology Ventures Program Entrepreneurship Corner, em: <http://ecorner.stanford.edu/authorMaterialInfo.html?mid=996>. Para saber mais sobre as ideias de Randy sobre o risco e o fracasso, veja KOMISAR, Randy; LINEBACK, Kent. *Monk and the Riddle*: The Education of a Silicon Valley Entrepreneur. Boston: Harvard Business School Press, 2000.

18. O projeto HackFWD foi realizado pela IDEO para Lars Hinrichs em 2010; veja em: <http://www.ideo.com/work/hackfwd>. O Geek Agreement pode ser encontrado no site da Hack-FWD, <http://hackfwd.com/experience>.

19. O número de projetos financiados foi reportado em Alexander Eule, "Forever in Blue Jeans", *Barron's*, 23 fev. 2013. Disponível em: < http://online.barrons.com/article/SB50001424052748704103204578314212712289502.html>. Acesso em: 23 out. 2013.

20. Somos gratos a Chris Flink por ter nos chamado a atenção ao "Antiportfólio" de Bessemer. Veja a lista completa em: <http://www.bvp.com/portfolio/antiportfolio>. Acesso em: 23 out. 2013.

21. Em 2013, David Cowan foi classificado na 61a posição. Veja em: <http://www.forbes.com/midas/list>.

22. O FailCon é uma conferência anual lançada em São Francisco em 2009 e que agora também inclui eventos internacionais. Veja mais em: <http://thefailcon.com>.

23. SEELIG, Tina. *What I Wish I Knew When I Was 20*: A Crash Course on Making Your Place in the World. Nova York: HarperOne, 2009. p. 71-73. [No Brasil, *Se eu soubesse aos 20...* São Paulo: Da Boa Prosa, 2011.]

24. BROWN, Brené. *Daring Greatly*: How the Courage to Be Vulnerable Transforms the Way We Live, Love, Parent, and Lead. Nova York: Gotham Books, 2012. p. 189-190. [No Brasil, *A coragem de ser imperfeito*. Rio de Janeiro: Sextante, 2013.]

25. A primeira citação é do TED Talk de Sir Ken Robinson, "Do Schools Kill Creativity." A segunda citação foi retirada de ROBINSON, Sir Ken; ARONICA, Lou. *The Element*: How Finding Your Passion Changes Everything. Nova York: Viking Press, 2009. p. 16.

26. Sir Ken Robinson contou essa história a David e Tom em dezembro de 2010 e também escreveu sobre ela em Robinson e Aronica, *The Element*, p. 9-11, 228. Para saber mais sobre a história do Liverpool Institute for Performing Arts, veja http://www.lipa.ac.uk/content/AboutUs/HistoryHeritage.aspx (acesso em 11 jan. 2011).

27. Veja BROWN, Brené. *The Gifts of Imperfection*: Let Go of Who You Think You're Supposed to Be and Embrace Who You Are. Center City, MN: Hazelden, 2010. p. 94-97. [No Brasil, *A arte da imperfeição*. Ribeirão Preto: Novo Conceito, 2012.] Brown descreve sua metodologia de pesquisa e o número de entrevistados na página 129. A citação é de Brown, *Daring Greatly*, p. 64.

28. Veja o resumo da pesquisa de resiliência de Brown em *The Gifts of Imperfection*, p. 63-76.

29. Roam, Dan. *The Back of the Napkin*: Solving Problems and Selling Ideas with Pictures. Nova York: Portfolio, 2009. [No Brasil, *Desenhando negócios*. Rio de Janeiro: Campus, 2011.] A descrição das pessoas do tipo "caneta vermelha" e "caneta amarela" foi retirada das páginas 24-25. Alguns detalhes são de uma conversa entre Dan e Tom em janeiro de 2012. Saiba mais sobre a Napkin Academy em: <http://www.napkinacademy.com>.

30. Agradecemos a Dan Roam pelas ilustrações. A descrição se baseia em sua aula intitulada "How to Draw People" (Como desenhar pessoas) na "Napkin Academy" de Roam, <http://www.napkinacademy.com/how-to-draw-people>.

CAPÍTULO 3

1. Corina Yen e Tom entrevistaram Rahul Panicker sobre essa história em outubro de 2011. As observações de Rahul são dessa entrevista, salvo indicação ao contrário. Alguns detalhes são de uma conversa entre Jane Chen e David em fevereiro de 2013. Detalhes sobre o custo do produto são do site da Embrace, <http://www.embrace-global.org>.

2. As estatísticas são da Organização Mundial de Saúde, "Preterm Birth", nov. 2012. Disponível em: <http://www.who.int/mediacentre/factsheets/fs363/en/index.html>. Acesso em: 23 out. 2013.

3. DOOLEY, Sean. Embrace Infant Warmer Could Save Thousands. *ABC News*, 17 dez. 2010. Disponível em: < http://abcnews.go.com/Health/embrace-infant--warmer-save-thousands/story?id=12366774>.

4. A história e as citações são do vídeo de uma entrevista com os membros da equipe da Embrace produzido por Corey Ford para a d.school, disponível em <http://vimeo.com/11283910>.

5. Razmig Hovaghimian, cofundador da Embrace, continuou como membro do conselho.

6. Dooley, "Embrace Infant Warmer".

7. "Be the Change: The Tiniest Survivors", 17 dez. 2010. Disponível em: <http://abcnews.go.com/2020/video/change-tiniest-survivors-12428134?&clipId=12428134&playlistId=12428134>. Acesso em: 23 out. 2013.

8. CHEN, Jane. Should Your Business Be Nonprofit or For-Profit?. *HBR Blog Network*, 1 fev. 2013. Disponível em: <http://blogs.hbr.org/cs/2013/02/should_your_business_be_nonpro.html>. Os dados sobre o número de bebês ajudados e outros detalhes sobre a situação da empresa também são desse post.

9. Robert Sternberg, em entrevista conduzida por Corina Yen e Tom Kelley, nov. 2011. A lista de atributos é de Sternberg, em: The WICS Approach to Leadership: Stories of Leadership and the Structure and Processes That Support Them. *Leadership Quarterly*, v. 19, n. 3 p. 360-371, 2008. A citação é de Sternberg, Creativity as a Decision. *American Psychologist*, p. 376, maio 2002. Somos gratos a Bob Sutton por chamar a nossa atenção às pesquisas de Sternberg.

10. Jill Levinsohn, entrevista conduzida por Corina Yen, set. 2012. Veja a página de Jill na Pinterest em: <http://pinterest.com/jml736>.

11. Esse exemplo é de Kerry O'Connor, designer da IDEO e coach em muitos cursos de educação executiva da d.school.

12. Nossos agradecimentos a Alan Ratliff, um líder da equipe de experiências da IDEO, pela ajuda com esse quadro. Ele teve a ideia para o nosso escritório de São Francisco depois de ver um banheiro em Santa Cruz com as paredes todas escritas em giz.

13. Tim Manners começou a escrever esse newsletter diário em uma manhã de 1998 só de brincadeira e nunca mais parou. Tom conheceu Tim quando eles trabalharam juntos em um livro colaborativo de Seth Godin, *The Big Moo*, e é um leitor assíduo do *Cool News* desde então (http://www.reveries.com).

14. Veja NAIK, Gautam. A Hospital Races to Learn Lessons of Ferrari Pit Stop. *Wall Street Journal*, 14 nov. 2006. Disponível em: < http://online.wsj.com/news/articles/SB116346916169622261>. Acesso em: 23 out. 2013.

15. Veja Covey, Stephen. *The Seven Habits of Highly Effective People*. Nova York: Simon & Schuster, 1989. p. 219-220. [No Brasil, *Os 7 hábitos das pessoas altamente eficazes*. Rio de Janeiro: Best Seller, 2005.]

16. Veja TIERNEY, John. Discovering the Virtues of a Wandering Mind. *New York Times*, 28 jun. 2010, D 1.

17. Veja McKIM,Robert H. *Experiences in Visual Thinking* Pacific Grove, CA: Brooks/Cole, 1980. p. 38. Outro livro sobre criatividade que influenciou muito David no início de sua carreira é de KOBERG, Don; BAGNALL, Jim. *The Universal Traveler: A Soft-Systems Guide to Creativity, Problem-Solving, and the Process of Reaching Goals.* Los Altos, CA: William Kaufmann, 1974.

18. Tom apresentou a palestra de Grant McCracken, "Who Owns Culture in the Corporation?", na AIGA Business and Design Conference 2008, quando ele disse isso: http://www.aiga.org/resources/content/5/3/2/3/documents/aiga_gain08_mccracken.pdf.

19. Essa história nos foi contada por Mark Jones, líder do escritório de Chicago da IDEO em uma entrevista conduzida por Corina Yen e David Kelley em março de 2012. Para mais informações sobre o projeto, visite o site <http://www.ideo.com/work/virtual--wallet-interactive-banking-experience>.

20. Veja TREVETT, Nicola. The Big Broken Bank Rebuild. *Guardian*, 12 mar. 2010. Disponível em: <http://www.guardian.co.uk/service-design/bank-rebuild>. Acesso em: 24 out. 2013.

21. 2013 Fact Sheet, disponível no site da PNC, <https://www.pnc.com/webapp/sec/NCProductsAndService.do?siteArea=/pnccorp/PNC/Home/About+PNC/Media+Room/PNC+Fact+Sheets>. Acesso em: 24 out. 2013.

22. Dados de um estudo conduzido pela empresa de pesquisas Moebs Services. Veja: A Further Look at Overdraft Fees. *New York Times*, 27 fev. 2012. Diponível em: <http://www.nytimes.com/2012/02/27/opinion/a-further-look-at-overdraft-fees.html>. Acesso em: 24 out. 2013. Um estudo conduzido em 2008 pela Federal Deposit Insurance Corporation revelou que quase 50% dos jovens adultos correntistas incorreram em taxas pela conta negativa e que eles constituíam o grupo de maior probabilidade de deixar a conta no vermelho. "FDIC Study of Bank Overdraft Programs", nov. 2008. Disponível em: <http://www.fdic.gov/bank/analytical/overdraft/FDIC138_Report_Final_v508.pdf>. Acesso em: 24 out. 2013.

23. HELM, Burt. PNC Lures Gen Y with Its 'Virtual Wallet' Account. *Businessweek*, 25 nov. 2008. Disponível em: <http://www.businessweek.com/stories/2008-11-25/pnc-lures-gen-y-with-its-virtual-wallet-account>. Acesso em: 24 out. 2013.

24. Citado em LEICHTER, Frederick S. How Fidelity Used Design Thinking to Perfect Its Website. *HBR Blog Network*, 9 maio 2011. Disponível em: <http://blogs.hbr.org/cs/2011/05/how_fidelity_used_design_think.html>. Acesso em: 24 out. 2013

25. Juliette Melton, pesquisadora de design da IDEO, conversou com Corina Yen e Tom em outubro de 2012 sobre os insights híbridos. Para saber mais sobre o conceito, veja Seemann, Johannes. Hybrid Insights: Where the Quantitative Meets the Qualitative. *Rotman*, p. 56-61, outono 2012.

26. Brian Mason, líder sênior da IDEO, contou essa história a Tom em fevereiro de 2013. Para saber mais sobre o projeto Zyliss, visite o site <http://www.ideo.com/work/kitchen-gadgets>.

27. Essa história e seus detalhes são de um vídeo de pesquisa em design feito durante um trabalho de campo realizado pela IDEO para o projeto.

28. Detalhes sobre a LittleMissMatched são de e-mails e apresentações da empresa enviadas a Tom por Jonah Staw, o fundador da empresa. A imagem incluída na história é uma reencenação.

29. Amanda Sammann, entrevista conduzida por Corina Yen e Tom Kelley, abr. 2012.

30. Coe Leta Stafford é uma residente especializada em técnicas de entrevista e pesquisa em design. Ela compartilhou essas dicas com Tom em um e-mail de 21 de fevereiro de 2012.

31. Veja o *Human-Centered Design Toolkit* da IDEO em <http://www.hcdconnect.org/toolkit/en>.

32. O CEO John Chambers apresentou esse exemplo de mudança de perspectiva à equipe da IDEO em um projeto no qual trabalhamos com a Cisco.

33. Os detalhes dessa história sobre o Gyrus Diego Powered Dissector System foram verificados por Andrew Burroughs, sócio da IDEO que liderou a equipe da IDEO que trabalhou no projeto. Para saber mais sobre o projeto, veja <http://www.ideo.com/work/diego-powered-dissector-system>.

34. BOWEN, William G. Martin Kurzweil; TOBIN, Eugene. *Equity and Excellence in American Higher Education*. Charlottesville: University of Virginia Press, 2005. p. 91, citado em David Brooks em *The Social Animal*.

35. Detalhes sobre essa história sobre o projeto Ripple Effect foram verificados por Sally Madsen, da IDEO, que liderou a equipe da IDEO que trabalhou no projeto. Para saber mais sobre o projeto, visite o site <http://www.ideo.com/work/ripple-effect-access-to-safe-drinking-water>.

36. Jocelyn Wyatt e Patrice Martin, entrevista conduzida por Tom Kelley, fev. 2013. Para saber mais sobre o projeto, visite o site <https://www.ideo.org/projects/breaking-the-cycle-of-intergenerational-poverty/completed>.

37. Veja FERRAZZI, Keith. *Who's Got Your Back*: The Breakthrough Program to Build Deep, Trusting Relationships That Create Success - And Won't Let You Fail. Nova York: Crown Business, 2009. p. 60-62. [No Brasil, *3 pessoas para mudar sua vida: como construir relações de confiança e torná-las peças-chave para o sucesso duradouro*. Rio de Janeiro: Best Seller, 2012.]

38. Essa história nos foi contada e recontada nas aulas de História da nossa infância em Ohio. Para saber mais, visite o site da Goodyear, <www.goodyear.com/corporate/history/history_story.html>.

CAPÍTULO 4

1. A história de Akshay e Ankit e citações se baseiam principalmente em uma entrevista com eles conduzida por Corina Yen e Tom Kelley em outubro de 2011. Alguns detalhes adicionais são de uma conversa entre Corina e Akshay em maio de 2013.

2. A história e os detalhes sobre o protótipo de John são de um post que John escreveu em seu blog, "Where's the Next Bus? I'll Tell You", abr. 2011. Disponível em: <http://johnkeefe.net/wheres-the-next-bus-ill-tell-you>.

3. Veja o *fact sheet* de 2012 da d.school, <http://dschool.stanford.edu/wp-content/uploads/2010/09/dschool-fact-sheet-2012.pdf>.

4. O programa, que na época estava em desenvolvimento, hoje chamado de The Takeaway, foi lançado em 2008. O curso foi o Media + Design, ministrado por Scott Doorley, diretor de criação da d.school. Os protótipos dos estudantes foram ao ar durante o The Brian Lehrer Show da WNYC.

5. Leia mais sobre as listas de defeitos no livro de Tom *The Art of Innovation*, p. 28-31.

6. Veja PFEFFER, Jeffrey e Sutton, Robert I. *The Knowing-Doing Gap*: How Smart Companies Turn Knowledge into Action. Boston: Harvard Business School Press, 1999.

7. Nossa história sobre oportunidades perdidas na Kodak começou com uma visita à sede da empresa abril de 1997. Acompanhamos os altos e baixos da empresa desde então. Os dados de pico de participação de mercado da Kodak variaram de acordo com a categoria de produto. Veja, por exemplo, MARTIN, Andrew. Negative Exposure for Kodak. *New York Times*, 20 out. 2011, http://www.nytimes.com/2011/10/21/business/kodaks-bet-on-its-printers-fails-to-quell-the-doubters.html

8. Muitos alunos da Summer College da d.school nos contaram sobre o exercício de Bernie. As histórias dos alunos que foram levados à ação nos foram relatadas por Charlotte Burgess-Auburn, diretora comunitária da d.school, que ajuda no Summer College, em um e-mail de 5 de janeiro de 2012.

9. LAMOTT, Anne. *Bird by Bird*: Some Instructions on Writing and Life. Nova York: Anchor Books, 1995. p. 18-19. [No Brasil, *Palavra por palavra:* instruções sobre escrever e viver. Rio de Janeiro: Sextante, 2011.] Recomendamos a leitura do livro todo para obter conselhos sobre empreitadas criativas em geral.

10. A história da aula de cerâmica é contada em: BAYLES, David; ORLAND, Ted. *Art & Fear*. Santa Cruz, CA: Image Continuum Press, 2001. p. 29. O livro é de leitura rápida e pode ser uma fonte de inspiração não apenas para artistas.

11. Veja PRESSFIELD, Steven. *The War of Art*: Break through the Blocks and Win Your Creative Battles. Nova York: Black Irish Entertainment, 2002. As citações são da seção de abertura, "The Unlived Life". Nosso amigo Ben Anderson nos emprestou um exemplar de *The War of Art*, de Pressfield. Um projeto de vários anos para escrever um livro envolve muita "resistência" e consideramos o conceito bastante proveitoso.

12. Jeremy Utley, entrevista conduzida por David Kelley e Corina Yen, ago. 2011. Jeremy liderou muitas sessões na d.school, na posição de diretor de educação executiva.

13. A história do táxi vem de uma conversa que Tom teve com Francis Ford Coppola nos bastidores de um evento da HSM ExpoManagement em Buenos Aires, em novembro de 2007. O filme de baixo orçamento foi *Velha juventude*. Outras reflexões de Coppola sobre o filme e seu autofinanciamento podem ser encontradas em um artigo da *Vanity Fair*, em <http://www.vanityfair.com/culture/features/2007/12/coppola200712>.

14. A votação por restrição e a criação das "batidas" são duas práticas comuns na IDEO, sobre as quais Dennis Boyle, o sócio da IDEO, contou a Tom em uma entrevista em fevereiro de 2013.

15. Para saber mais sobre a prototipagem na IDEO e outras empresas ou instituições, veja os livros anteriores de Tom, como, por exemplo, *A arte da inovação*. cap. 6, e Tom Kelley com Jonathan Littman, *As 10 faces da inovação*. Rio de Janeiro: Campus, 2005. cap. 2.

16. Eric é um parceiro da IDEO e seu livro é um excelente guia para pessoas com espírito empreendedor. Ries,Eric. *A startup enxuta*: como os empreendedores atuais usam a inovação contínua para criar empresas extremamente bem-sucedidas. São Paulo: Leya, 2012.

17. Adam Skaates contou essa história a Tom em dezembro de 2011. Veja o vídeo original feito por Adam e Coe Leta em <http://youtu.be/-SOeMA3DUEs>.

18. Tom escreveu sobre a Lei de Boyle e seu criador, Dennis Boyle, em *The Art of Innovation*, p. 106. O nome foi tomado de empréstimo (com o nosso pedido de desculpas) da Lei de Boyle mais famosa que você deve aprendido nas aulas de física, elaborada pelo físico irlandês Robert Boyle.

19. Acreditamos vivamente no poder de um vídeo para mostrar um vislumbre do futuro e transmitir rapidamente uma mensagem. Brendan Boyle, sócio da IDEO, e a Toy Lab, que são mestres dessa técnica, reuniram essas dicas.

20. A história sobre o projeto da Walgreens e o protótipo de espuma são de uma entrevista com Mark Jones, que liderou o projeto, conduzida por Corina Yen e David em março de 2012. Mark e Corina Yen também conversaram a respeito em maio de 2012. Parte dos detalhes foi retirada de uma descrição do projeto apresentada no site da IDEO, <http://www.ideo.com/work/community-pharmacy>.

21. Esses resultados e dados sobre o número de lojas com o novo formato nos foram informados pela Walgreens em um e-mail de 7 de maio de 2013.

22. A Walgreens foi incluída na lista da *Fast Company* das Empresas Mais Inovadoras do Setor da Saúde em 2012 e 2013 (e também em 2010).

23. Para saber mais detalhes sobre o storyboarding, veja também o kit de ferramentas *Design Thinking for Educators* em <http://designthinkingforeducators.com/toolkit>.

24. Essa dica nos foi dada por Peter Coughlan, sócio da IDEO, que diz que a técnica combate o medo de expressar as ideias. Segundo ele, "Você tem a chance de parecer menos idiota fazendo outras perguntas que sabe que o seu storyboard não teria respondido".

25. "Long-Haul Travel Experience for Air New Zealand", site da IDEO, <http://www.ideo.com/work/long-haul-travel-experience>.

26. Divina Paredes, "Flight Path to CEO", *CIO*, 10 abr. 2008, <http://cio.co.nz/cio.nsf/spot/flight-path-to-ceo>.

27. THOMAS, Geoffrey. Reinventing Comfort. *Air Transport World*, 1 fev. 2010. Disponível em: <http://atwonline.com/operations-maintenance/article/reinventing-comfort-0309>. Acesso em: 24 out. 2013.

28. Ficamos sabendo do conceito de "lançar para aprender" com Tom Hulme, diretor de design da IDEO em uma entrevista conduzida por Corina Yen e Tom Kelley em julho de 2011. Somos gratos a Hulme pelos exemplos da Zynga e do sistema de empréstimos do Kindle.

29. As estatísticas sobre a Kickstarter são do site <http://www.kickstarter.com/help/stats>.

30. Saiba mais sobre os "testes em guetos" da Zynga em uma palestra do fundador Mark Pincus em outubro de 2009 na Stanford, disponibilizada pela Stanford Technology Ventures Program Entrepreneurship Corner, <http://ecorner.stanford.edu/author-MaterialInfo.html?mid=2277>.

31. WATERS, Audrey. New Kindle Lending Club Matches E-Book Borrowers and Lenders. *ReadWrite*, 15 jan. 2011. Disponível em: < http://readwrite.com/2011/01/15/new_kindle_lending_club_matches_e-book_borrowers_a#awesm=~olfyU6wynaDK3A >. Acesso em: 24 out. 2013.

32. HULME, Tom. Launch Your Next Idea Before It's Ready. *HBR Blog Network* [vídeo], 28 ago. 2012. Disponível em: <http://blogs.hbr.org/video/2012/08/launch-your-next-idea-before-i.html>. Acesso em: 24 out. 2013.

33. David Hughes, entrevista conduzida por Corina Yen, set. 2011. Detalhes adicionais de Julia Kirby, Starting a Movement, Learning to Lead. *HBR Blog Network*, 1 jun. 2009. Disponível em: <http://blogs.hbr.org/hbr/hbreditors/2009/06/starting_a_movement_learning_t.html>. Acesso em: 24 out. 2013. Essa história nos foi contada por Bob Sutton, que criou o curso Creating Infectious Action (Criando uma ação contagiante, em tradução livre) com Diego Rodriguez. Os membros da equipe de David Hughes no projeto da área comercial de pedestres foram Amrita Mahale, James Thompson e Svetla Alexandrov.

34. Essa história foi retirada de conversas com Jim Hackett sobre como a comunidade foi criada (1994) e como o espaço foi utilizado nos anos subsequentes. Alguns detalhes foram confirmados por e-mail com Jim em março de 2013.

35. Conversa entre Akshay Kothari e Corina Yen, maio 2013.

CAPÍTULO 5

1. THOMPSON, Derek. The 10 Things Economics Can Tell Us About Happiness. *Atlantic*, 31 maio 2012. Disponível em: <http://www.theatlantic.com/business/archive/2012/05/the-10-things-economics-can-tell-us-about-happiness/257947>. Acesso em: 24 out. 2013.

2. Robert Sternberg, em entrevista conduzida por Corina Yen e Tom Kelley, nov. 2011.

3. Jeremy Utley, em entrevista conduzida por Yen e David Kelley, ago. 2011.

4. WRZESNIEWSKI, Amy et al. Jobs, Careers, and Callings: People's Relations to Their Work. *Journal of Research in Personality*, v. 31, n. 1, p. 21-33, 1997. Nosso primeiro contato com o trabalho dela foi em HAIDT, Jonathan. *The Happiness Hypothesis*: Finding Modern Truth in Ancient Wisdom. Nova York: Basic Books, 2006. p. 221-23. [No Brasil, *Uma vida que vale a pena*: ela está mais perto do que você imagina. Rio de Janeiro: Alegro, 2006.]

5. Conversas com Jane Fulton Suri em 1991 (detalhes verificados por Jane em dezembro de 2012).

6. Erik Moga, em entrevista conduzida por Tom Kelley, out. 2011.

7. Scott Woody, em entrevista conduzida por Corina Yen, ago. 2011. Somos gratos a Perry Klebahn, diretor de educação executiva da d.school, por nos colocar em contato com os ex-alunos do LaunchPad.

8. O curso Creative Gym foi criado e é ministrado por Charlotte Burgess-Auburn, Grace Hawthorne e Scott Doorley, da d.school.

9. Veja COLLINS, Jim. *Good to Great*: Why Some Companies Make the Leap... and Others Don't. Nova York: HarperBusiness, 2001. p. 94-97. [No Brasil, *Empresas feitas para vencer*. Rio de Janeiro: Campus, 2001.] Jim fala do "conceito do porco-espinho" para caracterizar os três círculos e o aplica aos fatores que levam a uma excelente empresa.

10. Recomendamos vivamente a obra de Mihaly Csikszentmihalyi, inclusive *Creativity*: Flow and the Psychology of Discovery and Invention. Nova York: Harper Perennial, 1997.

11. Andy Switky, da IDEO, é o fanático por queijos do escritório. Elysa Fenenbock é a designer de joias que hoje trabalha no Google.

12. Tom escreveu sobre Ron Volpe em *The Ten Faces of Innovation* (p. 117-18). Ele checou os detalhes da história com Ron por e-mail em março de 2011.

13. Monica Jerez, em entrevista conduzida por Corina Yen e Tom, maio 2012. Tom lecionou uma sessão matinal do curso "Developing Growth Leaders" (Desenvolvimento de líderes do crescimento, em tradução livre), onde encontrou Monica pela segunda vez.

14. Lauren Weinstein, em entrevista conduzida por Corina Yen, set. 2011.

15. Marcy Barton, em entrevista conduzida por Corina Yen, ago. 2011. Parte dos termos utilizados nessa história foi retirada de um artigo de David no site "100 Minds" da Steelcase, em <http://100.steelcase.com/mind/david-kelley/#page-content-minds>.

CAPÍTULO 6

1. Ouvimos essa história pela primeira vez em uma palestra de Kaaren Hanson na conferência MX 2011, em São Francisco, CA, "Intuit's Reinvention from the Inside", mar. 2011, <http://archive.mxconference.com/2011/videos/kaaren-hanson-video>. Detalhes adicionais são de uma conversa de David e Tom com Kaaren Hanson e Suzanne Pellican, da Intuit, em maio de 2012 (atualmente Suzanne lidera os Catalisadores).

2. NAONE, Erica. Intuit's Big Refresh. *Technology Review Business Report*, 14 abr. p. 26-27, 2011.

3. MARTIN, Roger L. The Innovation Catalysts. *Harvard Business Review*, p. 82-87, jun. 2011.

4. Mauro Porcini, entrevista conduzida por Corina Yen e Tom Kelley, nov. 2011.

5. Claudia Kotchka, entrevista conduzida por Corina Yen e Tom Kelley, nov. 2011.

6. Jeremy Utley, entrevista conduzida por Corina Yen e David Kelley, ago. 2011.

7. Jonah Houston, designer da IDEO, contou essa história a Corina Yen e Tom em fevereiro de 2013.

8. Veja o site da Post-it, <http://www.post-it.com/wps/portal/3M/en_US/Post_It/Global/About>.

9. Bonny Simi, observações em uma aula do Executive Education Bootcamp na d.school, mar. 2011, <http://vimeo.com/23341617>. Para mais detalhes e as estatísticas de recuperação, veja HEATH, Dan ; HEATH, Chip. Team Coordination Is Key in Businesses.*Fast Company*, jul./ago. 2010. Disponível em: http://www.fastcompany.com/1659112/team-coordination-key-businesses. Acesso em: 24 out 2013; e SUTTON, Robert. A Great Boss is Confident, But Not Really Sure. *HBR Blog Network*, 15 jul. 2010. Disponível em: <http://blogs.hbr.org/2010/07/confident-but-not-really-sure/>. Acesso em: 24 out. 2013.

10. Essa foi a estimativa do CEO David Neeleman no fim da crise, como reporta Grace Wong em "JetBlue fiasco: US$ 30M price tag", *CNNMoney.com*, 20 fev. 2007. Disponível em: < http://money.cnn.com/2007/02/20/news/companies/jet_blue/>. Acesso em: 24 out. 2013.

11. A OpenIDEO foi fundada pelos designers da IDEO de Londres Tom Hulme, Nathan Waterhouse e Haiyan Zhang. Para mais informações, veja <http://www.openideo.com/>. O número de usuários foi reportado no site (e cresce a cada dia) e o número de países se baseia em dados do Google Analytics.

12. Somos gratos a Peter Rubin e Julian Gorodsky, da d.school, pela ajuda com essa lista, que se baseia nos "Dez Princípios das Excelentes Equipes", que Julian e Peter usam na d.school.

13. Veja *The Ten Faces of Innovation* (p. 194-214). Para saber mais sobre a "construção da sua incubadora", veja também *The Art of Innovation* (p. 121-46).

14. Joerg Student, entrevista conduzida por Corina Yen e Tom Kelley, maio 2012.

15. DOORLEY, Scott ; WITTHOFT, Scott. *Make* Space: How to Set the Stage for Creative Collaboration. Hoboken, NJ: Wiley, 2011. Os autores relataram a história do espaço da d.school além de explicarem insights e técnicas desenvolvidos ao longo do caminho. O livro apresenta muitas dicas práticas, inclusive como construir um suporte em Z para quadros brancos e onde comprar versáteis cubos de espuma empilháveis.

16. Os filhos de Tom participaram dos programas de Jim Wiltens na escola e Tom conheceu o conteúdo em primeira mão em um programa especial de seis semanas para pais e filhos. Saiba mais sobre os programas de Jim em seu site, <http://www.jimwiltens.com>.

17. BLACK, Cathie. *Basic Black*: The Essential Guide for Getting Ahead at Work (and in Life). Nova York: Crown Business, 2007. p. 63.

18. Se você estiver curioso e quiser saber mais sobre a história da frase "Como poderíamos...", veja BERGER, Warren. The Secret Phrase Top Innovators Use. *HBR Blog Network*, 17 set. 2012. Disponível em: <http://blogs.hbr.org/cs/2012/09/the-secret-phrase-top-innovato.html>. Acesso em: 24 out. 2013.

19. WISEMAN, Liz; McKEOWN, Greg. Bringing Out the Best in Your People.*Harvard Business Review*, p. 117-121, maio 2010. A lista do quadro "Multiplique o impacto da sua equipe" se baseia em cinco tipos de multiplicadores descritos no artigo. Recomendamos também a leitura de WISEMAN, Liz; McKEOWN, Greg. *Multiplicadores*: como os bons líderes valorizam você. Rio de Janeiro: Rocco, 2010.

20. BENNIS, Warren; BIEDERMAN,Patricia Ward. *Organizing Genius*: The Secrets of Creative Collaboration. Nova York: Basic Books, 1998. [No Brasil, *Os gênios da organização: as forças que impulsionam a* criatividade. Rio de Janeiro: Campus, 1998.] A descrição dos excelentes grupos pode ser encontrada nas páginas 201-215. Parte das informações sobre Warren Bennis foi retirada de uma sessão de dia inteiro conduzida para dezesseis storytellers e promovida por Peter Guber, presidente do conselho e CEO do Mandalay Entertainment Group. (Tom teve o privilégio de se sentar ao lado de Warren no evento.)

21. Claudia Kotchka, entrevista conduzida por Corina Yen e Tom Kelley, nov. 2011.

22. "Claudia Kotchka: The Mash-Up Artist. *Businessweek*, 18 jun. 2006. Disponível em: <http://www.businessweek.com/stories/2006-06-18/claudia-kotchka-the-mash-up-artist>. Acesso em: 24 out. 2013.

23. Reingold, Jennifer. The Interpreter. *Fast Company*, jun. 2005. Disponível em: <http://www.fastcompany.com/53060/interpreter>. Acesso em: 24 out. 2013.

24. DISHMAN, Lydia. P&G Expands Experience to Make More Innovative Experts. *Fast Company*, fev. 2013. Disponível em: <http://www.fastcompany.com/3004314/pg-expands-experience-make-more-innovative-experts>. Acesso em: 24 out. 2013.

25. Procter & Gamble, "Procter & Gamble Announces Organizational Changes", comunicado à imprensa, 21 maio 2008. Disponível em: <http://news.pg.com/press-release/pg-corporate-announcements/procter-gamble-announces-organizational-changes-4>. Acesso em: 24 out. 2013.

26. POLLACK, Sydney. *Sketches of Frank Gehry*. Sony Pictures Home Entertainment, 2006.

CAPÍTULO 7

1. FASTE, Rolf. *Mind Mapping*, 1997. Disponível em: <http://www.fastefoundation.org/publications/mind_mapping.pdf>. Acesso em: 24 out. 2013.

2. Tom escreveu sobre as carteiras de ideias em *The Ten Faces of Innovation* (p. 18), que ele descreve como uma lista "contendo tanto conceitos inovadores que vale a pena imitar quanto problemas que precisam ser resolvidos".

3. Para mais informações sobre essa ferramenta, veja o Bootcamp Bootleg da d.school, <http://dschool.stanford.edu/wp-content/uploads/2011/03/BootcampBootleg2010v2 SLIM.pdf>.

4. Kara Harrington, da IDEO, e nosso colega Doug Solomon usaram a versão especial "Speed Meeting" dessa ferramenta em uma sessão com ganhadores do Prêmio Nobel em maio de 2011.

5. Somos gratos a Jeremy Utley, Perry Klebahn e Kathryn Segovia, palestrante da d.school, pela ajuda com essa ferramenta e histórias de sua utilização, que nos foram contadas em uma troca de e-mails de 31 de janeiro de 2013.

6. Veja a página 77 do kit de ferramentas *Design Thinking for Educators*, <http://designthinkingforeducators.com/toolkit/>.

7. Veja o guia do facilitador do projeto da carteira no site da d.school, <https://dschool.stanford.edu/groups/designresources/wiki/4dbb2/The_Wallet_Project.html>.

CAPÍTULO 8

1. "Bill Moggridge: 1943-2012", Cooper-Hewitt, site do National Design Museum, <http://www.cooperhewitt.org/remembering-bill/life-work>. Bill sempre teve uma grande confiança criativa e parecia aquecer as pessoas ao seu redor com seu brilho.

2. Somos gratos a Perry Klebahn e Chris Flink pela ajuda na elaboração dessa seção em uma conversa com David em abril 2012.

3. Stephanie Rowe, entrevista conduzida por Corina Yen e Tom Kelley em outubro de 2011. Alguns detalhes sobre o grupo Meetup, de Stephanie, o Design Thinking DC (DT:DC), são do site do grupo, <http://designthinkingdc.com>.

4. Encorajamos todos a se cadastrar no OpenIDEO para saber mais sobre o *design thinking*, envolver-se em uma comunidade ativa e começar a desenvolver a confiança coletiva; visite o site <http://www.openideo.com>.

5. Veja o *Human-Centered Design Toolkit:* <http://www.hcdconnect.org>; o kit de ferramentas *Design Thinking for Educators*: <http://designthinking foreducators.com>; o *Virtual Crash Course:* http://dschool.stanford.edu/dgift; e o *Bootcamp Bootleg*: <http://dschool.stanford.edu/use-our-methods>.

6. A história se baseia em uma entrevista conduzida por Corina Yen em setembro de 2011.

7. Veja Ries, Eric. A Startup Inside a Fortune 500 Company? The Nordstrom Innovation Lab. *Huffington Post*, 4 nov. 2011. Disponível em: <http://www.huffingtonpost.com/eric-ries/a-startup-inside-a-fortun_b_1068449.html>. Acesso em: 24 out. 2013.

CONFIANÇA CRIATIVA

CRÉDITOS DAS IMAGENS

INTRODUÇÃO
página 12: Ilustração de abertura do capítulo ©Alyana Cazalet

CAPÍTULO 1
página 22: Ilustração de abertura do capítulo ©Alyana Cazalet
página 26: Foto: cortesia do Children's Hospital of Pittsburgh of UPMC
página 28: Ilustração de Beau Bergeron
página 37: Foto: cortesia da d.school

CAPÍTULO 2
página 42: Ilustração de abertura do capítulo ©Alyana Cazalet
página 63: Ilustração de Dan Roam
página 64: Ilustração de Dan Roam

CAPÍTULO 3
página 68: Ilustração de abertura do capítulo ©Alyana Cazalet
página 72: Foto: cortesia da Embrace
página 91: Foto: cortesia da IDEO/Nicolas Zurcher

CAPÍTULO 4
página 104: Ilustração de abertura do capítulo ©Alyana Cazalet
página 108: Foto: cortesia de Anirudh Rao
página 126: Foto: cortesia da IDEO/Nicolas Zurcher
página 127: Foto: cortesia da IDEO/Nicolas Zurcher
página 129: Foto: cortesia da Walgreen Co.
página 130: Ilustração de Beau Bergeron

CAPÍTULO 5

página 138: Ilustração de abertura do capítulo ©Alyana Cazalet

página 139: Diagrama: cortesia da IDEO

CAPÍTULO 6

página 160: Ilustração de abertura do capítulo ©Alyana Cazalet

página 177: Foto: cortesia da IDEO/Nicolas Zurcher

CAPÍTULO 7

página 192: Ilustração de abertura do capítulo ©Alyana Cazalet

página 195: Mapa mental: cortesia da IDEO

página 200: Ilustração de Beau Bergeron

página 201: Ilustração de Beau Bergeron

página 202: Ilustração de Beau Bergeron

página 211: Ilustração de Beau Bergeron

CAPÍTULO 8

página 220: Ilustração de abertura do capítulo ©Alyana Cazalet

ÍNDICE REMISSIVO

A

Ação, 16-18, 109-113, 137, 185, 219, 222, 223
    catalisadores de, 119, 120
    coragem para saltar, 20, 155-157
    obstáculos à, 114-119
    contagiante, 135-136

Air New Zealand, 131-132

Ambiente físico de trabalho, 175-183

Antiportfólio, 55-56

Apple, 40, 229

Apps, 107-109, 125-126, 163-164, 229

Aquecimento dos Apelidos, 209-210

Art & Fear, 117

Autoeficácia, 20, 45, 166, 221

B

Bandura, Albert, 20, 43-45, 48, 166
    Veja também Autoeficácia

Barton, Marcy, 158

Beatles, The, 59, 60

Benchmarking, 86

Bennis, Warren, 185

Bessemer Venture Partners, 55

Black, Cathie, 182

Boeing, 143-144

Booklending.com, 134

Bootcamp Bootleg, 226

Boyle, Brendan, 127, 199
    Dennis, 126

Brown, Brené, 58, 60
    Tim, 227

C

Caminhadas, 84

Capital de risco, 53-57, 79-80
    Kickstarter, 134

Carreira. *Veja* Trabalho

Cassidy, John, 49

Chambers, John, 97

Chen, Jane, 69, 70. *Veja também* Embrace Infant Warmer

Christensen, Clayton, 161

Cisco TelePresence, 97

Colaboração, 170-175, 189-191. *Veja também* Cultura criativa; Grupos; Redes de apoio

Collins, Jim, 150-151

Community Action Project, 100

Confiança, 61, 169, 186

Confiança criativa
Desenvolvimento da, 223-227
Fundamentos, 13-14, 18-21, 45

Confiança do karaokê, 167-168

Conflito, 174

Conselhos consultivos, 101

Cook, Scott, 161

Coppola, Francis Ford, 121

Coragem, 20, 155-157. *Veja também* Medo

Correr riscos, 76. *Veja também* Fracassos

Covey, Stephen, 82

Cowan, David, 56

Crianças, 57-58, 167

Crítica
Adiar/abrir mão da, 60-62, 131-133, 168
Medo da, 57-59, 60-62, 64-65, 167-168

Cultura criativa, 161-191
Catalisadores da Inovação, 162-166
Coaches/facilitadores, 166
Colaboração, 169-171, 189-191
Confiança do karaokê, 168
Criando a mudança, 164-167, 188-189, 227-230
Dicas e estratégias para, 168-169, 227-230

Espaço físico e, 175-181
Liderança em, 183-184
Linguagem e, 181-183
na P&G, 186-189

Cultura de inovação. *Veja* Cultura criativa

D

D.school (da Stanford), 16, 24, 30, 34-36, 171
Conteúdo disponível na internet, 226-227
Creating Infectious Action, 135-136
Creative Gym, 147
Design for Extreme Affordability, 69
Design Thinking Bootcamp, 105
Espaço físico, 175-181
LaunchPad, 106-108, 148-149

Dearing, Michael, 107
Pesquisa quantitativa e, 88

Desafios criativos, 193-219
Clientes. *Veja* Empatia; Observações em campo; Entrevistas; Prototipagem
Csikszentmihalyi, Mihaly, 150
D4D, 162-164
Deal flow, 79
Desafie a si mesmo, 221-227
Devaneio, 83. *Veja também* sonhar acordado
Mapa da Jornada do Cliente, 211-213

Mapas de empatia, 202-203
    Aquecimento dos Apelidos, 209-210
    Exercício da Carteira, 217-219
    Foi bom que/Seria bom se, 204-206
    Mapas mentais, 194-197
    Speed dating, 207-208
    Trinta Círculos, 200-201
    Prazos, 122-123
    Registre ideias, 198-199
    Sessão de sonhos/reclamações, 214-216
    Sonhar acordado, 83. *Veja também* devaneio
Desafios de uma nova perspectiva, 32, 76, 97-99, 215-216
Desenhando negócios (Roam), 62
Desenhos. *Veja* Desenhar
Design centrado no ser humano, 25, 27-28, 30, 70, 106-107, 226-227 *Veja também* Empatia
Design for Delight, 162-164
Design Project Zero, 217
Dietz, Doug, 23-28, 41, 98, 154, 222
    Tenda Digital, 176
Domínio guiado, 43-45, 46, 48, 166
    Design Quotient, 226
    Design thinking, 30, 33-34
    Design Thinking for Educators Toolkit, 214
    Pesquisa em design, 30, 85. *Veja também* Empatia; Observação em campo; Insights híbridos

Doorley, Scott, 179, 233
Desenhar, 62-65, 95-96
    Storyboard, 130-131
    Diário, 198
    Dull, Stephen, 54
    Dweck, Carol, 38, 233
    Sessões de sonhos/reclamações, 214-216

E

Eastman Kodak, 114
Edison, Thomas, 46
    Educação, 24, 59, 119, 226
    Empenho e perseverança, 51-53, 146-147, 167-168
Elmo's Monster Maker, 125-127
Embrace Infant Warmer, 69-75, 222
Emerson, Ralph Waldo, 66
Empatia, 30-31, 75, 84-88, 89, 107
    Desenvolvimento da, em entrevistas, 50-51, 93-96
    Exemplos de projetos, 25-28
    Mapa da jornada do cliente, 211-213
    Mapas de empatia, 202-203
Emprego, 144-145. *Veja também* Trabalho
Entrevistas, 50-51, 85-86, 92-96, 106-107. *Veja também* Faça perguntas
Epifanias, 102-103
Equipes de inovação, 169-171

Equipes multidisciplinares, 171-175, 190-191

Erros, 55-57. *Veja também* Fracassos

Estabelecimento de metas, 122-123, 223-224

Exercício da carteira, 217-219

Exercício da garrafa d'água, 115-116

Exercício dos trinta círculos, 200-201

Experimentação, 32, 102-103, 123-124, 128-137. *Veja também* Prototipagem
    Espaço físico e, 180-181
    Fracassos e, 46-48, 55-57, 136-137
    Novas experiências, 154-155, 225

F

Faça perguntas, 76, 80-81, 92-96, 181-183. *Veja também* EntrevistasFaste, Rolf, 98, 197

Featherstone-Witty, Mark, 60

Felicidade, 140-141. *Veja também* Paixão
    Avalie o seu dia, 151-152

Ferrazzi, Keith, 101

Fidelity Investments, 88, 120

Fisher, George, 114

Flink, Chris, 31, 49

Fluxo, 99-151

Foi bom que/Seria bom se, 204-206

Foundry Hiring, 149

Fracassos, 46-57, 116-117, 123-124
    Aceitar os, 55-57, 76, 102-103
    Enfrentar e aprender com os, 46-48, 49-53
    Medo do, 20-21, 46, 48, 114-115, 157, 168
    O paradoxo do fracasso, 46-48
    Permissão de fracassar, 53-55
    Perseverança e, 51-53

Fyfe, Rob, 132

G

GE Healthcare, 23-28, 75, 222-223

Gehry, Frank, 190

Goodyear, Charles, 102

Gorodsky, Julian, 174

Greenberg, Sarah Stein, 50, 71, 232

Grupos, 152-154, 184. *Veja também* Cultura criativa; Desafios criativos; Redes de apoio

Gupta, Ankit, 105-108, 222

H

Hackett, Jim, 136

HackFWD, 54

Hanson, Kaaren, 161

Harrison, George, 59

Hasso Plattner Institute of Design. *Veja* D.school (da Stanford)

Hearst Magazines, 182

Hierarquia, 169, 209-210

Hinrichs, Lars, 53-54

Hughes, David, 135

Hulme, Tom, 134

Human-Centered Design Toolkit, 95-96, 226-227

Humor, 169, 170

I

Idealização, 32, 80-81, 201. *Veja também* Insights; Inspiração
    Escolher ideias para se focar, 122-123
    Exercício dos Trinta Círculos, 200-201
    Mapas mentais, 194-197
    Registrar as ideias na hora, 198-199

IDEO, 33-34, 36
    Estágios do processo de inovação, 31-33
    OpenIDEO, 173-174, 226

Incerteza, 20, 53, 114, 158, 222

Índice de vitalidade de novos produtos (IVNP), 156

Inovação, 13-16, 28-34
    Inovação aberta, 173-174, 226

Insegurança, 60-62

Insights. *Veja também* Faça perguntas; Inspiração
    Atenção descontraída e, 75, 83-84, 198-199
    Escolha a criatividade, 75-78
    Insights híbridos, 88

    Passos para o cultivo do, 75-76
    Pense como um turista, 78-82
    Sorte e, 102-103

Insights híbridos, 88

Inspiração, 31-33, 79-82. *Veja também* Insights
    Espaço físico e, 175-181

Integração e conscientização holística, 167

Intencionalidade, 39-41

Intuit Innovation Catalysts, 161-164

J

Jerez, Monica, 155-157

JetBlue Airways, 172-174

Jobs, Steve, 40-41, 109, 184, 221

Jogos, 51-53

Johnson, Kara, 90

Jones, Mark, 87

Juggling for the Complete Klutz (Cassidy), 49

K

Keefe, John, 111-113, 121

Kelley, Martha, 101

Kelley, Sean, 51-52

Kelley, Tom
    10 faces da inovação, As, 154, 175
    Arte da inovação, A, 113, 154

Kelley, Yumiko, 145

Kembel, George, 35, 191

Kennedy, John F., 99

Kickstarter, 134

Klebahn, Perry, 107, 119

Klutz Press, 49

Komisar, Randy, 53

Konrad, György, 67

Kotchka, Claudia, 166, 186, 223

Kothari, Akshay, 105, 222

Kraft Foods, 154

L

Laboratório de inovação, 229-230

Lacuna entre o saber e o fazer, 114, 165

Lafley, A. G., 186, 188

Lamott, Anne, 116

Lançar para aprender, 133-134

Lei de Boyle, 126

Leichter, Frederick, 88

Levinsohn, Jill, 77

Levitt, Theodore, 99

Liang, Linus, 69, 70. *Veja também* Embrace Infant Warmer

Liderança, 183-185, 190-191

Linguagem, 181-183

LinkedIn, 109

Listas, 113, 197

Listas de defeitos, 113

LittleMissMatched, 91

Liverpool Institute for Performing Arts, 60

Lockheed, 229

M

Ma, Yo-Yo, 147

Make Space (Doorley and Witthoft), 179

Mapas da jornada, 211-213

Mapas mentais, 194-197

Marco, 122-123

Martin, Patrice, 100

Martin, Roger, 39, 163

McCartney, Paul, 60

McCracken, Grant, 86

McGonigal, Jane, 51

McKim, Bob, 83, 200

Medo, 20, 41, 118. *Veja também* Coragem; Fracassos
    Da crítica, 57-59, 60-62, 64-65, 168
    De entrevistar clientes, 50-51
    Superar o, 43-45, 48, 63-67

Meetup, 225

Mente de Principiante, 78-79

Mentoring reverso, 96, 185-184

Metacool, 53

Mies van der Rohe, Ludwig, 122

Moga, Erik, 146

Moggridge, Bill, 221

Monitoramento de humor, 151-152

Moore, Geoffrey, 161

Multiplicadores, 184-185

Multiplicadores (Wiseman), 184

Murty, Naganand, 69. *Veja também*
Embrace Infant Warmer

N

Napkin Academy, 62-65

Necessidades latentes, 89-90, 95, 218

Neeleman, David, 172

Newton, Isaac, 110

NeXT Computer, 40

Nietzsche, Friedrich, 84

Node (carteira), 47

Nordstrom, 229

Nunca almoce sozinho (Ferrazzi), 101

O

O'Connor, Caroline, 50

Oberwelz, Elger, 176

Observação. *Veja* Observação em
campo

Observação em campo, 75-76, 85-88,
89-92, 95-96

Desafio dos Mapas de empatia,
202-204

Exemplos de projetos, 69-71,
72-73, 107-108

OpenIDEO, 174, 183, 226

Organizações. *Veja* Cultura criativa

Otimismo urgente, 51-53

P

Padrões discursivos negativos,
181-183

Paixão, 139-141, 146-150, 185. *Veja*
também Trabalho

Palavra por palavra (Lamott), 116

Panicker, Rahul, 69, 71. *Veja também*
Embrace Infant Warmer

Pasteur, Louis, 102

Patell, Jim, 34, 69

Design for Extreme Affordability,
69-70

Pauling, Linus, 80

Pensando como um turista, 75, 78-83

Pequenos experimentos, 133-134,
164-165

Pequenos projetos, 152-155

Pequenos sucessos, 155-157,
221-222, 224-225. *Veja também*
Domínio guiado

Perfeccionismo, 65, 117

Perguntas. *Veja* Faça perguntas;
Entrevistas

Perseverança e empenho, 20, 51-53, 146-147, 167-168

Pesquisa quantitativa, 88

Petição de zona comercial de pedestres em Palo Alto, 135-136

Pfeffer, Jeffrey, 114

Pinterest, 77

Pixar, 40

Planejamento *versus* ação, 109-110, 117-118

Plattner, Hasso, 36

PNC Virtual Wallet, 87

Pontos de vista diversificados, 171-175

Porcini, Mauro, 165

Post-its, 169-170

Pouco tempo disponível, 109, 111, 120-121

Pressão social, 119

Pressfield, Steven, 118

Problemas
Definição, 113, 213-216
Resolução de, 36-38, 48
Ver de uma nova perspectiva, 32, 76, 97-100, 214-216

Procrastinação, 118

Procter & Gamble, 166, 186-189

Produtos minimamente viáveis (PMV), 124

Programa de Empreendimentos Tecnológicos da Stanford, 57

Projeto lámen, 106

Projetos paralelos, 152-155

Prototipagem, 34, 123-131, 188-189, 223. *Veja também* Experimentação
De serviços/experiências compartilhadas, 128-131
Espaços físicos, 180-181
Exemplos de projetos, 71-72, 107-109, 125-126, 137
Exercício da carteira, 217-219
Prototipe a sua vida, 152-153, 226-227
Vídeos rápidos, 124-125, 125-128

Prototipagem de serviços, 128-130

Prototipagem de vídeos, 123-128

Pulse News, 108-109, 137, 222

Q

Quadro negro comunitário, 80-81

Questão Zero, 97. *Veja também* Ver os problemas de uma nova perspectiva

R

Ratliff, Alan, 80

Recompensas econômicas, 139-141

Redes de apoio, 76, 100-102, 225

Reichheld, Fred, 161

Rejeição oculta, 165-166

Resiliência, 61

Resistência, 118

Restrições, 120-122, 135, 224, 227, 229

Ries, Eric, 124

Roam, Dan, 62-65

Robinson, Ken, 15, 59

Rodriguez, Diego, 48, 53

Roth, Bernie, 115

Rowe, Stephanie, 225

Rubin, Peter, 174

S

Safeway, 154-155

"Salto de fé", 166

Sammann, Amanda, 93

Saúde, 24-28, 30, 69-75, 81-82, 221-223

Schooler, Jonathan, 83

Seelig, Tina, 56

Serviço de informações de ônibus da cidade de Nova York, 111

Se eu soubesse aos 20..., 56

Simi, Bonny, 172

Simonton, Dean Keith, 46

Sims, Ed, 132

Skaates, Adam, 125

Skunk Works, 229

Skycouch, 132

SnapTax, 163

Sorte, 102-103

Speed Dating, 207-208

Stafford, Coe Leta, 94, 125

Steelcase, 47, 136-137, 176

Sternberg, Robert, 76, 142

Storyboarding, 130-131

Student, Joerg, 176

Suri, Jane Fulton, 146

Sutton, Bob, 34, 48, 114

T

3M, 155-157, 165

Tan, Tony, 92

Taylor, C. Barr, 151-152

TelePresence, 97

Testes de mercado, 133-134

"Testes em gueto", 134

Thupten Jinpa, 17

Trabalho. *Veja também* Colaboração; Cultura criativa; Grupos; Paixão

Armadilha do "parece bom, mas a sensação é ruim", 141-143

Atitudes em relação ao, 144-147

Coração *versus* dinheiro, 139-141

Encontrando seu ponto ideal, 150-152

Fazendo mudanças, 141-143, 147-150, 155-159, 223

Pequenos projetos, 152-155

Trabalho em equipe. *Veja* Colaboração

Twain, Mark, 92

Twilio, 111

U

Usuários. *Veja* Empatia; Observações em campo; Entrevistas; Prototipagem

Utley, Jeremy, 142, 167

V

Ver os problemas de uma nova perspectiva, 32, 76, 97-100, 214-216

Vergonha, 57-59

VF Corporation, 54

Viabilidade econômica, 29

Video games, 51-53

"Virada", 34-36, 51, 150

Virtual Crash Course, 226

Virtual Wallet, 87-88

Volpe, Ron, 154

Votação por restrição, 122

Vulnerabilidade, 61

W

Walgreens, 128-129

Warren, Charles, 182

Weinstein, Lauren, 157-158

Wiltens, Jim, 181

Winograd, Terry, 34

Wiseman, Liz, 184

Witthoft, Scott, 179

WNYC, 111

Woody, Scott, 147, 222

Wrangler, 54

Wright, Orville, 46

Wright, Wilbur, 46

Wrzesniewski, Amy, 144-145

Wyatt, Jocelyn, 99-100, 232

Z

Zyliss, 89

Zynga, 134

CONHEÇA OUTROS LIVROS DA ALTA BOOKS!

Negócios - Nacionais - Comunicação - Guias de Viagem - Interesse Geral - Informática - Idiomas

   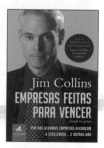

Todas as imagens são meramente ilustrativas.

SEJA AUTOR DA ALTA BOOKS!

Envie a sua proposta para: autoria@altabooks.com.br

Visite também nosso site e nossas redes sociais para conhecer lançamentos e futuras publicações!
www.altabooks.com.br

/altabooks • /altabooks • /alta_books

ALTA BOOKS
EDITORA

Este livro foi impresso nas oficinas gráficas da Editora Vozes Ltda.,
Rua Frei Luís, 100 – Petrópolis, RJ.

Ilustração de abertura do capítulo, pág. 12 ©Alvana Cazalet

Ilustração de abertura do capítulo, pág. 22 ©Alvana Cazalet

Foto cortesia da d.school, pág. 37

Foto cortesia do Children's Hospital of Pittsburg of UPMC, pág. 26

Ilustração de abertura do capítulo, pág. 42 ©Alyana Cazalet

Ilustração de abertura do capítulo, pág. 68 ©Alyana Cazalet

Foto cortesia da IDEO/Nicolas Zurcher, pág. 91

Foto cortesia da Embrace, pág. 72

Ilustração de abertura do capítulo, pág. 104 ©Alyana Cazalet

Foto cortesia do Anirudh Rao, pág. 108

Foto cortesia da IDEO/Nicolas Zurcher, pág. 126

Foto cortesia da IDEO/Nicolas Zurcher, pág. 127

Foto cortesia da Walgreen Co., pág. 129

Ilustração de abertura do capítulo, pág. 138 ©Alyana Cazalet

Ilustração de abertura do capítulo, pág. 160 ©Alyana Cazalet

Foto cortesia da IDEO/Nicolas Zurcher, pág. 177

Ilustração de Beau Bergeron, pág. 211

- APRENDER
- PLANEJAR
- COMEÇAR
- ENTRAR
- COMPRAR BILHETE
- ESPERAR
- EMBARCAR
- FAZER O PASSEIO
- CHEGAR
- CONTINUAR

Ilustração de abertura do capítulo, pág. 220 ©Alyana Cazalet